U0586031

A Study on the Financial
System Fragility and Financial
Stability Policy of China

·河北省社会科学基金项目（HB15YJ030）
·河北省教育厅社科研究2015年度基金项目（SD151072）

中国金融体系脆弱性与金融稳定政策研究

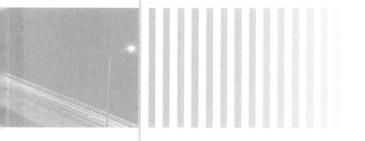

岳娟丽　/著

中国财经出版传媒集团
经济科学出版社
Economic Science Press

图书在版编目（CIP）数据

中国金融体系脆弱性与金融稳定政策研究/岳娟丽著 .
—北京：经济科学出版社，2016.11
ISBN 978 – 7 – 5141 – 7335 – 2

Ⅰ.①中… Ⅱ.①岳… Ⅲ.①金融体系 – 研究 – 中国
②金融政策 – 研究 – 中国 Ⅳ.①F832.1②F832.0

中国版本图书馆 CIP 数据核字（2016）第 247790 号

责任编辑：周国强 程辛宁
责任校对：王苗苗
责任印制：邱 天

中国金融体系脆弱性与金融稳定政策研究
岳娟丽 著
经济科学出版社出版、发行 新华书店经销
社址：北京市海淀区阜成路甲 28 号 邮编：100142
总编部电话：010 – 88191217 发行部电话：010 – 88191522
网址：www. esp. com. cn
电子邮件：esp@ esp. com. cn
天猫网店：经济科学出版社旗舰店
网址：http://jjkxcbs. tmall. com
北京万友印刷有限公司印装
710×1000 16 开 16.5 印张 300000 字
2016 年 11 月第 1 版 2016 年 11 月第 1 次印刷
ISBN 978 – 7 – 5141 – 7335 – 2 定价：68.00 元
（图书出现印装问题，本社负责调换。电话：010 – 88191510）
（版权所有 侵权必究 举报电话：010 – 88191586
电子邮箱：dbts@ esp. com. cn）

前　言

　　世界各国或经济体不断爆发各种形式的经济金融危机，给社会经济带来了重大损失。如何能够在金融危机到来之前，通过有效的方法和手段做到提前防范和干预以保持金融体系的安全和稳定，已成为监管当局重点关注的问题。不同的历史背景下，危机的表现和爆发的成因各不相同，但有一点已经达成共识：金融体系的脆弱性特征会使得金融危机爆发的可能性增大。

　　现有的文献越来越侧重于对金融体系的脆弱性研究，尤其在 2008 年美国金融危机之后，世界各国更加强了对各领域金融脆弱性的监测。近年来，国内外学者对金融脆弱性的研究主要集中在两方面：一是对引起金融脆弱性原因的研究；二是对金融脆弱性度量的研究。

　　在金融脆弱性原因的研究方面，明斯基于 20 世纪 80 年代提出的“金融不稳定假说”，认为经济增长过程中企业的过度负债导致收入不能覆盖债务的庞氏融资是导致脆弱性的根本原因；之后的克瑞格安全边界理论则倾向于把脆弱性原因归结为银行部门在经济稳定增长阶段对安全边界的错误估计；还有研究认为金融脆弱性的原因是由于信息不对称导致的逆向选择和道德风险；基于金融市场角度的研究则认为资产价格波动、汇率以及利率等价格因素是金融脆弱性的主要来源。这些研究都分别从不同角度分析阐述了金融脆弱性的来源，但是仍存在不足：一是部分理论对原因和结果的分析存在偏差，一些是脆弱性的结果或表现而非导致脆弱性结果的原因；二是对脆弱性的传导机制解释不足，部分理论把脆弱性来源的多个维度割裂分析，没能揭示他们之间的传导联系；三是较多在理论层面或局部进行了阐述，没有全面、多维度地给出机理分析，不利于转化为实际应用。

基于现有理论的不足，本书提出了系统的金融脆弱性来源理论分析框架：

一是基于多维度的金融脆弱性来源理论分析。把脆弱性的来源归纳为实体经济债务膨胀、金融机构风险、金融市场风险、国际贸易与跨国冲击、宏观经济波动等五个维度。认为：实体经济的债务膨胀与未来现金回流的不确定性波动，是导致金融脆弱性甚至金融危机的核心根源；实体经济的债务膨胀和债务资金资本化倾向导致债务融资资产的较高违约风险；金融机构本身的脆弱性最终根源于实体经济脆弱性的传递；金融市场风险波动是金融脆弱性的表现，也是实体经济脆弱性和金融机构脆弱性的信号反应；国际贸易和外部冲击，本质并不是金融脆弱性的来源，而是类似于"刺破脆弱性泡沫的一根针"；宏观经济波动，一方面是金融体系脆弱性结果的反应；另一方面又是各种脆弱性影响因素的宏观展现。

二是脆弱性来源的相对水平与累积的理论分析。由于经济增长所依赖的技术、环境、资源要素的约束，经济只能支撑一种常规的发展。而当实体经济发展的相对水平超过常规约束时，脆弱性开始累积。所以，作为金融体系脆弱性来源的实体经济债务膨胀、金融机构风险、金融市场风险、国际贸易与跨国冲击、宏观经济波动等本身属于正常的经济现象，之所以导致金融体系脆弱性是因为它们的相对水平偏离了合理的情况，同时偏离合理情况的累积程度决定了脆弱性积聚的大小（也称为泡沫化程度）。

三是脆弱性来源的关联支撑效应分析。来源于五个维度的脆弱性主要受制于与之关联因素的支撑程度大小。具体为：实体经济的债务膨胀受制于与之关联的未来现金流；金融机构风险受制于与之关联的资本充足水平支撑；金融市场风险反向受制于与之关联的自由化和交易活跃程度；跨国资本流动冲击受制于与之关联的对冲能力支撑；宏观经济波动受制于与之关联的物价水平和增长质量支撑。

目前的金融系统已经是一个开放的、复杂的巨型系统，为了寻找更为有效的方式化解或减缓金融危机的爆发，我们需要构建一套具有预见性的金融脆弱性度量框架，及时监测金融体系的脆弱性程度、脆弱性的主要来源和传递蔓延情况，用以警示、指导监管部门和货币当局在金融体系变得越来越脆弱之时提前采取有针对性的措施或恰当的应对政策，以恢复金融体系的稳健性，保证金融体系的安全。

在金融脆弱性度量的研究方面，现有研究主要集中于两方面：一方面，利用少数几个指标或构造综合指数来度量金融脆弱性状况；另一方面，构建金融脆弱性的指标评价体系。国外有代表性的度量指标体系主要有国际货币基金组织、欧洲央行和国际清算组织的指标体系，总的来看，仍存在以下不足：一是指标设计不适用于宏观审慎监管的要求，一些指标只反映单一微观主体的状况，很难有效反映总体情况；二是指标体系缺乏层次性和针对性，从监测结果中不易发现金融脆弱性的来源；三是指数过度追求完整性，从理论上看起来相对完美、科学，却忽略了操作性、效率性、实用性；四是因各国的国情和经济发展阶段不同，指标体系的设计缺乏适用性。国内学者对金融脆弱性的研究起步较晚，目前还没有形成一个具有较多共识、比较有效的代表性指标体系，从国内学者关于中国金融脆弱性指标体系的构建情况看，主要存在以下不足：第一，从指标转化为指数的数理逻辑上缺乏严密性和科学性；第二，指标体系的设计缺乏有效的金融脆弱性理论支撑，指标选择具有随意性；第三，一些指标的选取只注重了形式，与中国的实际情况不符。

因此，本书基于金融体系脆弱性来源的理论，在调研分析现有国内外的金融脆弱性度量指标框架基础上，根据中国的实际情况以及社会经济和金融市场发展的阶段性特征，按照数据易测性、易得性、简化易读和关联性、兼顾指标价值和统计误差平衡等原则，从实体经济债务、银行金融机构、金融市场风险、国际贸易和外部冲击、宏观经济波动等五个维度，构建了适合于中国国情的金融体系脆弱性监测和度量指标体系。

在指标体系和指标数量规划上，把每个维度的指标都划分为核心指标和扩展指标两大类，产生了"简易高效型金融脆弱性指标体系（包含 16 项核心指标）"和"完整型金融脆弱性指标体系（包含 16 项核心指标＋11 项扩展指标＝27 项指标）"两种方式。"简易高效型金融脆弱性指标体系"是把所有的核心指标归在一起，就形成了一套比较简化、监测成本较低，容易实现的金融脆弱性指标体系。"完整型金融脆弱性指标体系"是把核心指标和扩展指标全部归在一起，就形成了一套相对完整、准确性更好、但是监测成本相对较高、监测难度相对复杂的金融脆弱性指标体系。基于计算和操作的简易程度、监测成本以及中国目前统计基础设施薄弱、误差较大等原因，在实际计量检验分析中，本书仅对核心指标进行了度量和分析。

根据本书所构建指标体系的多维度、多层次特点，并在对目前的典型方法：单一指数法、加权指数法以及因子分析法等进行考察之后，选择了技术上比较成熟的层次分析法，对各层次指标进行了赋权计算和一致性检验，并根据指标权重结果，对各项指标进行了评判。

在完成中国金融体系脆弱性度量指标体系设计和指标权重计算之后，本书花费很大精力全面收集计算了中国的 16 项核心指标值。根据计算脆弱性指数的需要，本书还对指标值进行了无量纲化处理，对指标的作用方向进行判断和处理，对指标数据存在空缺时间区间的指标权重进行了加权拆分处理，最后计算得出了五个分层维度的金融脆弱性指数和总目标的综合脆弱性指数。

为了清晰诊断中国金融体系的脆弱性状态，并分析脆弱性的来源，本书基于计算的中国 1980～2015 年的金融体系综合脆弱性指数和五个维度指数，设定低脆弱性阈值为指数均值减 1 个标准差，高脆弱性阈值为指数均值加 1 个标准差，把不同时期中国金融体系区分为低、中、高三段脆弱性状态。把中国 1980～2015 年的金融体系综合脆弱性指数，纳入三段脆弱性状态阈值中，就可以诊断中国金融体系的脆弱性状态为：一是中国金融体系处于高脆弱性状态的年度有 1984～1986 年，1992 年，2007 年，2010～2011 年，2013 年等五个时期；二是处于低脆弱性状态的年度有 1980～1983 年，1990 年，1998～1999 年，2002 年等四个时期；三是其他时期中国金融体系一直处于中度脆弱性状态；四是 1998 年之后，中国金融体系脆弱性持续恶化，尤其是 2007 年以来 9 年间，中国金融体系三次达到高度脆弱性的程度，虽然 2014～2015 年脆弱性有所缓解，但还处于濒临高度脆弱性的边缘，这一结果值得中国监管和货币当局高度警惕。

根据中国的脆弱性状态诊断结果，可以从分层维度以及监测指标体系清晰分析导致目前脆弱性状态的深层次原因，为监管和货币当局设计和采取有针对性的措施提供科学依据。通过分析得到近年来中国金融体系脆弱性的主要来源为：

一是实体经济债务膨胀带来的脆弱性指数已经超过高脆弱性状态阈值，反映出了实体经济带来的金融体系脆弱性问题已经非常突出。其中最主要的原因是非金融企业的负债率持续上升，以及政府隐形担保下的地方政府债务严重。二是银行金融机构带来的脆弱性指数处于中度减缓的状态，这主要得益于国家对商业银行不良资产的剥离，商业银行现代企业制度的改革，商业银行风险管理能力和运作效率提升，得益于近年来管制利率保持了银行金融机构的高利差，使得商业银行维持较高的利润积累消化不良资产和积累资本提升了资本充足水平。三是金融市场带来的脆弱性指数处于中度脆弱性状态，2014 年以来得以降低，这主要因为银行间市场的流动性适度宽松，交易比较平稳。另外，股票指数在 2015 年大幅下降后处于比较低的水平波动。四是外部冲击带来的脆弱性指数在 2015 年达到高度脆弱性状态，这主要是因为2014 年以来中国的外汇储备下降速度高于贸易进出口下降速度，外汇储备的对冲支撑效应减弱，另外 2015 年再次汇改以来，汇率风险波动加剧，带来的脆弱性风险明显加大。五是宏观经济波动带来的脆弱性指数在 2014 年以来处于低脆弱性状态，这方面带来的脆弱性已经比较小，主要因为 GDP 增速已经变得相对平缓，物价水平上升也比较温和，GDP 增长质量也在提升。

更进一步的脆弱性来源分析结果显示，现阶段中国金融体系的脆弱性主要体现在：一是实体经济部门的庞氏债务风险问题。具有政府隐性担保性质的地方政府债务风险问题尤为突出，中国非金融企业的债务膨胀趋势明显。二是银行金融机构风险核心指标值反映的脆弱性状况减缓。三是从金融市场风险核心指标值反映的脆弱性来看，资本市场脆弱性风险已经被消减。中国银行间市场短期利率波动比率和相对水平指标值，反映了银行金融体系的流动性风险和利率风险在加剧。从本书构造的 CHHR 指数值看，中国银行间市场的交易功能在增强。四是国际贸易和外部冲击核心指标值脆弱性方面，从中国贸易依存度指标值看，经济体系应对外部冲击的能力在增强。从人民币汇率波动和相对水平变化看，外部冲击带来的脆弱性加大。从 2005 年汇率制度改革以来，汇率波动程度明显加大，汇率风险带来的脆弱性冲击也必然增大。五是从宏观经济波动核心指标值反映的脆弱性可以发现 2000～2008 年间，宏观经济积聚的脆弱性在加大，从 2008 年之后，经济增速依然高于稳态值，但差距在缩小，经济泡沫在缩减。

针对中国金融体系脆弱性的状况并参考指标体系的量化结果，研究提出了应对金融体系脆弱性的金融稳定政策，核心是微观审慎监管与宏观审慎监管的有机结合，尤其要发挥宏观审慎监管和央行货币政策在应对金融体系脆弱性和从危机中恢复的核心作用。

首先，构建了实现金融稳定目标的政策分析框架，包含以下几方面的系统整合和协调联动：一是对金融脆弱性的监测度量和对金融稳定的评估体系；二是对不稳定来源的深入分析；三是消减脆弱性实现金融稳定的政策体系；四是危机恢复应急对策体系；五是明确金融稳定目标的责任归属和相关协调机制。这五个方面的有机结合就构成了一个金融稳定框架。

其次，提出了基于消减脆弱性目标的金融稳定政策。一是做好微观审慎监管与宏观审慎监管的有机结合，在微观监管政策措施中尽快落实宏观审慎监管要求，央行应推行多种货币政策来消减脆弱性。二是逐步消减实体经济及政府平台公司的庞氏债务风险，应提升实体经济营业收入能力，逐步消减庞氏债务风险和中国政府隐性担保带来的政府平台公司的庞氏债务风险。三是加快资本市场发展，消减企业债务膨胀带来的脆弱性，加快发展多层次股权融资市场，拓展企业资本补充渠道，降低企业资产负债率，降低企业债务融资资产的潜在违约风险，尽快放开银行金融机构上市融资限制，鼓励商业银行股票上市。四是加快发展证券化市场，消减银行机构表内外业务脆弱性。五是要在利率市场化改革过程中保持中国银行体系安全与稳定。

再其次，提出了基于从危机中恢复目标的央行货币政策工具箱优化。在分析美联储应对金融危机的三类非常规货币政策工具措施以及运用效果基础上，通过协整分析和向量误差修正模型实证研究，检验了全球金融危机时期中国人民银行货币政策的效果，提出了后金融危机时代中国人民银行货币政策工具改革的建议：一是在严重危机下人民银行需要改革货币政策工具的判断依据，要密切观察货币政策传导渠道的畅通程度，包括利率渠道是否畅通、资产价格渠道是否畅通、信贷渠道是否畅通以及汇率渠道是否畅通。二是在货币政策传导渠道出现阻断的情况下，应选择非常规货币政策工具改革来进行应对，包括修复利率渠道、修复资产价格渠道、修复信贷渠道以及修复汇率渠道的货币政策工具改革。

最后，在系统研究分析金融脆弱性理论，对中国金融脆弱性进行度量和诊断，并提出与中国实际相适应的金融稳定政策基础上，进一步延伸研究我国区域金融脆弱性问题。结合经济新常态背景，针对我国部分省区先后发生了比较集中的金融风险，从区域金融视角，以京津冀区域的脆弱性来源为出发点，就如何降低区域金融脆弱性，增强区域金融稳定进行了深入研究。从实体经济、房地产、地方政府债务等领域分析区域金融脆弱性的来源及特征，然后结合京津冀协同发展基于跨区域、跨周期、动态均衡视角分析应弥补的短板，并提出了区域金融稳定政策措施包括：强化科技创新；创新机制推动城市化和房地产企业整合；加强影子金融机构、融资担保机构监管；区分地方政府债务类型，完善举债约束和转移补偿机制；建立环境资源交易机制，通过市场机制实现环境资源约束；识别区域系统重要性机构实施金融稳定监管；创新区域金融稳定工具，建立应急处置及协调联动机制等，以防范发生系统性区域性金融风险。

全书共分五部分十章：第一部分，包括第一章（导论）、第二章（金融脆弱性的相关理论研究）和第三章（金融体系脆弱性来源的理论分析）。这一部分主要阐述研究的背景和意义、研究的逻辑起点，以及金融脆弱性的相关理论，并基于中国的金融脆弱性特点分析了金融体系的脆弱性来源、脆弱性来源的相对水平和累积以及脆弱性来源的关联支撑效应，为本书的研究奠定了理论基础。第二部分，包括第四章（现有的国内外金融体系脆弱性度量指标分析）和第五章（中国金融脆弱性度量指标体系的构建）。这部分首先对国内外有代表性的金融脆弱性指标体系的适用性和不足之处进行剖析，并从五个维度构建了中国的金融脆弱性指标体系。第三部分，包括第六章（金融脆弱性的测度方法、模型构建和一致性检验）和第七章（中国金融体系脆弱性指数计算和结果展现）。这部分主要根据涉及中国金融体系脆弱性的五个方面的经济金融数据进行了计算，并对实证结果进行了分析。第四部分，即第八章（基于金融体系脆弱性的中国金融稳定政策），基于金融稳定战略目标框架，结合中国金融体系脆弱性特点，提出了中国适用的金融稳定政策措施。第五部分，即第九章（京津冀区域金融脆弱性来源与稳定政策），分析经济新常态背景下区域金融脆弱性的来源及特征，结合京津冀协同发展跨区域、跨周期、动态均衡视角分析区域经济应弥补的短板，并提出区域金融稳定政策建议。最后，第十章是全书的结论。

本书的创新之处主要有：

一是在分析现有的金融脆弱性来源理论及其主要不足基础上，提出了系统的金融脆弱性来源理论分析框架，把脆弱性的来源归纳为实体经济债务膨胀、金融机构风险、金融市场风险、国际贸易与跨国冲击、宏观经济波动等五个维度，分析了脆弱性来源的相对水平与累积理论，以及脆弱性来源的关联支撑效应理论。

二是基于脆弱性来源理论分析，挖掘能够反映中国金融体系脆弱性状况的指标，构建了符合中国经济特点和发展阶段的金融体系脆弱性度量框架，包括指标体系的设计和多维多层指标的赋权计算。

三是在计量统计分析上，对照 16 项核心指标体系，全面搜集了中国金融体系的相关数据，并对指标值进行无量纲化处理，计算得出中国综合脆弱性指数和分层维度的脆弱性指数，从而得出中国金融体系的脆弱性状况以及脆弱性来源。

四是根据中国金融脆弱性监测度量和来源分析结果，基于美国应对金融危机和消减金融脆弱性的经验，提出了中国适用的金融稳定政策方案，并实证研究了中国央行货币政策的有效性，提出了货币政策优化改革的具体建议。

五是从区域金融视角，以京津冀区域的脆弱性来源及特征为出发点，就如何降低区域金融脆弱性，增强区域金融稳定进行了延伸研究。

由于笔者学识所限，金融体系脆弱性与金融稳定方面问题相对复杂，书中难免存在错漏和不足之处，期待各位专家学者批评指正，多提宝贵意见，本书的出版得到河北地质大学博士科研启动基金资助，在此表示感谢。

目 录
CONTENTS

第一章 导 论

第一节　研究背景和研究意义

一、研究背景

近一百多年来，世界各国或经济体不断爆发各种形式的经济金融危机，给社会经济带来了重大损失。如何能够在金融危机到来之前，通过有效的方法和手段做到提前防范和干预以保持金融体系的安全和稳定，已成为监管当局重点关注的问题。不同的历史背景下，危机的表现和爆发的成因各不相同，学术界和实务界对危机的成因、各种风险的防范以及如何构建更加安全和稳定的金融监管和稳定政策体系进行了大量的深入研究。目前大家普遍达成的一个共识就是：金融体系的脆弱性特征会使得金融危机爆发的可能性增大。

在金融脆弱性理论研究方面，美国经济学家明斯基（Minsky）1982 年发表了论文 "*Can It Happen Again*"，并在此基础上提出了 "金融不稳定假说"，从债务—收入角度分析了债务扩张对金融脆弱性的影响[①]。明斯基认为，一个经济单位债务扩张带来的金融脆弱性程度可以通过区分三类融资："对冲融资，投机融资和庞氏融资" 来定义。在宏观经济层面，这三类融资的每一类都分别反映了产生 "债务通缩过程"[②] 中融资问题的不同倾向（或偏好），其中 "对冲融资" 反映了正常的债务通缩风险，"投机融资" 反映了较高的债务通缩风险，"庞氏融资" 反映了最高的债务通缩风险。明斯基的理论充分揭示了传统经济环境下金融体系脆弱性的根本原因。

在金融脆弱性来源理论方面，有学者从信息不对称、资产价格波动、金融自由化等角度分析了脆弱性的来源，这些理论都分别从不同角度分析阐述了金融脆弱性的某个来源或者分析了脆弱性在某个领域的传导机制，对分析金融脆弱性问题具有一定的启发或借鉴意义，但是仍存在一些不足。

---

① Minsky, H. P.. Can It Happen Again? ［C］. Essays on Instability and Finance，1982.
② 这里的债务通缩过程是指费雪在 "债务—通货紧缩" 理论中经济主体的过度负债和通货紧缩这两个因素会相互作用、相互增强，从而导致经济衰退甚至引起严重萧条的过程。

2008 年美国"次贷危机"引发的全球性金融危机反映出了现代金融体系脆弱性的新特点。基于这次危机的惨重教训，为了适时把握和应对金融体系的脆弱性演变过程，2010 年 7 月美国出台了《多德—弗兰克法案》（2010，Dodd - Frank Wall Street Reform and Consumer Protection Act），成立了金融监督稳定委员会（以下简称"委员会"）来专门承担对金融体系脆弱性的监管和稳定职能，该委员会更加关注对金融体系各方面威胁来源的监测，并提出有针对性的改进意见，该委员会的创立还有利于金融监管部门以及货币当局之间信息的沟通和互动交流。该委员会的职能运作：一方面体现了监管的视野已经由微观审慎转向了宏观审慎监管；另一方面体现了应对金融脆弱性以保持金融体系安全与稳定，已经纳入监管和货币当局最为重要的工作职能。另外，全球金融危机爆发后美国采取了一系列非常规货币政策以及金融监管改革，对于美国金融体系的恢复和稳定起到了重要作用。

审视目前中国的实体经济、金融机构、金融市场、国际贸易和外部冲击以及宏观经济波动等领域，也都折射出了金融体系的脆弱性特点，尤其是近年来中国金融系统的脆弱性不断积聚变化，问题已经比较突出。

一是根据 Wind 咨讯数据显示，占中国经济主体的规模以上非金融国有企业，2004～2015 年平均资产负债率上升到了 65% 这一较高的水平；具有上市融资通道并且财务指标相对优质的中国非金融上市公司，资产总额从 2002 年的 3.68 万亿元上升到了 2015 年的 39.47 万亿元，同时以企业总资产占比为权重计算的加权平均资产负债率从 2002 年的 48.28% 显著上升到了 2015 年的 60.11%。

二是信贷资产在企业内部较多被用于固定资产投资，一定程度上承担了企业长期债券和企业资本的功能，从 2002 年末至 2015 年数据显示，中国固定资产投资增速与金融机构贷款增速正相关，相关系数为 0.4618，金融机构信贷资金承担了资本的作用，对固定资产投资具有重要的支撑。

三是过去几年中国处于经济周期的上升阶段，金融市场上的融资条件比较宽松，尤其在 2009 年政府推行 4 万亿元投资刺激政策和宽松的货币政策之后，市场的流动性相对宽裕，企业的财务杠杆率不断提高，用低流动性资产置换高流动性资产，银行等金融机构在迫于竞争的压力和利润驱动目的下，助长了这种现象，使得原来债务适度的企业逐步增加投机性融资的比重，而原来以投机融资为目的的企业则转变为庞氏融资，从而导致银行部门的资产负债表期限错配情况严重。

四是信贷资金一直是促进中国经济增长的主要资金来源，从最近二十年的统计数据看，金融机构各项贷款余额的增长速度除个别年份外（2000年和2005年）一直高于GDP的增长速度；金融机构各项贷款余额与名义GDP总额具有高度的相关性，用1992~2015年度的数据计算相关系数为0.9955，同时各项贷款余额相对于名义GDP总额的倍数逐年上升。

五是中国金融市场中，能补充企业资本的股权融资发展缓慢，资本融资占比过低；企业资本融资占比过低导致企业高负债率，进而导致信贷及债券等债务融资资产的高风险，信贷资产一定程度上发挥了资本的作用承担了资本的风险，进而导致较高的违约率和损失率；信贷资产的高违约率和高损失率要求存贷款的高利差来弥补，存贷款利率的高利差，使信贷金融机构获得较高的名义收益，用于消化社会经济运行的风险损失。

六是中国金融市场融资主要依赖银行金融机构的现状没有根本改变，社会经济运行的风险资产向银行金融机构集中。因为企业依赖银行贷款和企业债券等债务融资比重过高，企业融资主要依赖信贷资金或发行债券等债务融资工具，实质是主要依赖于银行金融机构的现状没有根本改变，企业债券和其他融资工具的融资占比虽然逐年上升，但仍然属于债务融资，不能有效补充企业资本，而且有相当部分融资仍然依赖于银行金融机构，融资风险没有与银行金融机构完全脱离，风险还集中于银行金融机构。

归纳中国非金融企业债务膨胀反映的金融体系脆弱性特点：一是融资结构失衡，资本融资市场发展缓慢，企业融资主要依赖银行金融机构的现状没有根本改变；二是企业资本融资占比过低导致实体企业的高负债率；三是企业的高负债率导致信贷及债务资金资本化倾向明显；四是企业的高负债率和债务资金资本化倾向将导致信贷及债券等债务融资资产的较高违约风险。

另外，企业对银行金融机构的过度依赖还导致生产经营行为受制于银行金融机构的风险偏好和对社会金融资源的配置效率，增大了金融脆弱性。因为，现有融资结构导致了企业高负债率，自有资金不足导致对银行金融机构债务融资的过度依赖，进而受制于银行金融机构对社会金融资源的配置效率，企业难以完全自主根据市场资金与产品供求变化灵活选择融资策略，降低融资成本，也不能完全根据自己的信息把握及时调整生产规模与结构，如果要把好的创新性产品付诸生产还需要获得金融机构的认可和资金支持。由于企业适应市场变化进行自我调整的能力受到资金不足或与金融机构信息不对称的限制，因而增大了市场风险。这些风险会导致企业盈利能力的低下，进而导致企业资产损失的风险增大。

基于非金融企业债务膨胀风险，导致与之联系的银行金融机构也积累了比较严重的脆弱性风险。一是企业债务膨胀导致银行信贷资金的高速增长，一旦出现系统性信贷违约风险，银行金融机构将面临严重的不良贷款危机，2013～2015年以来银行金融机构不良贷款率不断攀升，正是前期金融脆弱性风险的逐步暴露所致；二是为应对全球金融危机，人民银行2009～2010年宽松货币政策给银行金融机构带来流动性泛滥，之后的2011～2013年中国人民银行又开始实施信贷规模管控，紧缩信贷，导致存贷款利率上升，商业银行流动性风险加大，加剧银行间市场短期利率和交易规模波动，甚至出现了2013年6月20日债券质押回购利率达到30%年率的历史最高点，预示着某些商业银行几乎出现不能清偿到期债务的流动性危机。

二、研究意义

（一）现实意义

随着现代金融体系的发展和金融改革的不断推进，利率市场化进程加剧了中国金融体系的脆弱性，对以下问题的研究变得越来越重要：如何在推进利率市场化的同时防范金融风险的积聚；如何通过相应的指标体系对金融体系脆弱性状况和来源进行先期预警；如何通过央行货币政策工具的优化来应对未来可能出现的不确定性风险；以及如何在金融危机到来之前进行提前的干预。

中国目前正处于经济金融改革的关键时期，从政策层面基本完成了利率市场化改革。在利率市场化改革过程中，金融市场融资结构特点导致了融资结构失衡，企业负债率水平过高，根据明斯基金融不稳定假说，信贷市场债务扩张对金融脆弱性带来了重要的影响。所以在目前不断深化的金融改革背景下，选择恰当时机和条件推进改革不但是影响中国金融体系脆弱性的关键要素，而且是实现金融安全与稳定目标的重要措施之一。

从目前的宏观经济形势看，中国经济处于温和增长，但主要依赖投资拉动和牺牲自然环境的经济增长路径不可持续，以长期的结构性风险推动短期经济增长的做法会导致许多风险暂时没有暴露。现有的融资结构失衡导致银行的风险承担过度，利率的市场化会导致银行利润空间压缩，金融业的全面开放带来的巨大竞争压力使得银行存在过度使用信用的可能性。如果信用扩张不能被限定或约束在合理的边界内或实体经济发展的范围内，那么金融体系的脆弱性就会更为放大，所面对的风险就会更高。由于融资结构的失衡，社会经济运行的风险通过信贷和债券资金集中于银行金融机构，实体经济脆弱性通过银行信贷风险传递导致银行体系脆弱性增大。另外，中国金融体系的脆弱性还表现在政府权力对市场的主导和管制之上。政府对金融市场管制的根源就在于中国金融市场信用主要是建立在政府隐性担保的基础上。这一隐性担保，不仅给政府权力进入市场、干预市场提供了条件，也为金融市场当事人过度进入高风险金融领域创造了条件。因此，研究如何增强金融市场中市场机制的作用是当前国内金融改革最为重要的一个方面，也是保证中国金融体系稳健性的关键。

因此，基于维护金融稳定目标的需要，中国金融管理部门和货币当局非常有必要深入了解中国金融体系的脆弱性状况以及脆弱性来源，通过相应的金融脆弱性监测度量工具适时加强对各领域的监测，并针对金融体系脆弱性的不同程度和不同来源，采取相适应的政策措施。

从现实意义看，本书的研究针对中国的金融脆弱性特点和来源进行深入分析，构建中国适用的多维度指标体系和综合指数，可以针对中国金融体系脆弱性进行有效诊断，可以为金融监管部门提供决策参考依据；也有利于在金融危机到来之前，针对金融脆弱性的不同情况采取及时有效的政策措施以最终实现金融体系的安全和稳定目标。

（二）理论意义

最早关于金融脆弱性的研究可以追溯到马克思关于银行体系脆弱性的分析，马克思认为，从银行机构成立之初所承担的信用扩张职能就预示着其内在的脆弱性，在资本主义制度下的内在矛盾使得对银行信贷的过度使用是导致金融危机的根源。凯恩斯（Keyens）虽然没有系统提出金融脆弱性理论，但其著作《就业、利息与货币通论》从流动性偏好角度分析了一定限度内人们对持有货币的偏好，从而导致有效需求不足带来的失业问题是引发经济危机的原因，凯恩斯的研究更强调货币因素在金融危机中的作用。费雪的"债务—通货紧缩"理论主要是从商业周期角度对经济繁荣与萧条交替的深层次原因进行研究，认为在经济繁荣时期的实体经济过度负债是金融危机的根本原因，而由过度负债引发的通货紧缩、企业利润下降、市场悲观情绪等一系列连锁反应导致了最后危机的爆发。明斯基在发展前人理论的基础上，系统提出了"金融不稳定假说"，从企业投资融资角度系统剖析了金融危机的原因。之后的一些研究主要从银行部门的信贷角度分析了金融体系的脆弱性，如银行的安全边界理论、银行挤兑论和银行顺周期理论等，还有一些研究从金融市场角度对金融脆弱性进行分析，主要包括资产价格波动、汇率超调和利率与资产价格之间的关联性等方面的分析。

总体来看，目前的金融脆弱性理论主要从货币、银行体系、实体经济、信贷市场和金融市场等某个方面或某个领域进行了研究，还需要形成一个涵盖金融体系各领域的理论体系，并且现有的研究主要是基于当时所处的历史背景环境，还需要针对不同国家经济发展阶段和制度环境进行脆弱性分析，需要分析脆弱性的不同特征和来源，才能系统地指导监管和货币当局用于脆弱性监测和控制。

针对中国金融体系脆弱性问题，国内学者已经在金融脆弱性理论方面进行了有益的探索，但相对来说，其研究大多是从某一个角度和方面进行分析，缺乏对金融体系各领域的内在联系和金融脆弱性来源的全方位分析，也缺乏从脆弱性根源的深入挖掘、与之相适应的脆弱性诊断工具以及切实可行的配套政策措施的分析。鉴于此，本书从金融脆弱性来源理论入手，剖析金融脆弱性来源的相对水平和累积，以及金融脆弱性来源的关联支撑效应，针对中国金融脆弱性的特点构造了涵盖多个维度的金融脆弱性监测指标体系，并构建了与之匹配的多层次金融脆弱性指数，最后，进一步提出了金融稳定政策优化的建议。本书的分析把对金融脆弱性来源的理论分析、金融脆弱性监测与评估度量工具和金融稳定政策纳入一个统一的分析框架，在一定程度上，具有非常重要的理论意义。

第二节　国内外研究现状述评

一、国外研究现状述评

（一）关于金融脆弱性的理论研究

费雪（Fisher，1933）基于实体经济的"债务—通货紧缩"视角，分析了金融体系从稳定到不稳定的周期性特征。费雪认为经济周期波动的根本原因在于过度负债[①]。他认为经济发展中的周期性是难以避免的，尤其是在经济繁荣时期实体经济的过度负债会导致通货紧缩从而可能引发经济危机。

凯恩斯（Keynes，1936）的研究没有对金融脆弱性的系统阐述，但其著作中从投资角度分析了金融脆弱性的运行机制。他认为，由于存在流动性偏好，在一定限度内，人们更愿意持有货币，从而会导致有效需求不足带来的社会失业，从而引发经济危机。凯恩斯还关注交易中的不确定性，在投资中经济主体存在不同动机，其行为的不确定性会直接影响经济发展态势[②]。

明斯基（Minsky，1982）基于债务—收入角度，从实体经济中的企业投融资中的特点出发，并结合经济周期性系统提出了金融体系的脆弱性理论[③]。明斯基的"不稳定假说"进一步发展了费雪的债务—通缩理论，从信贷市场角度分析企业净收入能覆盖债务的正常融资到净收入完全不能覆盖债务的庞氏融资，从经济发展的稳定与不稳定两个状态深入揭示了金融脆弱性的发展路径，认为自由市场经济下"看不见的手"机制无法避免金融危机。明斯基（Minsky，1992）提出两个定理：①经济在一些融资机制下是稳定的，在一些

---

① Irving Fisher. The Debt – Deflation Theory of Great Depressions [J]. Econometrica, 1933：337 – 357.

② Keynes, J. M.. The General Theory of Employment, Interest, and Money [M]. New York：Harcourt, Brace, 1936.

③ Minsky, H. P.. the Financial FragilityHypothesis：Capitalist Process and the Behavior of the Economyin Financial Crisis, ed. Charles P. Kindlberger and Jean – Pierre Laffargue [M]. Cambridge University Press, 1982.

融资机制内是不稳定的。②金融体系的稳定和不稳定状态会由于经济主体的融资动机的变化而发生变化①。

米什金（Mishkin，1996）基于信息不对称角度对银行等金融机构的内在不稳定性进行了分析，认为在金融不稳定状态下，金融系统不能为生产性企业提供融资支持②。米什金（Mishkin，1999）从信息不对称角度分析了亚洲金融危机，认为尽管资本流动对金融危机有促进作用，但这只是表面现象，因此进行汇率控制防范金融危机的作用不大，信息不对称引发的道德风险对金融不稳定有促进作用，是导致金融危机的重要原因③。

伯南克（Bernanke，1986）同样基于信息不对称视角，提出了金融加速器理论，在 DSGE 模型框架下对金融系统放大经济周期波动的影响机制进行了具体阐述。他认为金融系统和信贷市场具有内在的不稳定性④。伯南克（Bernanke，1999）考察了货币政策对资产价格波动的影响。研究表明央行把重点放在潜在的通胀压力上是可取的，资产价格可能在一定程度上预示着潜在的通胀或通缩力量，而直接针对资产价格的规则管理会出现反作用⑤。

德米尔古茨－昆特（Demirguc-kunt）和德特拉贾凯（Detragiache，1999）利用 Logit 模型和已有数据分析了银行部门对脆弱性以及对金融危机的影响，认为自由化程度越高，金融体系越脆弱⑥。

以上研究主要体现在实体经济部门（如企业）、银行金融机构、金融市场（资产价格波动和市场参与者）和汇率等方面的金融脆弱性。

---

① Minsky，H. P. . the Financial Instability Hypothesis，The Jerome Levy Economics Institute，Working Paper，No. 74，1992.

② Mishkin，F. S. . Understanding Financial Crises：A Developing Country Perspective. NBER Working Paper，No. 5600，1996.

③ Mishkin，F. S. . Lessons from the Asian Crisis，Journal of InternationalMoney and Finance，August，1999，18（4）：709－723.

④ Bernanke，B. S. ，Gertler，M. . Agency Costs，Collateral，Business Fluctuations. NBER Working Paper，No. 2015，1986.

⑤ Bernanke，B. S. ，Gertler，M . Monetary policy and asset price volatility. Proceedings ［R］. Federal Reserve Bank of Kansas City，1999：77－128.

⑥ Demirguc－Kunt，A. ，Detragiache，E. Monitoring Banking Sector Fragility：a Multivariate Logit Approach with an Application to the 1996－97 Banking Crises ［R］. PolicyResearch Working Paper Series 2085，1999.

（二）关于金融脆弱性度量方面的研究

在亚洲金融危机之前，对于金融脆弱性度量的研究通常集中在产出、信贷、国际收支、通货膨胀水平、股指和汇率的波动等，认为金融脆弱性是多因素共同作用的结果。

亚洲金融危机后，更多的研究倾向于汇率超调或汇率制度等因素所导致的金融脆弱性分析。卡瓦伊（Kawai，1998）研究分析了亚洲金融危机的深层次原因，认为金融自由化和资本账户自由化导致过多的投机性货币对泰国的冲击。固定汇率组合和高利率导致过多的资本流入，从而导致过度投资；政府的过度担保，以及金融部门发放贷款过度，特别是对非生产性的、以投机为目的的企业贷款过度，而且在信息披露不充分情况下，掩盖了这些问题①。

富尔曼和斯蒂格利茨（Furman & Stiglitz，1998）通过对亚洲金融危机的研究，认为严格来说金融危机不是外生的，证实了在多数情况下，经济增长速度放缓本身就预示着财务危机的可能性，而且汇率超调以及外资的撤出，内部信贷收缩等都是加剧金融危机的因素②。

艾肯格林和豪斯曼（Eichengreen & Hausmann，1999）基于对阿根廷、巴拿马和澳大利亚三个国家20世纪90年代的案例分析，认为金融危机既不是道德风险，也不是金融市场的不完全性所致，而是由于盯住汇率导致的对汇率风险隐性担保，从而鼓励了过度的信贷扩张③。

卡明斯基等（Kaminsky et al，1999）构造了基于20多个变量的指标体系并对发达国家和不发达国家的危机进行了检验分析，结果表明比较理想④。马克·伊林和刘颖（Mark Illing & Ying Liu，2003）通过对加拿大财务压力的

① Kawai, M. . The East Asian Currency Crisis: Causes and Lessons, Contemporary Economic Policy [J]. Western Economic Association International, 1998, 16 (2): 157 – 172.

② Furman, J. , Stiglitz, J. . Economic Crisis: Evidence and Insights from EastAsia [J]. Washington. D. C: Brookings Institution, Brookings Papers on Economic Activity, 1998 (2): 1 – 135.

③ Eichengreen, B. , Hausmann R. . Exchange Rates and Financial Fragility [R]. NBER Working Paper No. 7418, November, 1999.

④ Kaminsky, G. , Reinhart, C. . The Twin Crises: The Causes of Banking and Balance-of – Payments Problems [J]. American Economic Review, 1999.

调查，利用银行、外汇市场、股市和债务等方面财务指标构建了一个加拿大适用的金融压力指数，认为可以此指数来对加拿大本国的金融稳定性进行评估[①]。

国际货币基金组织（IMF，2006）从资产负债角度构建了 12 个核心指标和 27 个鼓励指标[②]。欧洲央行（ECB，2006）在 IMF 指标体系的基础上，通过 200 多个指标构建的宏观审慎指数来评价金融体系的稳健性[③]。

范德恩德（van den End，2006）基于国际货币基金组织的指标体系，构建了相应的指标并对荷兰银行进行了稳定性测度[④]。

亚当（Adam，2008）通过对能反映财务稳健性相关指标的分析以及对 IMF 的核心金融稳健指标的评价，构建了针对捷克银行业的金融稳定指标[⑤]。

拉赫曼（Drehmanne et al，2012）研究了金融市场股价、房价和信贷的周期性与宏观经济的关联性，认为由于每个国家的实际情况和经济发展阶段不同，现有的指标体系不能适用于所有国家，因此每个国家要根据本国的实际情况进行分析并构造适用于本国的金融脆弱性指标体系[⑥]。

二、国内研究现状述评

（一）关于金融脆弱性的定性研究

刘锡良（2005）认为宏观经济的稳定与金融稳定密切相关，剧烈的经济波动会影响金融稳定，而金融不稳定也会影响金融的发展[⑦]。张洪涛等

---

① Illing, M., Liu, Y. An Index of Financial Stress for Canada [R]. Bank of Canada Working Paper No. 2003 – 14, June 2003.

② IMF. Financial Soundness Indicators：Compilation Guide [R]. International Monetary Fund Working Paper, 2006.

③ ECB. EU BankingSector Stability [R]. European CentralBank, Working Paper, 2006.

④ Jan Willem van den End. Indicator and boundaries of financial stability. DNB Working Papers No. 097, Netherlands Central Bank, Research Department, 2006.

⑤ Adam Geršl, Jaroslav Heřmánek. Financial Stability Indicators：Advantages and Disadvantages of Their Use in the Assessment of Financial System Stability [R]. Prague Economic Papers, 2008.

⑥ Mathias Drehmann, Claudio Borio, Kostas Tsatsaronis. Characterising the financial cycle：Don't lose sight of the medium term! [R]. BIS Working Papers No. 380, 2012.

⑦ 刘锡良. 我国经济波动与金融稳定 [J]. 上海金融学院学报，2005，5.

（2006）对金融稳定的相关文献进行了梳理，主要侧重于金融稳定框架、央行货币政策和金融稳定的关系方面①。崔光灿（2006）的实证研究利用金融加速器模型对资产价格波动导致的金融脆弱性进行了研究②。陆磊（2008）针对金融全球化特定背景分析了金融体系的不稳定性，认为通过央行货币政策手段和行政法律手段可以在很大程度上控制风险，维护金融稳定③。李巍等（2007）在全球金融危机之后的研究更关注资本账户开放对金融稳定的影响④。王俊（2012）从四个方面分析了资产价格波动对金融稳定的影响机制，并给出了相应的政策建议，认为货币政策应关注资产价格背后的信用扩展，监管部门应构建宏观审慎框架⑤。程启智和陈敏娟（2013）分析了系统性风险的新特征，认为金融监管应该加强宏观审慎和微观审慎的有机结合，并应注重加强宏观协调机制以实现金融体系的安全和稳定⑥。

（二）关于金融脆弱性的定量研究

关于金融脆弱性的度量，国内的研究主要分为三个方面：一是金融风险的防范与预警研究；二是系统性风险的预警与度量研究；三是金融稳定指标研究。而更多的研究集中在系统性风险的度量和预警方面。

在金融风险的防范与预警方面，吴海霞等（2004）运用信号分析法构建了中国的风险预警系统并对中国的实际数据进行了检验，提出中国应针对性的加强相应的风险预警机制。陈秋玲等（2009）提出了针对中国的风险预警的指标体系，并对中国的金融风险状况进行了检验和预测⑦。吴成颂（2011）从风险角度构建了中国的风险预警体系，结果发现中国金融体系没有明显的风险预警信号。孙立行（2012）构建了开放条件下的中国风险预警指标，研究结果表明资本流动带来的金融风险对金融体系的稳定性影响较大。

---

① 张洪涛，段小茜. 金融稳定有关问题研究综述 [J]. 国际金融研究，2006，5.

② 崔光灿. 资产价格、金融加速器与经济稳定 [J]. 世界经济，2006，11.

③ 陆磊. 非均衡博弈、央行的微观独立性与最优金融稳定政策 [J]. 经济研究，2005，8.

④ 李巍. 金融发展、资本账户开放与金融不稳定 [J]. 财经研究，2007，11.

⑤ 王俊. 资产价格波动与金融不稳定性：传导机制与政策选择 [J]. 南方金融，2012，1.

⑥ 程启智，陈敏娟. 现代金融系统性风险新特征与宏观审慎监管 [J]. 河北经贸大学学报，2013，3.

⑦ 陈秋玲等. 金融风险预警：评价指标、预警机制与实证研究 [J]. 上海大学学报，2009，5.

在系统性风险度量与预警方面，巴曙松（2013）认为金融危机反映的系统性风险需要引起关注，并介绍了 SCCA 方法模型以及该方法对系统性风险的度量[①]。朱元倩等（2012）对金融危机前系统性风险的度量预警模型存在的不足进行了分析，并提出金融危机后应该侧重于金融机构和市场关联角度的系统性风险的度量模型研究[②]。高国华（2013）从银行业逆周期资本监管角度，构建了针对系统性风险识别和度量的指标体系[③]。刘春航（2011）从系统性风险分析入手构建了适用于中国银行业的系统性风险度量框架[④]。

在金融稳定监测和度量角度方面，孙立坚（2004）从金融体系功能角度对中国金融体系脆弱性进行了实证，并深入分析了金融脆弱性对实体经济的影响机制[⑤]。仲彬（2004）参照 IMF 的金融稳健指标构建了中国的监测体系[⑥]。伍志文（2003）利用其构建的指标体系对中国的银行体系进行了分析，研究结果发现存贷款利差、货币供应量波动以及通胀率水平、固定资产投资等若干指标变量对银行体系有较明显影响[⑦]。曾诗鸿（2005）从不良贷款角度的动态模型分析了中国银行业的脆弱性。万晓莉（2008）选择了五个主要指标变量并构建了金融脆弱性指数，利用中国实际统计数据进行实证，对金融系统风险状况进行了评估判断，并分析主要风险的来源[⑧]。惠康等（2010）根据 IMF（2006）和 ECB（2006）对金融稳定的评价体系，从两个维度构建了中国的金融稳定指数，并根据中国的历史数据进行了测度[⑨]。何德旭等（2011）构建了中国的金融稳定指数，通过检验发现该指数能大致反映中国的金融稳定情况和变化趋势[⑩]。方兆本等（2012）基于宏观经济的计量模型构建了中国的金融稳定综合度量指标，并对中国的金融稳定性进行了预测[⑪]。

① 巴曙松，居姗，朱元倩．SCCA 方法与系统性风险度量 [J]．金融监管研究，2013，3．
② 朱元倩，苗雨峰．关于系统性风险度量和预警的模型综述 [J]．国际金融研究，2012，1．
③ 高国华．逆周期资本监管框架下的宏观系统性风险度量与风险识别研究 [J]．国际金融研究，2013，3．
④ 刘春航，朱元倩．银行业系统性风险度量框架的研究 [J]．金融研究，2011，12．
⑤ 孙立坚等．经济脆弱性对实体经济影响的实证研究 [J]．财经研究，2004，1．
⑥ 仲彬，陈浩．金融稳定监测的理论、指标和方法 [J]．上海金融，2004，9．
⑦ 伍志文．金融脆弱性：理论及基于中国的经验分析 [J]．经济评论，2003，2．
⑧ 万晓莉．中国 1987～2006 年金融体系脆弱性的判断与测度 [J]．金融研究，2008，6．
⑨ 惠康，任保平，钞小静．中国金融稳定性的测度 [J]．经济经纬，2010，1．
⑩ 何德旭等．中国金融稳定指数的构建及测度分析 [J]．中国社会科学院研究生院学报，2011，4．
⑪ 方兆本，朱俊鹏．中国金融稳定的变量及预测 [J]．金融论坛，2012，10．

目前国内关于金融脆弱性的研究缺乏相应的理论基础和系统全面的分析，仅以金融机构信贷或资产价格作为金融脆弱性代表指标并不能全面反映中国金融脆弱性状态。另外，目前关于金融系统稳定性与宏观经济关联方面的研究较多，但缺乏对金融体系脆弱性系统全面和特定发展阶段的金融脆弱性的研究。

第三节　研究思路和主要内容

一、研究思路

第一，本书对金融体系脆弱性的相关概念进行界定，分析其相关关系，并对相关理论进行基于金融体系脆弱性视角的梳理和述评。

第二，基于现有的金融脆弱性来源理论及其主要不足，提出系统的金融脆弱性来源理论分析框架，把脆弱性的来源归纳为实体经济债务膨胀、金融机构风险、金融市场风险、国际贸易与跨国冲击、宏观经济波动这五个维度，分析脆弱性来源的相对水平与累积，以及脆弱性来源的关联支撑效应。

第三，研究分析国内外关于金融脆弱性监测度量的指标体系和测度方法，并基于上述理论分析系统构建一套符合中国国情和经济实际特点的指标体系，共划分为实体经济债务、银行金融机构风险、金融市场风险、国际贸易和外部冲击、宏观经济五个方面 16 项核心指标和 11 项扩展指标。然后根据指标体系多维度、多层次的特点，采用比较适合的层次分析法对其中的核心指标体系进行赋权计算。

第四，基于中国金融体系脆弱性度量监测指标体系所涵盖的方面，按照本书构建的度量框架，计算得出中国综合脆弱性指数以及分层脆弱性指数，通过设置脆弱指数的状态阈值区间，分析金融体系各个层次的脆弱性来源状况，从而对中国金融体系的脆弱性程度和来源做出准确诊断，为之后采取有针对性的措施，及时消减脆弱性维护金融体系稳定和安全提供明确的方向。

第五，提出实现金融稳定目标的一个政策分析框架，基于金融脆弱性的监测、评估结果和对金融脆弱性来源的深入分析，分别就金融稳定框架包含的层面、消减脆弱性、从危机中迅速恢复银行体系功能、央行货币政策优化等方面，提出应对金融体系脆弱性的政策措施。最后延伸研究我国区域金融脆弱性来源与稳定政策。

二、主要内容

第一，以金融脆弱性为起点，从金融脆弱性的相关研究和理论深入探究金融脆弱性的主要来源，把脆弱性来源归纳为五个维度，提出了金融脆弱性来源理论的整体分析框架，对脆弱性形成的机理进行了深入阐述。第二，对比分析国内外现有金融脆弱性的评价指标体系，进而构建了与中国经济结构和市场发展相适应的脆弱性评价指标体系。第三，利用五个维度的相关经济金融数据，对中国金融体系的脆弱性进行了实证分析。第四，结合中国经济金融的特点和金融脆弱性的实证结果，提出了中国的金融稳定政策。第五，在前面的研究基础上，进一步研究了经济新常态下区域金融脆弱性来源和特征，结合京津冀区域经济发展中应弥补的短板，提出了应对区域金融脆弱性的政策及建议。

具体章节分布如下：

第一章主要阐明研究主题并对国内外相关研究进行了梳理和述评。尽量结合最新研究成果和前沿动态，找出研究的突破口和逻辑起点。

第二章金融脆弱性的相关理论研究，首先对金融脆弱性的相关概念及其关系进行了分析，系统梳理了金融脆弱性的相关理论。主要从金融脆弱性的早期研究、基于信贷市场的金融脆弱性理论和金融市场的金融脆弱性理论三个方面进行述评。

第三章金融体系脆弱性来源的理论分析，首先分析了现有的金融脆弱性来源理论及其主要不足，然后提出了系统的金融脆弱性来源理论分析框架：①从金融脆弱性来源的几个维度进行理论分析，把脆弱性的来源归纳为实体经济债务膨胀、金融机构风险、金融市场风险、国际贸易与跨国冲击、宏观经济波动五个方面或五个维度；②从脆弱性来源的相对水平与累积方面进行深入分析，由于经济增长所依赖的技术、环境、资源要素的约束，只能支撑一种常规的发展，因而实体经济发展的相对水平超过常规约束时，才开始积累脆弱性；③脆弱性来源的关联支撑效应分析，脆弱性来源维度所引起的脆弱性以及大小主要受制于与之关联因素的支撑程度大小，具体为：一是实体经济的债务膨胀受制于与之关联的未来现金流；二是金融机构风险受制于与之关联的资本充足水平支撑；三是金融市场风险反向受制于与之关联的自由化和交易活跃程度；四是跨国资本流动冲击受制于与之关联的对冲能力支撑；五是宏观经济波动风险受制于与之关联的物价水平和增长质量支撑。

第四章国内外金融体系脆弱性度量指标分析，分析了国外有代表性的指标体系（包括国际货币基金组织、欧洲中央银行和国际清算银行三类指标体系）的适用性和不足之处。同时，分析了国内现有文献中构建的中国的金融脆弱性指标体系，并对中国人民银行的金融稳定报告进行了评析。

第五章中国金融脆弱性度量指标体系的构建，在前一章的基础上构建了符合中国经济结构特点和市场发展阶段的指标体系。共划分为实体经济债务、银行金融机构风险、金融市场风险、国际贸易和外部冲击、宏观经济五个方面16项核心指标和11项扩展指标。

第六章金融脆弱性的测度方法、模型构建和一致性检验，根据指标体系多维度、多层次的特点，采用比较适合的层次分析法对其中的核心指标体系进行了赋权，为修正主观判断的不一致性，对判断矩阵进行了一致性检验。

第七章中国金融体系脆弱性指数计算和结果展现，这部分主要根据涉及中国金融体系脆弱性的实体经济债务、银行金融机构风险、金融市场风险、国际贸易和外部冲击、宏观经济五个方面的经济金融数据进行了计算，并对实证结果进行了分析。通过设置脆弱性指数的状态阈值区间，综合指数和五个维度脆弱性指数分别图示，对中国金融体系的脆弱性程度进行诊断，分析金融体系各个层次的脆弱性来源状况，为中国制定应对政策措施提供量化的依据。

第八章基于金融体系脆弱性视角，提出了中国适用的金融稳定政策。首先提出了实现金融稳定目标的整体框架，然后基于消减脆弱性目标提出了相应的金融稳定政策，基于从危机中恢复目标参考美国实践和实证研究，提出了央行货币政策工具箱优化建议。

第九章从区域金融角度出发，在中国金融脆弱性研究基础上，深入分析新常态下京津冀区域金融脆弱性来源和特征，从跨区域、跨周期、动态均衡视角提出了针对性的区域金融稳定政策。

第十章为结论部分，全面总结概括了现有金融脆弱性来源理论的不足、系统的分析框架、本书构建的中国的金融脆弱性指标体系、综合指数和度量结果得出的中国金融体系脆弱性状况、应对中国金融脆弱性的金融稳定政策以及应对京津冀区域脆弱性的金融稳定政策。

三、主要研究方法

（一）系统分析法

本书的金融脆弱性来源理论基础分析、中国金融体系脆弱性度量框架构建以及最后的金融稳定政策优化框架设计，都是为了解决一个涉及多个层面和多个维度的系统性问题，而不是局限于某个局部或某个具体问题，具有系统性。所以本书在研究分析方法上主要采用了系统分析方法。

（二）层次分析法、无量纲化和一般统计分析法

本书构建的中国金融体系脆弱性度量指标体系具有多维度、多层次的特点，所以在赋权计算时采用了比较适合的层次分析法，以及一致性检验法。在综合脆弱性指数和分层维度指数计算时，采用了无量纲化处理方法和一般统计分析法。

（三）比较研究和案例分析相结合，实证分析与定量分析相结合

在基础理论分析、中国金融体系脆弱性度量框架构建以及金融稳定政策优化框架设计过程中，本书采用了比较研究和案例分析的方法，分析了美国2008年金融危机前后的情况，以及之后的应对政策。在分析中国货币政策优化时，对中国人民银行应对危机的货币政策效果进行实证研究中，采用了实证检验与定量分析方法。

第四节　创新与不足

一、主要创新之处

一是在分析现有的金融脆弱性来源理论及其主要不足基础上，提出了系统的金融脆弱性来源理论分析框架，把脆弱性的来源归纳为实体经济债务膨胀、金融机构风险、金融市场风险、国际贸易与跨国冲击、宏观经济波动五个维度，分析了脆弱性来源的相对水平与累积，以及脆弱性来源的关联支撑效应。

二是基于脆弱性来源理论分析，挖掘能够反映中国金融体系脆弱性状况的指标，构建了符合中国经济特点和发展阶段的金融体系脆弱性的度量框架，包括指标体系的设计和多维多层指标的赋权计算。

三是在计量统计分析上，对照 16 项核心指标体系，全面搜集了中国金融体系的相关数据，并对指标值进行无量纲化处理，计算得出中国综合脆弱性指数和分层维度的脆弱性指数，从而得出中国金融体系的脆弱性状况以及脆弱性来源。

四是根据中国金融脆弱性监测度量和来源分析结果，基于美国应对金融危机和消减金融脆弱性的经验，提出了基于中国金融体系脆弱性状况的金融稳定政策方案，并实证研究了中国央行货币政策的有效性，提出了货币政策优化改革的具体建议。

五是对金融体系各领域的内在联系和金融脆弱性来源进行全方位的系统分析，对金融脆弱性根源进行深入挖掘，并构建与之相适应的脆弱性诊断工具以及提出切实可行的配套政策措施。把对金融脆弱性来源的理论分析、金融脆弱性监测、评估度量和诊断工具以及金融稳定政策纳入一个统一的分析框架。

二、主要不足之处

本书还需深入研究及不足之处：一是由于中国现有统计数据的不完全性

以及一些数据的可得性限制，在各指标和综合指数计量方面的结论可能存在一定偏差。

　　二是由于笔者理论和实践水平所限，提出的中国金融稳定政策还不够具体，操作性也可能存在不足等缺陷。

　　由于笔者学识和知识基础所限，本书一些观点或描述难免存在偏颇或缺陷，很多方面还需要进一步研究和探讨，希望能在未来的研究中进一步改进和拓展。

第二章　金融脆弱性相关理论述评

第一节　金融体系脆弱性的相关概念界定及其关系

一、金融体系脆弱性

从狭义角度理解，金融体系的脆弱性可以认为是基于金融业行业特点的高负债经营，更容易导致金融体系的不稳定性。

本书所研究的金融体系脆弱性是基于广义角度的，认为金融体系的脆弱性应该基于实体经济部门、金融机构、金融市场、国际贸易和外部冲击以及宏观经济等各方面的关联性的一种趋于高风险的金融状态，既包括传统信贷市场和金融市场融资领域内的风险积聚，也包括实体经济负债膨胀、宏观经济波动以及国际贸易和外部冲击引致的金融体系的不稳定性。因此，对于金融体系的脆弱性的监测和评估不应仅限于金融机构或金融行业，而应该是与金融体系相关的各个部门。

二、银行体系脆弱性

银行体系脆弱性主要是指银行金融机构因为短存长贷等经营特点以及作为金融中介的资产期限转换职能反映的银行体系的高风险状态或不稳定特征。当银行体系处于不稳定状态时，一旦受到即使很小的外部冲击就容易出现流动性困难甚至导致无力偿付债务的情况，同时由于银行部门自身的特点，它起到对实体经济债务膨胀风险和金融市场风险波动之间的传递作用。

三、系统性风险和金融体系脆弱性

系统性风险一方面是指金融市场的一些突发事件发生从而会对宏观经济产生负面冲击的可能性。这里的系统性风险主要指银行等金融机构和宏观经济体系的风险因素。另一方面主要是指因为金融交易导致的连锁反应和溢出效应，从而会导致金融危机的可能性。2008 年金融危机后的研究更多的是基于考夫曼（Kaufman，1996）所阐述的从横截面维度和时间维度的风险。目前国内外对于系统性风险和度量的研究较多，主要集中在通过各种方法对系统性风险的测度方面。相对来说，金融体系的脆弱性是一个风险积累的过程，因此，对金融体系脆弱性的监测，需要对各主要领域的脆弱性全程监测，即构建覆盖实体经济领域、金融机构以及金融市场，甚至是宏观经济等领域的指数和指标体系，以便及早监测出现的各种金融脆弱性信号，有利于金融监管部门据此及时做出应对。

四、金融体系脆弱性与金融危机

金融体系的脆弱性是指在非金融企业部门、银行部门、金融市场、宏观经济乃至国际贸易和外部冲击等多个领域的风险积聚，是指金融系统的一种由稳定状态向不稳定状态逐渐演变和发展的过程，同时也是指一种高风险的金融状态。现有的研究越来越侧重于广义的金融体系脆弱性研究，尤其是在2008 年美国金融危机之后，世界各国更加强了对各领域金融脆弱性的监测。由于信息不对称、金融自由化以及金融市场的不完美性，金融体系的脆弱性特征更使得金融危机爆发的可能性增大。

第二节　金融体系脆弱性的基础理论述评

一、关于金融体系脆弱性的早期研究

更早的关于金融脆弱性的观点可以追溯到马克思对货币职能的划分，因为商品价值和价格的分离，价格的波动导致货币购买力发生相应的变化，作为支付手段的货币就有可能导致债务链条的中断，这是从货币自身特点对脆弱性的早期分析。在 1877 年经济危机爆发时，马克思就从银行体系的信用创造职能角度进行了分析，认为正是因为银行不同于实体企业的特点导致了银

行体系的脆弱性。

凡勃仑（Veblan，1904）从商业周期和所有者缺位角度分析了银行体系的脆弱性，他认为由于证券交易中存在周期性，而且对实体经济企业的估价脱离了其自身的盈利能力，再加上资本主义经济发展中的所有者缺位，必然导致周期性的动荡。

凯恩斯（Keynes，1931）也从货币的供给和需求角度分析了金融脆弱性问题，他认为货币可以进行交易，也可以作为财富持有。而基于流动性偏好理论，在一定限度内，人们更愿意持有不生息的货币，而不愿意持有产生利息的财富形式（证券），尤其是当他们预期未来的利率高于现在的市场利率时。因此，凯恩斯认为在货币供给一定的情况下，以上对货币持有的偏好会导致货币供给和需求的失衡，从而社会的有效需求不足、工人失业从而进一步引发经济金融危机。

二、费雪的债务——通货紧缩理论

费雪（Irving Fisher，1933）发表论文对"债务—通缩"导致的银行体系脆弱性进行深入研究，他认为在经济繁荣时期的过度负债是脆弱性的主要根源[①]。

费雪认为过度的负债以及过度投资（投机）会引致通货紧缩，因为实体经济的负债过度，所以当债权人提出债务清偿时，实体经济部门会出现破产和倒闭最终导致银行体系的脆弱性。费雪的"债务—通缩"理论的核心思想是经济在某个时点处于"过度负债"的状态，债务人或债权人出于谨慎，往往会引发债务的清偿。这样就产生如图 2 - 1 所示的九步连锁反应。

费雪的"债务—通缩"理论强调的是经济繁荣时期实体经济中企业过度投资和过度投机导致的过度负债从而难以清偿后的一系列连锁反应，认为金融体系的脆弱性来源于实体经济的恶化。

---

① Irving Fisher. The Debt – Deflation Theory of Great epressions ［D］. Econometrica，1933：337 – 357.

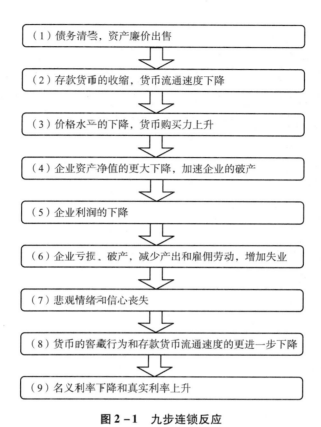

图 2 - 1　九步连锁反应

第三节　基于信贷市场的金融脆弱性理论

一、金融不稳定假说

明斯基（Minsky，1982）系统性地提出金融不稳定假说，并对金融体系中的脆弱性进行了深入阐释①。明斯基认为在宏观经济不同的发展阶段，因

① Minsky，H. P. . The Financial - Instability Hypothesis：Capitalist Processes and the Behavior of the Economy ［M］. Cambridge：Cambridge University Press，1982：282.

为经济实体中企业融资活动和融资结构的变化，经济稳定性会发生潜移默化的改变。企业的融资活动与融资结构的变化反映了当时的市场条件和预期，随着时间的推移，企业可用于支付的资金和融资安排会因为市场的不确定性以及经济走势的变化，尤其是因为金融本身的不稳定性而发生变化。

从稳健的金融结构转向脆弱性的金融结构中间需要经历一定的时间，并且需要在特定的制度和规则下，为企业融资结构提供更大的操作空间，能够为企业提供更多的获利机会，银行能够从事相应的金融创新活动。随着时间的流逝，经济形势会或快或慢的发生转变，人们对经济的预期也会相应地发生改变。同时，之前的规则和制度可能会出现与当时经济发展阶段不相适应的情况。此时，政府可能就会因此而改变其政策，正如1929～1933年的"大萧条"，政府的管制政策在维持了较长时间的发展之后，出现了管制放松和经济自由化的思潮。

以经济稳态为起点，在宏观经济平稳增长情况下，企业融资结构有发生投机性变化的倾向，根据明斯基不稳定假说的观点，在经济增长阶段，企业出于三种不同目的融资方式会逐渐向投机程度更大的庞氏融资过渡，随着宏观经济较长期的平稳增长，人们对市场的预期会使得投机性融资占比提高。在传统信贷市场，企业的风险必然由实体经济向银行体系转移。下面从现金流角度对经济主体的融资结构变化如何影响经济进行深入分析。

传统的信贷市场银行对企业的风险评估注重其流动性和偿债能力的分析，从而企业在销售过程中的现金流将用于偿还其在银行的贷款，这样才能保证银行体系的流动性。因此，这就意味着，企业要正常经营就要维持其相应的流动性和偿债能力。

依据"金融不稳定性假说"，在经济扩张阶段存在投资繁荣，金融机构信贷发行量快速增长，而在投资相对不繁荣期或低迷期往往相反。也就是说信贷量一定程度上可以反映金融系统的脆弱性，并且具有较高的同步性。

在微观层面，金融脆弱性是指在资产负债表的负债或资产方要素（平衡和失衡时）对利率、收入，摊销率，以及其他影响资产负债表流动性和偿付能力等要素的变动高度敏感性。在一般情况下，在这些变量未出现异常波动就不会带来大的金融困难。但这种高现金流的维持需要依靠预期高的再融资来源（即高的再融资风险）和价格上涨时的资产清算（即高流动性风险）。

在宏观经济层面，金融脆弱性可大致定义为产生金融不稳定倾向的融资问题。金融不稳定是一种经济状态，在这种状态下融资问题往往会影响就业和价格稳定。最终，金融不稳定性表现为"债务—通缩"过程的形式，因此，金融脆弱性可以被认为是产生"债务—通缩"过程倾向的融资问题。

下面可以根据明斯基对三种不同程度的融资方式：对冲融资，投机性融资和庞氏融资的定义更加精确地对金融脆弱性进行说明。明斯基指出，当经济单位负债时，对冲融资是指一个经济单位能够利用日常经营中的现金流支付其所承担的负债（适用于大多数个人和持续经营的公司）。因此，即使企业的债务相对于收入可能比较高，其中多数经济单位依靠对冲融资是不容易出现债务通缩的，除非日常现金流入出现特别大的跌幅，或是现金的流出出现异常大量的增加。即使是这样，现金储备及流动性资产通常大到足以提供针对不可预见问题的缓冲。

投机性融资是指日常的现金净流量来源和现金储备太低，不能完全支付其负债部分（如本金的偿还、追加保证金通知和其他）。因此，一个经济单位需要借入资金或出售一些流动性较低的资产来支付其负债。金融脆弱性的这种状态也是一些特殊经济单位所共有的特征，如商业银行。因为其业务模式涉及长期资产（贷款）资金和短期外部资金来源的不匹配，所以需要不断获得再融资来源以维持其正常的运作。

庞氏融资是指一个经济单位预计不会从它的日常经济运行中产生足够的现金流净额（NCF_0），也不具备足够的现金储备以支付其未偿还的金融合约（CC）。在时间 0 时直到日期 n，下式成立：

$$E_0(NCF_{0t}) < E_0(CCt) \ \forall t < n \tag{2.1}$$

这就意味着庞氏融资涉及明斯基所谓的"获得头寸"，即再融资和资产清算问题。更精确地说，就是在一个给定的未偿债务（L），庞氏融资需要依赖于可预期的再融资贷款（L_R）的增长，和可预期的不断增长的资产价格（P_A）的全面清算才能满足其债务承诺。

$$E(CF_{PM}) = \Delta L_R + \Delta P_A Q_A > 0 \ 并且 \ \Delta[E(CF_{PM})/L] > 0 \tag{2.2}$$

从微观经济层面来看，一个经济单位使用庞氏融资方式以维持其资产运行的状况是非常脆弱的。从宏观经济层面来看，如果多数经济单位都参与庞氏融资，那么，这个经济系统是极易导致债务通缩的，因为此时获得头寸的风险（难以获得再融资的来源和市场流动性下跌）非常高。

明斯基的不稳定假说，进一步发展了费雪的"债务—通缩"理论，从信贷市场角度分析企业净收入能覆盖债务的正常融资到净收入完全不能覆盖债务的庞氏融资，从经济发展的稳定与不稳定两个状态深入揭示了金融脆弱性的发展路径，认为自由市场经济下看不见的手机制无法避免金融危机。通过凯恩斯提出的微调策略只能在短时间内缓解经济的波动，长期脆弱性的积累通过微调不能解决，应该鼓励股权融资而不是债权融资。央行除了利用货币政策对经济进行宏观调控外，更重要的是要承担对金融稳定的职能。明斯基从信贷角度系统分析了金融脆弱性产生的原因与内在机理，为之后的研究奠定了理论基础。基于"金融不稳定假说"，针对稳定与不稳定经济，明斯基认为自由市场经济是危险的，主张通过政府干预。央行更重要的职能应该是防范金融的不稳定性，政府应该直接（如通过财政政策增加支出，减税）来增加社会就业。

二、安全边界理论

凯格尔（Kergel，1997）在明斯基研究的基础上提出了"安全边界说"（Margins of Safety）。安全边界可以视作银行所收取的风险报酬，它是银行贷款利息的一部分，当银行出现未知风险时，安全边界可以给予银行保护。有效地确定安全边界需要银行和借款人对所投资项目和未来的现金流有精准的把握。但是，由于对未来进行准确的估计难度较大，所以银行采取"摩根法则"来进行信贷决策，即在做信贷决策时主要看借款者过去的信用记录，忽视了对未来的预期。因此，银行在放贷时对借款者的信用记录的关注程度超过了贷款项目本身，虽然贷款本息的偿还主要来自于贷款项目。

在经济扩张时期，借款人的信用记录普遍良好，因为经济的增长能够掩盖投资决策的失误，良好的信用记录让银行降低了安全边界。银行家和投资者在经济扩张时期赚取的利润丰厚，这使他们对风险的关注普遍不够，处于一种"非理性亢奋"当中，却没有发现风险敞口正在不断扩大，过去从银行难以获取资金或者被要求较高的安全边界的借款人现在也能方便地从银行获取资金。

凯格尔（Kregel，1997）把金融脆弱性定义为："那些缓慢的、难以察觉的对安全边界的侵蚀"。安全边界假说将银行作为研究对象，认为银行的信贷决策是导致金融脆弱性的根源。与此类似，明斯基（Minsky，1986）从企业的角度出发，认为金融不稳定性的根源来自于企业的投资决策失误，虽然两者的研究立足点不同，但都是从信贷市场对金融脆弱的原因进行分析。

三、银行顺周期行为理论

艾伦和格雷戈里（Allen & Gregory，2003）提出了机构记忆假设和银行的顺周期信贷行为理论。该理论主要从银行自身的原因来寻求金融脆弱性的根源，该理论认为，银行本身存在着一种类似人类记忆的所谓"机构记忆"问题。在银行出现一次不良贷款记录之后，银行关于贷款风险的警觉性会随着时间的推移不断降低，从大量的贷款中有效辨识高风险贷款的能力也在不断减弱，同时由于经济增长，不良贷款出现的概率较低，进一步推动了这一问题的发展。随着经济周期的变化和信贷规模的不断增加，不良贷款出现的概率增加，银行开始重视不良贷款的处理，信贷人员也不断从实践中得到经验教训，从大量贷款中辨识不良贷款的能力增加，"机构记忆"不断恢复。银行信贷人员分辨不良贷款能力降低的原因有两个方面：一是大量的招收没有任何信贷经验的人员，二是有经验的信贷人员随着时间的推移逐渐淡化了贷款的风险意识。

银行的顺周期信贷行为根源在于银行的经营目标，如果信贷政策制定得过于严格，则银行在规避风险的同时也会丧失大量的优秀客户，客户关系也会出现问题，必然会影响到经营目标的实现。顺周期信贷理论是经济周期发展的结果，也是银行在面临激烈竞争背景下的理性做法。

实际上，银行顺周期信贷理论是目前热门的金融体系顺周期理论的重要组成部分。由于金融市场存在信息不对称和市场不完全，逆向选择和道德风险充斥于金融市场，伯南克等（Bernanke et al，1996）将信息不对称和借款人偿债能力引入模型，提出了著名的"金融加速器理论"（简称 BGG 理论）。

在市场信息不完全的情况下，在企业资金总需求一定的情况下，融资成本与企业净值负相关，一般来说，企业外部融资成本与经济周期反向波动，企业净值与经济周期正向波动，因此企业净值的改变能够引起企业生产行为的变化，生产行为的变化进一步造成企业净值的变化和产量的变动，从而造成经济波动。

除了以上介绍的两种顺周期效应之外，巴塞尔协议 I 和巴塞尔协议 II 资本监管框架也存在顺周期效应，加剧了金融体系的脆弱性。

四、银行挤兑论

戴蒙德和戴威格（Diamond & Dybvig, 1983）提出了银行挤提模型，这一理论认为银行在满足存款人的存取款行为时自身也在承担着流动性风险。一般来说，存款人集中提取的可能性比较小，因此银行可以利用短期负债来支撑较长期限的资产，只需要保留一定量的存款准备金以满足存款人的提款即可。但是，当市场出现风险事件时，此时存款人出于资产安全的考虑可能集中提款，即"挤兑"行为，而银行自身的资产是难以保证其偿付义务的，此时就有可能导致银行破产，因此银行本身就存在脆弱性。在经济全球化、金融一体化的今天，各种金融机构之间存在千丝万缕的联系，挤兑行为极有可能迅速从一家银行出现传导给其他具有类似资产结构的银行，从而导致银行的大面积破产或经营困难。当整个金融体系出现流动性危机时，金融危机就有可能爆发。

五、艾伦和盖尔的金融脆弱性模型

艾伦和盖尔（Allen & Gale, 1996[1], 2002[2], 2003[3]）（简称 A - G 模型）的研究认为，金融系统是脆弱的，而且其脆弱性是内生的。基于"太阳黑子理论"和银行挤兑理论模型，艾伦和盖尔分析了两种冲击——太阳黑子冲击

---

[1] Allen, F. , Gale, D. . Financial Markets, Intermediaries and Intertemporal Smoothing, Wharton School Center for Financial Institutions ［R］. University of Pennsylvania, Working Papers, 96 - 33, 1996.

[2] Allen, F. , Gale, D. . Asset Price Bubbles and Stock Market Interlinkages ［R］. Center for Financial Institutions Working Papers, 2002.

[3] Allen, F. , Gale, D. . Financial Fragility, Liquidity and Asset Prices, Wharton School Center for Financial Institutions ［R］. University of Pennsylvania, Working Papers 01 - 37, 2003.

（个体冲击）和金融体系内生脆弱性冲击（基本面冲击）对银行业的影响。A-G模型中假设市场是进行长期资产交易的，市场中不存在流动性的冲击和资产收益的差异，那么 T=1 时投资者可进行时刻 2 时的合同，而不必对物质资本进行清算，模型假定下式成立：

$$\eta(\theta) = \alpha + \varepsilon\theta, \quad \varepsilon \geqslant 0 \qquad (2.3)$$

其中，$\eta(\theta)$ 表示进行提取行为的投资人的比例，α 表示银行个体的太阳黑子冲击，θ 表示金融体系内生脆弱性冲击，$\theta=0$ 则表示只存在银行个体的太阳黑子冲击；$\theta>0$ 则表示两种冲击都存在。

艾伦和盖尔的分析主要是基于不确定性角度的金融脆弱性分析。认为金融系统是内生脆弱的，一个微小的冲击就会带来大的影响。其内生变量依赖于外在不确定性的太阳黑子均衡只是一个极端的例子。依赖于内在的不确定性的基本平衡结果也可能是脆弱的。艾伦和盖尔在金融危机模型中研究了太阳黑子均衡和基本均衡的关系。他们认为流动资金数量是内生的，并决定资产的价格。模型中存在多个均衡，但其中一些基本平衡因受到不确定因素的限制而变得微乎其微。艾伦和盖尔的金融脆弱性模型证明了在某些条件下，外在的不确定性引起资产价格波动和金融危机。

另外，艾伦和盖尔（Allen & Gale，2000）构建的模型从信贷角度分析了金融体系的脆弱性，认为信贷的扩张和经济泡沫之间存在必然联系，投资者投资利润如果能够支付银行信贷的本金和利息，则这种信贷是可以持续的，但如果投资者的收益不能支付本息则其会选择破产。而且投资者的这种行为会使得风险向银行等金融机构部门转移从而容易诱使整个社会出现过度投资行为。2008 年全球金融危机可以由这一理论得到充分的解释[①]。

六、银行业的市场竞争结构

市场结构和金融脆弱性之间的关系有两种观点。

第一种观点认为银行业垄断有助于金融稳定。基利（Keeley，1990）认为 20 世纪 80 年代美国银行业的大规模破产来自于金融自由化导致的银行业

---

① Allen, F., Gale, D.. Financial Contagion, Journal of PoliticalEconomy, February, 2000, 108: 1 - 33.

竞争加剧。由于垄断地位的丧失，在银行经营目标的压力下，银行不得不选择向资质欠佳的借款人发放贷款，增加了信贷市场的脆弱性①。博伊德（Boyd et al, 2004）认为银行垄断有助于银行获取资本金以对冲风险，维护金融市场的稳定②。帕克和佩瑞斯泰恩（Park & Peristiani, 2007）认为在垄断情况下，由于金融牌照的潜在价值很高，银行业会选择谨慎经营以避免特许权的丧失③。赫尔曼等（Hellmann et al, 2000）通过美国和日本的危机阐述了银行业竞争与存款的关系，认为正是过度竞争导致了银行吸储难度的增加和风险承担过度，风险承担进一步使社会成本加大，而金融自由化、银行业进入门槛降低、竞争加剧则是导致这一问题的主要原因④。

　　第二种观点则认为竞争的银行业市场结构更易保持金融市场的稳定。米什金（Mishkin, 1999）认为银行业垄断使得银行在国民经济中的话语权过大，迫使政府部门提供过多的担保，从而容易导致道德风险⑤。卡梅纳和马图特斯（Caminal & Matutes, 2002）认为银行的信贷规模与其所处环境的竞争程度正相关，如果经济的不确定性因素增加，银行破产的概率就会加大⑥。

第四节　基于金融市场的金融脆弱性理论

　　第三节从信贷市场角度分析了金融脆弱性的理论，这些研究更多地把重点放在企业和银行两个方面，认为金融体系的脆弱应归结于信贷的过度扩张。而下面主要从资产价格和价格之间的联动角度进行金融脆弱性分析。

---

① Keeley, Michael C.. Deposit Insurance, Risk, and Market Power in Banking [J]. The American Economic Review, 1990.

② Boyd, John H., Glanni De Nicolo, Bruce D. Smith. Crises in Competitive Versus Monopolistic Banking Systems [J]. Journal of Money, Credit and Banking, 2004: 487 – 506.

③ Park, S., Peristiani, S.. Are Bank Shareholders Enemies of Regulators or a PotentialSource of Market Discipline? [J]. Journal of Banking and Finance, 2007, 31 (8): 2493 – 2515.

④ Hellmann, T. R., Murdock, K. C., Stiglitz, J. E.. Liberalization, Moral Hazard in Banking, and Prudential Regulation: Are Capital Requirements Enough? [J]. AmericanEconomic Review, 2000 (90): 147 – 165.

⑤ Mishkin, Frederic S.. Lessons from the Asian Crisis [J]. Journal of InternationalMoney and Finance, 1999, 18 (4): 709 – 723.

⑥ Caminajl, R., Atutes, C.. Market Power and BankingFailures [J]. International Journal of Industrial Organization., 2002, 20 (9): 1341 – 1361.

一、资产价格波动理论

近年来，随着金融全球化和科学技术的发展，资产价格波动与金融市场关系越来越密切，而且价格之间的传导、不对称效应以及金融加速效应会影响到其他市场，甚至是实体经济，导致整个金融体系的风险累积，金融体系的脆弱性增加。

（一）资产价格的传递效应

当前世界各国的经济金融联系日益紧密，全球各类金融市场的相互传导性大大增强，由于投资者在国际范围内进行投资，因此一国的金融动荡可能通过投资者的行为传导到其他国家，从而造成他国的金融市场动荡，严重时还会造成全球金融危机，这种资产价格在不同国家、不同市场之间的传导就是资产价格的传递效应。阿巴吉特（Abhijit，1992）指出，资产价格的传递效应根源是投资者的从众行为，由于在国际金融市场上当一国的金融资产价格下跌时，每个投资者都会预期资产价格下跌，从而抛售金融资产，由于从众行为导致资产价格在国际金融市场间迅速传导，加速了泡沫的破灭。库珀（Cooper，1985）认为金融政策也具有国际传导性，尤其是当前国际债务链条复杂性加大，国际的金融交易规模巨大，给国际支付清算体系也带来了极大的挑战。

（二）资产价格的"非对称效应"

所谓的"非对称性"效应就是资产价格变化对不同部门的影响程度的不对称，反映在金融市场则表现为资产价格波动对金融部门的影响高于实体部门。资产价格变化（增加）引起信贷的相应变化（上升），此时金融机构往往需要采取抵押的方式获取资金以继续其放贷行为，随着杠杆规模的不断扩大，金融体系的脆弱性也会大大增加。

二、汇率超调理论

多恩布什（Dornbusch，1976）提出的汇率超调理论（即汇率决定的粘性价格方法）认为由于商品市场存在价格粘性，因此当出现外部扰动时，商品市场价格调整慢于金融市场，而汇率对外部扰动做出的过度反应即是汇率超调。这一理论研究的是当金融市场出现随机变量的冲击时，从一种稳定状态向另一种稳定状态转变的过程[①]。无论一国的汇率制度如何，是固定汇率、浮动汇率还是中间汇率，汇率都是影响金融脆弱性的重要因素之一，但是在浮动汇率制度下，由于汇率波动频繁，更易出现金融脆弱性。当满足汇率超调假定的国家采取紧缩的货币政策导致利率上升时，会造成本币汇率上升，从而出口下降、进口增加，实体经济增速下滑，导致金融体系不稳定性增加。

罗伯托·张和安德烈斯·贝拉斯科（Chang & Velasco，2000）指出，固定汇率制度往往是导致货币危机的根源之一，除非央行愿意充当最后贷款人。由于在固定汇率制度下，央行往往采用政策手段将汇率维持在与市场实际背离的水平上，市场投资者的信心会受到削弱，当市场上的投资力量足够大时，政府就难以维持固定汇率[②]。浮动汇率制下汇率的易变性是其基本特征，当汇率出现异常波动从而超过实体经济所能解释的范围时，此时经济系统的脆弱性就会增加。

多恩布什（Dornbusch，1976）经典的汇率超调模型表明，浮动汇率制度下，小幅的随机冲击往往会被放大从而造成汇率的大幅波动。由于投资者的金融投资行为以预期为指导，投资者对未来预期的变化也会不断累积从而造成汇率的异常波动。

三、利率与价格波动的关联性

利率与价格波动之间的关系可以用戈登的增长模型以及利率平价理论加以说明。戈登的增长模型假设股利的支付是持续的、股息以固定不变的速度增长、模型中的贴现率大于股息固定增长率。戈登模型的计算公式为：

$$p = \frac{1}{i - g} D \tag{2.4}$$

---

① Dornbusch, R. . Exchange Rate Expectations and Monetary Policy [J]. Journal of International Economics, August 1976, 6 (3): 231 - 244.

② Roberto Chang, Andrés Velasco. Financial Fragility and the Exchange Rate Regime [J]. Journal of Economic Theory, 2000, 92 (1): 1 - 34.

其中，P 表示股票价格，i 为贴现率，g 为固定的股息增长率，D 为基期股息。由于假定贴现率大于股息增长率，贴现率由货币市场利率和风险报酬两部分组成，那么有：

$$i = r + Rr \qquad (2.5)$$

因此，戈登模型可写为：

$$p = \frac{D}{r + Rr - g} \qquad (2.6)$$

上式表明股价与货币市场利率呈负向变动关系，市场利率越高，股价越低，投资者购买股票的欲望越小，戈登理论已经被无数的市场实践所证明。

利率平价理论（Rate Parity）阐释了利率与汇率之间的关系，随着国际金融市场的一体化，投资者在国际范围内的套利行为会使得各国的相似资产价格趋于一致，开放经济条件下的利率平价理论可以用模型表示如下：

$$r = r^* + f \qquad (2.7)$$

其中，r 和 r^* 分别表示本国和外国的货币市场利率，f 为本国货币的远期升贴水值。结合戈登增长模型可以得到：

$$P = \frac{D}{r^* + f + Rr - g} \qquad (2.8)$$

上式描述了股票价格与本币预期贬值率之间的关系，当股价上涨时，本币升值，当股价下跌时，本币的预期贬值率则会下降，股价与本币汇率的反向变动关系在东南亚金融危机中得到了充分的说明。

基于金融市场的金融脆弱性也有其他的理论解释，总体看来，宏观层面上的分析侧重于经济因素对金融资产价格变动的影响，由于资产价格变动是一个相对长期的过程，因此无法解释市场的短期非理性行为对短期资产价格变动的影响。在短期资产价格的波动方面，行为经济学的解释力度更强，行为经济学认为投资者非理性行为来源于信息不对称、信息传递障碍和信息成本，这些因素体现在金融市场上就形成了资产价格的波动，经济学家构建了层叠模型、声誉模型、传染模型等模型试图对其加以解释。

从早期马克思关于货币和银行体系的脆弱性研究到信贷市场和金融市场金融脆弱性理论，是以过去一百多年以来的经济萧条和金融危机爆发为背景，随着现代经济金融领域原有运行方式的改变以及不同国家和经济体处于不同经济发展阶段的时代特点，金融脆弱性理论需要在原有框架的基础上进行深入研究和完善。

本 章 小 结

本章主要从金融脆弱性的基本概念和关系、基于信贷市场的脆弱性理论、基于金融市场的脆弱性理论等方面对金融体系脆弱性的基础理论进行了系统阐述。早期的研究主要从银行信用、投资动机和实体经济的债务—通缩等角度进行了研究，还没有形成系统的理论框架。在明斯基系统提出金融不稳定假说理论基础之后，学者们关于金融脆弱性的研究开始扩展到信贷扩张、银行机构的顺周期性、银行竞争以及资产价格泡沫、汇率和利率等方面带来的金融体系脆弱性，这些方面的研究成果进一步丰富了金融体系脆弱性基础理论。

第三章　基于金融体系脆弱性
来源的理论分析

金融体系脆弱性来源理论分析的主要目的，是为了金融监管机构或货币当局理解在金融实际运行过程中各经济主体的脆弱性体现，以及各主体之间如何相互联系和传导，提供一种评价、识别、衡量金融脆弱性的分析方法，从而用于构造更加有效的方法监测并获取实体经济正在发生的债务变化、金融市场的资产价格波动、汇率和利率波动等脆弱性来源信息，以及这些来源是如何推动金融体系脆弱性积聚的。在充分认识和理解金融脆弱性产生的内在机理基础上，金融监管机构或货币当局能够预先设计和有针对性的采取有效的防范或化解政策措施，以实现在金融体系脆弱性逐渐加大的过程中做到提前介入和干预，消减金融体系脆弱性以保持金融体系安全与稳定，或者在脆弱性导致金融危机后，如何快速有效恢复银行金融体系功能，以减轻危机的损害程度并恢复和促进国民经济增长。

金融体系脆弱性来源的理论分析，一方面是为了设计科学合理的监测评估框架，以实现更为有效的监测和度量；另一方面是为了有针对性的设计有效的监管或货币政策措施以应对金融脆弱性。

第一节　现有的金融脆弱性来源理论述评

一、信息不对称是金融脆弱性的微观根源

从金融市场的微观行为基础来看，金融脆弱性来源于信息不对称，大量的学者借助于博弈论和信息经济学等现代经济学工具试图对金融脆弱性的根源加以解释。米什金（Mishkin，1996）认为，由于信息不对称带来了贷款市场的逆向选择和道德风险，加之存款者在信息不对称背景下陷于"囚徒困境"而易于发生挤兑行为，因此金融机构的脆弱性是内生的。他甚至将银行危机和道德风险直接关联，认为正是由于信息不对称导致的逆向选择和道德风险加重了银行产生危机的风险。

（一）借款人与金融机构间信息不对称

斯蒂格利茨和韦斯（Stiglitz & Weiss，1981）认为，一直以来逆向选择和

不当激励问题都广泛存在于信贷市场。银行业经营的实践表明，大量的银行不良贷款都来自于那些在经济情况较好时能够带来可观利润，但是在经济下行时则会出现有问题的项目，但是银行又缺乏可靠的技术手段事先将这些项目甄别出来。米什金（Mishkin，1996）认为这一现象的原因来自于债务合约的道德风险，他认为借款者和贷款者是通过合约来约束双方的权利和义务的，债务合约中规定了借款者每期向贷款者支付的本息，当企业经营情况正常时，贷款人只需要按期收取契约性偿付款即可，只有当企业不能按期正常偿付贷款本息时，贷款人才会真正关心企业的经营情况，而此时借款人的经营情况已经出现了问题，可能会对企业的资产质量构成威胁。当然，贷款人可以通过签订限制性契约来约束借款人的行为，但这并不能规避借款人的所有风险行为，因为所有的契约都会存在漏洞，而借款人总能找到其中的漏洞。

（二）存款人与金融机构间信息不对称

存款人与金融机构之间的信息不对称也是造成金融脆弱性的微观根源之一，一般情况下，存款人难以掌握金融机构的资产质量情况，从而不能准确区分他们的存款银行是否经营正常。正常情况下，由于存在存款准备金率的限制，商业银行都会备有足够的头寸以备存款人提现。但是，一旦出现突发情况，由于银行遵循"顺序服务原则"，存款人担心存款出现问题，便有强烈的冲动加入到挤兑的行列中，当银行的流动性难以满足存款人的提现需要时，存款人的存款就会难以收回。这一过程充分说明了存款人的集体非理性行为是由个体行为所导致的，这就是博弈论理论中经典的"囚徒困境"。这表明，如果市场信心一旦崩溃，银行等金融机构是脆弱的。戴蒙德和戴维格（Diamond & Dybvig，1983）也构建了一个银行挤兑行为模型来对这一现象加以解释。

二、资产价格波动是金融脆弱性的主要诱因

奈特（Knight，1921）创造性地提出了不确定性理论，并把不确定性思想引入经济学理论分析中来。凯恩斯（Keynes，1936）借鉴了这一思想并将其发扬光大，认为经济决策都是在不确定性背景下做出的，而经济体

系中最大的不确定性来自于生产投资行为结果的不确定性，这直接导致金融资产未来现金流的不确定性。凯恩斯（Keynes，1936）在其论著《就业、利率与货币通论》中认为，投资者对未来企业经营预期的偏差，从而引起资产价格的波动。金融脆弱性来源往往是从资产价格波动角度加以解释的，资产价格波动往往会带来极大的金融风险，从而造成金融危机。若里翁和库利（Jorion & Khoury，1996）也将金融脆弱性归因于资产价格波动及其所带来的联动效应。

（一）股市的过度波动性

金德尔伯格（Kindleberger，1978）认为过度投机会导致股市的非理性上涨，过度投机又来自于投资者的集体非理性行为，股市的非理性繁荣会积累大量的金融风险。

凯恩斯（Keynes，1926）形象地将经济增长背景下资产价格的上涨比喻为"乐队车"效应，他认为当经济增长造成股价上涨时，越来越多的投资者会加入价格"乐队车"，从而更大幅度地推动股价的上涨，甚至于偏离了实体经济的真实价值，但是由于实体经济难以支撑过高的股价，最终部分聪明的投资者会撤离股市，当越来越多的投资者撤离股市时，就会造成股市崩溃。

（二）资本市场不完全带来金融脆弱性

法玛等（Fama et al，1970）提出了著名的有效市场理论，此后他们又对这一理论进行了多次完善，所谓的有效市场是指股票价格中已经充分无误地反映了所有信息的市场。他们将有效市场分成三个等级：弱式有效市场、半强式有效市场和强式有效市场。

首先，弱式有效市场上股价反映了所有历史交易信息，在这一市场上，大多数难以获取信息的投资者极易产生盲目从众的行为，羊群效应会使股价偏离其内在价值，当从众行为过度累积时，就会造成股价泡沫，金融脆弱性开始增加，随着股价泡沫的破灭，爆发金融危机的概率大大增加。

其次，半强式有效市场上股价已经反映了所有的公开信息，但由于股价仍未能反映内幕信息，因此半强式有效市场上信息不对称现象仍然存在，投资者的盲从行为仍会造成股价泡沫，增加金融脆弱性，虽然在程度上要小于弱式有效市场。

最后，强式有效市场上股价已经反映了所有的信息，包括内幕信息，但这仅仅是一个理想化的状况，现实中依靠内幕信息获取暴利的案例屡见不鲜。

（三）汇率波动增加金融市场脆弱性

汇率的过度波动也是金融脆弱性的原因之一，所谓汇率的过度波动是指汇率的波动幅度已经超过了实体经济的解释能力。浮动汇率制度下，汇率由于市场供求的影响每日都在波动，因而极易发生汇率的过度错位，当汇率波动幅度过大时，金融脆弱性风险就会大大增加。多恩布什（Dornbush，1976）在其著名的汇率超调模型中提出，外部冲击往往是造成汇率大幅度波动的肇因，市场预期的变化会带来汇率的波动，因为市场预期是指导投资行为的依据，当投资者对未来经济的预期出现变化时，也会通过折现理论成倍放大并体现在即期汇率上。

汇率过度波动也会出现在固定汇率制下。罗伯托·张和安德烈斯·贝拉斯科（Chang & Velasco，1998）认为，不同的汇率制度下，流动性危机所导致的宏观经济效应也存在差别。在固定汇率制度下，外汇储备是一国政府维持固定汇率的重要手段，但是当投资者对该国的经济失去信心，从而大量抛售该国货币时，政府的外汇储备往往是不够的，国际市场上同时存在大量的热钱从事套利行为，这大大加重了政府维持固定汇率的负担，对于普通投资者来说，当抛售情形出现时，其最理性的行为就是从众。在这些因素的综合影响下，政府维持固定汇率的努力往往是徒劳的。

同样，金融脆弱性也会出现在中间汇率制度下。艾肯格林（Eichengreen，1994a，1998b）指出，由于一国汇率盯住某种外币，因此银行倾向于持有外币负债而不进行对冲，一旦国内的经济情况出现变化，投机资金对该国货币发起狙击而导致汇率下跌时，金融机构持有的外币负债就会因为本币的贬值而大大增加，从而增加金融脆弱性。企业和个人也会出现类似的情况。弗兰克尔等（Frankel et al，2000）认为在中间汇率制度下，投资者难以通过有效的渠道去知晓货币政策当局的政策执行情况，因此中间汇率制度下，政府的公信力存在质疑。

三、金融自由化进一步激化了金融脆弱性

虽然金融危机具有突发性的特征，但事实上金融危机在爆发之前都有一个脆弱性积累的过程。威廉姆森（Williamson，1998）对 1980～1997 年间爆发金融危机的国家进行统计分析后发现，大部分国家都处于金融自由化的进程中。金融自由化进一步激化金融体系的脆弱性，使得在金融管制状态下潜伏的脆弱性因素显性化。

巴斯等（Barth et al，1998）对 1998 年之前 20 年内爆发金融危机的 130 个国家进行研究后发现，大量爆发金融危机的国家有一个共同特点就是金融自由化，因为推行金融自由化，这些国家的经济与世界经济紧密关联，国际资本对其冲击是导致其金融脆弱性的一个重要因素。金融自由化激化金融脆弱性的路径有以下几个方面。

（一）利率自由化与金融脆弱性

从各国推行金融自由化的实践来看，利率自由化是金融自由化的重要组成部分。学者们有更多的研究是基于利率自由化的研究，主要体现在：利率市场化导致的存贷款利差对银行经营业绩、宏观经济波动以及市场利率波动等方面的影响。赫尔曼等（Hellman et al，1997）认为，利率自由化导致金融脆弱性的根本原因在于商业银行的风险管控能力不足，而这又是利率上限取消和金融牌照易得性引发的行业壁垒降低所造成的。

斯蒂格利茨和韦斯（Stiglitz & Weiss，1981）指出，在信息不对称情况下，利率自由化会造成更多的逆向选择行为，因为利率水平升高后银行可能会将贷款更多地发放给那些偏好风险的借款人，而原本稳健的借款人也可能会选择风险更高的项目进行投资，以对冲实际利率上升带来的融资成本上升。迪卡普里奥和萨默斯（Caprio & Summers，1993），赫尔曼等（Hellman et al，1994）认为，利率自由化之后，由于商业银行的利率敏感性资产和负债不能完全匹配，因而管理利率风险就成为商业银行的首要任务之一。实际上，在利率管制背景下，利率上限和进入壁垒使得金融牌照对商业银行而言非常宝贵，它们必须稳健经营以保证牌照不会丧失，但是金融自由化之后，银行业

竞争的加剧就会使特许权价值减弱。因此，若不在金融自由化改革的同时采取措施来对商业银行加以有效监管，利率上限的取消和金融牌照的易得性就会大大增加银行体系的脆弱性。德米尔古茨－昆特和德特拉贾凯（Demirg－Kunt & Detragiache，1998）对 80 个国家的实证研究表明，金融自由化进程中，金融特许权的价值大大减弱，而金融体系的脆弱性随之大为增加。通过运用来自 80 个国家的银行数据实证分析了金融自由化对银行特许价值的影响，实证结果发现，金融自由化降低了银行特许权价值，进而银行的脆弱性加大。斯普拉格（Sprague，1986）研究发现，利率风险管理不当是导致 20 世纪 80 年代前银行倒闭的重要原因。

（二）混业经营与金融脆弱性

金融自由化的另一个表现形式是金融混业经营，混业经营使得银行和券商的业务日益融合、相互交叉，为了获取证券承销权，银行和券商会通过信贷、投资等渠道逐渐染指实体经济，这一过程会导致垄断性增加，金融系统中的人为因素增加，经济波动性风险增加，这些都有可能导致金融脆弱性。从发达国家的实践来看，金融自由化进程中会有大量的中小银行因为经营不善被大银行兼并，虽然银行并购能够给大银行带来渠道和客户的增加，实现优势互补和规模效应，但是其灵活性也会大打折扣，从而增加其脆弱性。尤其是当并购投资失败时，银行风险会大大增加。在当今全球经济金融一体化的背景下，银行业跨国兼并时有发生，但银行跨国经营会因为文化差异等要素带有不确定性，因此金融脆弱性也会在国际金融市场体现。

（三）金融创新和金融脆弱性

随着网络科学技术的发展，最近几十年来金融创新技术也在不断地发展，与此同时，金融创新也掩盖了传统的金融风险和新增风险，增加了金融体系的脆弱性。卡特（Carter，1989）认为，金融创新本质上是一种金融围堵行为，掩盖了日益增加的金融风险，增加了那些对未来现金流不确定的项目的投机行为，增加了整体金融体系的脆弱性。明斯基（Minsky，1986）认为，无须对基础金融资产加以分析，金融创新工具的增加本身就说明了金融脆弱性风险在累积。格林斯潘（Greenspan，1996）认为，金融衍生品的出现使得金融风险大大增加，而且风险传导范围更广。首先，金融衍生品具有国际性质，这导致金融脆弱性体现了跨国界特征；其次，金融衍生品打破了银行业与其他金融市场、基础产品与衍生产品之间的界限，这使得金融脆弱性呈现出多范围、多市场的特征；最后，金融衍生品扩大了商业银行的融资渠道，商业银行更多地选择在市场上进行融资而不是向中央银行借款，因此金融衍生品的出现使得货币政策的效果大打折扣。总之，由金融创新带来的各类金融衍生品种类的丰富增加了金融体系的脆弱性。

（四）资本自由流动和金融脆弱性

伴随世界各国资本市场开放进程的加快，资本国际范围内流动变得更加频繁，有观念认为资本自由流动有利于资本流入国和流出国社会福祉的增加，但是东南亚金融危机的爆发打破了这种观念，学者们开始重新思考由于资本自由流动所带来的金融脆弱性。卡明斯基和莱因哈特（Kaminsky & Reinhart，1996）指出，资本项目开放后，本国银行从国外市场上融入外币资金并将其贷给本国借款者，在这个过程中，商业银行就承担了汇率变动风险。斯坦利（Stanley，1998）指出，当前普遍没有充分重视对资本流动所带来的风险，这会导致金融危机不断发生。

当前国际资本越来越呈现出游资的特点，这些游资会在短时间内迅速进入或者撤离某国，带来金融市场的大幅震荡，科学技术的发展和金融市场工具的多样化进一步增加了游资在国际范围内移动的便利性。国际热钱普遍运用杠杆技术进行投机行为，这使得游资可以控制的金融产品总额呈几十倍甚至上百倍的增加，短期内就会导致金融市场偏离均衡，积累巨大的泡沫。金德尔伯格（Kindleberger，1937）指出，游资在短期内进入或者流出一国，将会造成该国经济在短期内膨胀或者收缩，因此国际资本流动增加了宏观经济调控的难度，降低了一国货币政策的独立性。游资造成了经济泡沫、汇率波动、货币政策失灵，影响具有广泛性，实际上国际热钱已经成为国际金融市场上的主要不确定性因素之一，增加了国际金融体系的脆弱性。

四、现有金融脆弱性来源理论的不足

现有的金融体系脆弱性来源理论，分别从不同角度分析阐述了金融脆弱性的来源，但是仍存在以下不足：

一是部分理论对原因和结果的分析存在偏差，一些是脆弱性的结果或表现而非导致脆弱性结果的原因。例如金融市场的资产价格波动，往往是来自资产所对应未来现金流回收的不确定性波动所致，资产价格波动只是内在脆弱性根源的结果反映，而不一定是脆弱性来源本身。

二是对脆弱性的传导机制解释不足，部分理论把脆弱性来源的多个维度割裂分析，没能揭示他们之间的传导联系。例如，金融创新和自由化，实际上是对脆弱性来源的冲击进行了放大，在实体经济债务膨胀风险导致的脆弱性传递到金融机构和金融市场之后，由于金融创新和自由化进一步放大了脆弱性，这一联系没有被清晰揭示，而只关注了金融创新和自由化本身导致的脆弱性。

三是缺乏对实际工作的指导意义，只是在理论层面或局部进行了理论阐述，没有全面、多维度地给出机理分析，不利于转化为实际应用。例如，债权人与债务人信息不对称理论分析，只能揭示微观金融机构作为债权人选择债务人时由于信息不对称结构矛盾导致不良资产的产生，但这并不是作为融资人的实体经济出现系统性违约时的原因，没有揭示资源、技术等要素约束限制下的融资人未来现金流的不确定性，对债务膨胀的支撑效应，才是系统性违约的本质原因。

第二节 基于多维度的金融体系脆弱性来源分析

金融体系脆弱性的来源可以归纳为五个方面或五个维度：实体经济债务膨胀、金融机构风险、金融市场风险、国际贸易与跨国冲击、宏观经济波动。

主要由于经济结构特点、市场化程度以及社会经济发展阶段等差异，对于不同的国家或经济体，上述五个方面对金融体系脆弱性的影响程度也显著不同。例如，1998年东南亚金融危机反映了其国际贸易与跨国冲击带来金融体系脆弱性的积聚因素较多。但是2008年美国金融危机实际上反映了以房地产为代表的实体经济债务膨胀带来金融体系脆弱性的积聚。

一、实体经济债务膨胀的来源分析

实体经济的债务膨胀与未来现金回流的不确定性波动，是导致金融脆弱性甚至金融危机的核心根源。当实体经济债务膨胀获得融资用于生产经营之后，未来现金回流的不确定性表现为：现金回流可能大于预期，也可能小于预期。如果现金回流大于预期，实体经济将会继续膨胀债务，继续预期下期现金回流达到预期；如果现金回流小于预期，将不能清偿到期债务，形成不良债务，或者连续几期现金回流小于预期，损失完资本后最终形成不良债务。所以脆弱性的根源是经济主体到期不能清偿债务，从单个经济主体逐步向大批量扩展的经济过程。

尤其在过去传统的经济环境下，实体经济的债务膨胀与未来现金回流的不确定性波动，更是导致金融危机的关键原因。实体经济在发展过程中，需要不断地融资、用于生产经营、资金回流后归还融资、再扩大融资、再扩大生产经营、增大资金回流后归还融资。如果由于竞争力减弱或判断失误，资金回流降低或没有回流，将不能归还融资。

实体经济的债务膨胀和债务资金资本化倾向导致债务融资资产的较高违约风险。在 1 个经营周期内，企业经营出现盈利或亏损波动时，会导致第 $t+1$ 期总资产（A_{t+1}）相对于第 t 期总资产（A_t）的增减波动；根据恒等式"企业资本 C + 负债 L = 总资产 A"，企业总资产 A 的增减波动会导致"资本 C + 负债 L"的正负波动。所以企业总资产的经营风险（用 VaR_A 表示），会转化为资本和负债的风险（用 VaR_{C+L} 表示），即：$VaR_A = VaR_{C+L}$。

从风险损失承担角度看，企业资本承担的风险要高于企业负债。这是因为：一是从法律角度讲，企业破产出现违约风险时，总资产变现回收资金优先清偿负债，有剩余时才返还给股东；二是从财务角度讲，企业出现亏损时，总资产负向波动，企业资本会因为承担损失而缩减，而负债仍然维持稳定，如果总资产不减少就需要增加负债来支撑资产运营。

从收益角度看，企业资本会获得高于负债的收益。企业出现盈利时总资产正向波动，企业资本会因为吸收盈利而增加，而负债会维持稳定，如果总资产不增加，增加的资本就可以相应归还部分债务使负债减少。

由此总资产的风险波动，首先导致资本的风险波动，如果亏损把资本消耗完结时才会导致负债的风险波动。即：A 波动时，C 和 L 波动并不同步，C 先波动，一定程度后 L 才波动。所以资本 C 比负债 L 承受着更大的风险，同时也需要获得更大的收益，可以表达为如下形式：

$$VaR_A = VaR_{C+L} = VaR_C + （VaR_L \mid 当 VaR_C \to 0 时）\qquad (3.1)$$

二、金融机构脆弱性来源分析

金融机构所持有的债权，无论是贷款还是复杂的债务工具，最后的归还资金来源于实体经济，金融机构的利润也同样来源于实体经济生产经营活动获得利润回报的分割。所以实体经济不能清偿到期债务时，作为债权人的金融机构也就不能回收到期资金，从而形成不良资产，当这一情况变得普遍时，就会导致金融机构出现系统性风险。

金融机构的同业产品创新以及衍生品交易，本身并不新增经济价值，只是一种零和游戏，它有两个方面作用：一方面的作用是把金融机构相互之间捆绑联系在一起，或者通过同业交易联系把风险在金融机构微观主体间进行分散共担；另一方面的作用是把金融机构从实体经济切割的收益，通过同业产品和交易实现在金融机构之间重新分配，实际是一种零和游戏。

虽然金融机构自身经营不善可能导致个体破产，甚至给部分金融机构带来连带损失，但是金融机构出现系统性风险的根源仍然是实体经济债务膨胀带来脆弱性的传递。

三、金融市场风险波动来源分析

金融市场风险波动是金融脆弱性的展现，也是实体经济脆弱性和金融机构脆弱性的信号反应。

从资产价格波动理论看，金融机构所持有资产价格的不利波动，带来了金融脆弱性。但分析其本质，如果货币当局出于调控目标，主动通过纯粹的货币供求引起的资产价格波动，往往不会带来金融脆弱性；而用于归还金融资产未来到期时对应债务的实体经济现金流，如果出现更大的不确定性预期时，必然导致资产价格的波动，会带来金融市场的脆弱性。反过来讲，债权人或投资者对实体经济未来现金流不确定性预期的变化，是导致其所对应金融资产价格变动的根本原因，同时这种不确定性预期的变化，也通过金融市场风险波动得以反映。

四、国际贸易和外部冲击来源分析

国际贸易和外部冲击，本质并不是金融脆弱性的来源，而是类似于"刺破脆弱性泡沫的一根针"。如果金融体系越脆弱，这一冲击的危害就越大。对于特定经济结构的经济体，例如，外贸依存度较高，经济体较小时，这一冲击可能带来金融危机。国际贸易和外部冲击的非正常波动，也会间接影响实体经济的未来现金流，实际上是通过影响实体经济债务与未来现金流的方式影响金融体系脆弱性。

对于非正常的跨国资本冲击，往往是通过影响资产价格波动来影响脆弱性。可以把跨国资本流动冲击因素与基于货币供求的金融市场资产价格波动联系在一起分析：当跨国资本流动冲击过大，而货币当局无力对冲导致货币供求异常波动时，引起金融市场资产价格波动从而导致金融体系脆弱性加大。这方面的因素是一种典型的外生变量。所以，汇率和国际贸易波动等因素一般通过影响实体经济未来现金流的方式，来影响金融体系的脆弱性；非正常的跨国资本流动一般通过影响货币供求导致金融资产价格波动的方式影响脆弱性。

五、宏观经济波动来源分析

宏观经济波动，一方面是金融体系脆弱性结果的反应；另一方面又是各种脆弱性影响因素的宏观展现。在不同的宏观经济条件下，实体经济债务、金融机构和金融市场风险等反应的金融脆弱性程度不同。

在宏观经济较快增长时，往往是金融体系脆弱性最容易积聚的时期，实体经济表现的繁荣鼓励了过度融资；银行金融机构表象的高盈利和高资本充足率水平，鼓励了过度放贷；金融市场资产价格会因为未来较强的现金回流预期而价格高企。宏观经济较快增长之后，必然会由于资源、环境、人力、技术等的限制而不能持续快速增长，实体经济现金回流低于预期的现象开始普遍发生，宏观经济增速下滑，反过来又进一步恶化实体经济未来现金回流的预期。

在宏观经济增长较慢时，恰恰是金融体系脆弱性逐步消减的过程，实体经济对未来现金回流的悲观判断减低或抑制了融资冲动；银行金融机构由于消化不良资产损失了较多的利润甚至资本，资本充足率水平明显下降，将会抑制放贷；金融市场资产价格会因为对未来现金回流悲观的预期而价格下降。

第三节　脆弱性来源的相对水平与累积的理论分析

一、相对水平与累积的脆弱性来源分析

由于经济增长所依赖的技术、环境、资源要素的约束，只能支撑一种常规的经济发展，因而实体经济发展的相对水平超过常规约束时，脆弱性开始积累。

所以，作为金融体系脆弱性来源的实体经济债务膨胀、金融机构风险、金融市场风险、国际贸易与跨国冲击、宏观经济波动等本身属于正常的经济现象，它们导致金融体系脆弱性的产生是因为它们的相对水平偏离了合理的情况，同时这些因素的相对水平偏离合理情况的累积程度决定了脆弱性积聚的大小（也称为泡沫化程度）。

例如，实体经济债务膨胀本身属于经济增长的正常现象，只是债务膨胀的速度和水平超越了合理水平时，便带来了金融体系的脆弱性；而且债务膨胀的速度和水平在一个时间点的超越，还不足以积聚脆弱性，当这种超越持续一段时期后，才会积聚一定程度的脆弱性。所以金融体系脆弱性的大小，是脆弱性来源的相对水平和积累程度所决定的。这一理论观点有助于我们对金融体系脆弱性的监测和评估。

二、相对水平与累积的脆弱性历史数据检验

从美国 2008 年金融危机前后有关数据的情况也可以说明这一点：从美国非金融企业债务膨胀看，2001 年和 2008 年危机之前企业债务绝对额和净增加额都在逐年迅速膨胀（见图 3－1），在 2001 年网络经济泡沫破裂之前，也发生了企业债务绝对额和净增加额的逐年攀升现象。图 3－1 中数据显示了美国 1980～2016 年 1 季度非金融企业负债总额及净增加额，由于准确的资产规模难以获取，本书采用负债规模代替负债率进行分析。图 3－1 中数据表明，2007 年次贷危机爆发前夕，非金融企业借贷规模不断攀升，财务杠杆不断增加，蕴含了大量的风险，金融体系脆弱性积聚。

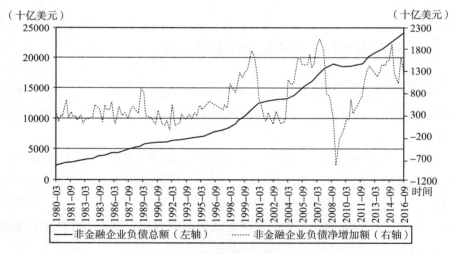

图 3－1　美国非金融企业负债情况

资料来源：Wind 资讯。

第四节　脆弱性来源的关联支撑效应分析

脆弱性来源各维度所引起的脆弱性以及大小主要受制于与之关联因素的支撑程度大小。

一、实体经济的债务膨胀受制于与之关联的未来现金流

实体经济的债务膨胀水平，如果与之关联的未来现金流能得以支撑，则不会带来脆弱性，但是如果未来现金流不能支撑债务膨胀的速度，则会带来脆弱性。

以实体经济营业收入作为未来现金流的替代变量，考察美国 2008 年金融危机前后营业收入增长对债务膨胀的支撑效应可以说明这一理论。

图 3-2 数据对照显示了美国非金融企业 1980~2016 年 30 多年负债增长变动，以及税前营业收入的支撑情况，可以按照本书的理论解释：一是 2003~2006 年间，收入对负债具有良好的支撑效应，2006~2008 年间，收入对负债的支撑效应快速下降，实体经济积累了大量的脆弱性泡沫，最终导致金融危机；二是 2010 年以来收入增长对负债增长的支撑效应又解释了美国经济的快速恢复；三是还可以追溯检验 1991~1998 年间收入增长对负债增长的支撑效应，而后 1998~2001 年支撑效应的下降最终导致 2000 年的网络经济泡沫破灭危机。

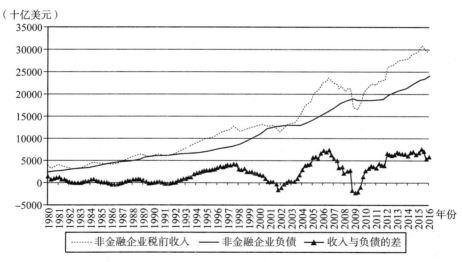

图 3-2 美国非金融企业负债与税前营业收入支撑情况

资料来源：Wind 资讯。

二、金融机构风险受制于与之关联的资本充足水平支撑

实体经济债务膨胀风险暴露，通过不良资产和金融资产价格下跌传递到金融机构之后，金融机构风险导致的金融体系脆弱性还受制于与之关联的金融机构资本充足率水平的支撑效应。如果银行金融机构预先保持了较为充足的资本水平，实体经济债务膨胀传递的脆弱性风险能够被金融机构吸收，而不会发生金融体系的系统性风险。

实体经济信贷资产膨胀会导致银行金融机构信贷预期损失和非预期损失额的增加。预期损失会通过计提专项准备及时对冲，由于监管和财务制度的要求，银行金融机构一般能够按照规定和预期损失暴露情况当期计提专项准备。而对冲非预期损失能力的大小，取决于银行金融机构的资本充足率水平。

需要特别说明的是，由于银行资本充足率水平具有典型的逆周期特征[①]，单独基于资本充足率水平就会导致错误的判断，还需要考虑宏观经济周期环境变化，考虑扣除逆周期因素，即用扣减逆周期资本后的资本充足水平来判断银行金融机构对冲非预期损失的能力，用以分析资本充足水平对银行金融机构带来脆弱性的支撑效应。

银行金融机构不良贷款比率及变动趋势，只能直观反映预期损失暴露的情况和变化趋势，实际上是反映了实体经济债务膨胀带来脆弱性积聚和金融危机爆发的程度，但它并不是金融体系脆弱性的来源。例如，从 1995～2016 年 2 季度美国破产申请案件数量变动看（见图 3-3），只能反映破产数量（作为不良贷款或不良资产的替代变量）与脆弱性积聚和危机爆发的同步效应。

---

① 银行资本充足率的逆周期特征，是指当经济处于高增长的过热时期，实际上经济泡沫在积聚时，实体经济当期的信贷需求旺盛、盈利较好，传导致银行金融机构的盈利增加、资本增加，这会提升银行金融机构的资本充足率水平；相反经济萧条时，银行盈利能力降低并且处置不良损失消耗了大量资本，所以资本充足率水平较低。所以银行的资本充足率高并不能反映金融脆性低，相反资本充足率较低也不能反映金融脆弱性高，都需要考虑所处的经济周期阶段。

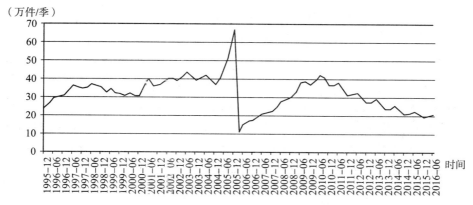

图 3 - 3　1995～2016 年 2 季度美国破产申请案件数量

注：由于美国自 2005 年 10 月 17 日开始实施新《破产法》，大大提高了申请个人破产保护的门槛，所以 2006 年美国个人申请破产案例数量骤降，但在次贷危机爆发过程中，破产申请案件伴随上升。

资料来源：Wind 资讯。

三、金融市场风险反向受制于与之关联的自由化和交易活跃程度

实体经济债务膨胀风险暴露，通过金融资产价格波动传递到金融市场之后，金融市场风险导致的金融体系脆弱性反向受制于与之关联的市场自由化和交易活跃程度。过度自由化和交易过度活跃的金融市场，会加重金融市场风险带来的脆弱性，具有放大效应；反之管制的金融市场，自由化程度低和交易不活跃的金融市场，在受到实体经济债务膨胀脆弱性冲击时，价格波动等信号反映比较迟缓。

四、跨国资本流动冲击受制于与之关联的对冲能力支撑

单纯考虑跨国资本流动冲击，通过货币供求效应引起金融资产价格波动带来的脆弱性以及脆弱性程度，受制于货币当局通过货币政策或者国际地位进行对冲能力的大小。这种对冲能力可以体现为是否拥有足够的对冲资产储备和对冲工具，也可以体现为是否拥有影响未来预期的国际经济和政治地位。

从 1998 年东南亚金融危机的教训看，所涉及的经济体在内部金融体系脆

弱性基础上，受到外部冲击时，货币当局没有足够的对冲资产储备和工具，从而使外部冲击进一步加剧了国内金融体系的脆弱直至爆发金融危机。

从美国 2008 年金融危机前后对外部门的进出口、外汇储备、资本流动等情况看，外部冲击并没有加剧国内的脆弱性，这主要得益于美国国际经济和政治地位的支撑效应。一是，从美国的进出口增减变动情况看（见图 3 - 4），与 GDP 增减波动保持了基本相似的规律特征，只反映了脆弱性导致危机的结果，并不是积聚脆弱性的来源；二是，从美国的跨国资本流动情况看，危机后出现了资本流出显著高于资本流入的情况（见图 3 - 5），这说明资本流动并没有对危机的爆发产生过大的刺激作用，只是危机爆发后的资本流出对于进一步扩大危机损失发挥了推波助澜的作用；三是，从美国国际储备的变动情况看（见图 3 - 6），危机之前一直保持了一种较低的储备，危机之后快速提高了储备水平，其中最主要是提高了特别提款权的储备水平，这与 1998 年时的东南亚国家情况完全相反，美国储备水平在危机后的提升完全是货币当局的主动行为，而不是一种经济行为的结果。

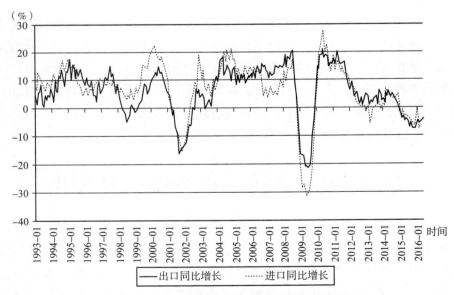

图 3 - 4　1993 ~ 2016 年 6 月美国进出口同比增长情况

资料来源：Wind 资讯。

图 3 - 5　美国跨国资本流动情况

资料来源：Wind 资讯。

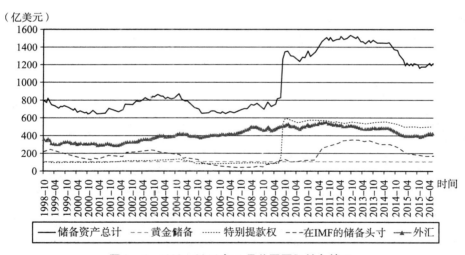

图 3 - 6　1998 ~ 2016 年 6 月美国国际储备情况

资料来源：Wind 资讯。

五、宏观经济波动受制于与之关联的物价水平和增长质量支撑

宏观经济波动带来的脆弱性风险大小受制于与之关联的物价水平同步变化水平以及增长的质量支撑效应。

如果 GDP 增速高于稳态增速，同时资源、环境、要素约束导致较高的物价水平，则就放大了宏观经济波动带来的脆弱性；如果 GDP 保持较高增速的同时，由于资源、技术、要素投入能有效支撑，物价水平保持在一个温和或者较低的水平，这一支撑效应使得宏观经济波动带来的脆弱性降低。

从美国 2008 年金融危机前的数据（见图 3 - 7）可以反映这一情况，在 2002～2004 年间，美国 GDP 保持了较快的增速，同时物价水平比较温和上升，而在 2005～2007 年危机前夕，经济增长虽然继续保持了较快略降的速度，但是物价水平开始明显上升，尤其是 PPI 指标反映的情况更为明显。

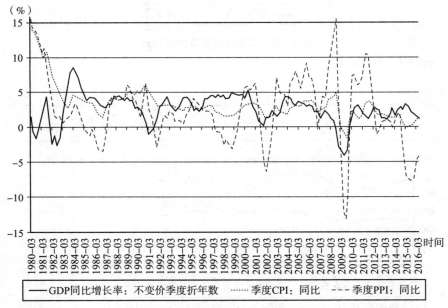

图 3 - 7　美国 1980～2016 年 2 季度 GDP 增长过程中的物价支撑效应
资料来源：Wind 资讯。

另外，GDP 增速保持较高水平时，GDP 的增长质量好坏也对其带来的脆弱性大小有支撑效应。如果 GDP 增长质量主要来源于技术创新、内需拉动等，宏观经济波动带来的金融脆弱性就会相对较小；如果增长质量主要来源于资源投入、投资拉动以及出口依赖，宏观经济波动带来的金融脆弱性就比较大。

本 章 小 结

本章首先分析了现有的金融脆弱性来源理论，包括信息不对称、资产价格波动、金融自由化等来源理论，提出了现有理论的主要不足：一是部分理论对原因和结果的分析存在偏差，一些是脆弱性的结果或表现而非导致脆弱性结果的原因；二是对脆弱性的传导机制解释不足，部分理论把脆弱性来源的多个维度割裂分析，没能揭示它们之间的传导联系；三是缺乏对实际工作的指导意义，只是在理论层面或局部进行了理论阐述，没有全面、多维度地给出机理分析，不利于转化为实际应用。

基于现有理论的不足，本章提出了系统的金融脆弱性来源理论分析框架：

（1）基于多维度的金融脆弱性来源的理论分析。本书把脆弱性的来源归纳为实体经济债务膨胀、金融机构风险、金融市场风险、国际贸易与跨国冲击、宏观经济波动五个方面或五个维度。第一，实体经济的债务膨胀与未来现金回流的不确定性波动，是导致金融脆弱性甚至金融危机的核心根源；第二，实体经济的债务膨胀和债务资金资本化倾向导致债务融资资产的较高违约风险；第三，金融机构本身的脆弱性最终根源于实体经济脆弱性的传递；第四，金融市场风险波动是金融脆弱性的展现，也是实体经济脆弱性和金融机构脆弱性的信号反应；第五，国际贸易和外部冲击，本质并不是金融脆弱性的来源，而是类似于"刺破脆弱性泡沫的一根针"；第六，宏观经济波动，一方面是金融体系脆弱性结果的反应；另一方面又是各种脆弱性影响因素的宏观展现。

（2）脆弱性来源的相对水平与累积的理论分析。主要由于经济增长所依赖的技术、环境、资源要素的约束，只能支撑一种常规的发展，因而实体经济发展的相对水平超过常规约束时，才开始积累脆弱性。所以，作为金融体系脆弱性来源的实体经济债务膨胀、金融机构风险、金融市场风险、国际贸易与跨国冲击、宏观经济波动等本身属于正常的经济现象，它们导致金融体系脆弱性的产生是因为它们的相对水平偏离了合理的情况，同时这些因素的相对水平偏离合理情况的累积程度决定了脆弱性积聚的大小（也称为泡沫化程度）。

（3）脆弱性来源的关联支撑效应分析。脆弱性来源维度所引起的脆弱性以及大小主要受制于与之关联因素的支撑程度大小。具体为：第一，实体经济的债务膨胀受制于与之关联的未来现金流；第二，金融机构风险受制于与之关联的资本充足水平支撑；第三，金融市场风险反向受制于与之关联的自由化和交易活跃程度；第四，跨国资本流动冲击受制于与之关联的对冲能力支撑；第五，宏观经济波动受制于与之关联的物价水平和增长质量支撑。

第四章 国内外金融体系脆弱性度量指标分析

经济金融危机的爆发，会给社会经济带来重大损失，如何能够在金融危机到来之前，通过有效的方法和手段加强对金融体系的监测和度量，从而能够做到提前防范和干预并保持金融体系的安全和稳定，已成为监管当局重点关注的问题。

目前的金融系统已经是一个非常开放和复杂的巨型系统，为了寻找更为有效的方式化解或减缓金融危机的爆发，我们需要构造一套具有预见性的金融脆弱性度量框架，来及时监测金融体系的脆弱性程度、脆弱性的主要来源和传递蔓延情况，用以警示、指导监管部门和货币当局在金融体系变得越来越脆弱之时提前采取有针对性的措施或恰当的应对政策，以恢复金融体系的稳健性，保证金融体系的安全。金融脆弱性的度量框架主要应该包括：选取怎样的指标体系；采用怎样的计量方法和展现表达形式；如何使用或如何用于决策分析三类问题。

本章调研分析了现有国内外的金融脆弱性度量指标体系，对其适用性和不足进行了剖析，为系统构建中国金融脆弱性指标框架体系奠定基础。

第一节　国外金融脆弱性度量指标的适用性与不足

凡是影响金融脆弱性的因素都会通过一些经济金融变量反映出来，因此金融脆弱性可以根据一系列的经济金融指标来度量。世界各国由于自身内在的经济、金融结构，国际化、市场化程度，法律制度完善程度等存在诸多差异，金融脆弱性来源的重点也必然不同，所以各国选取的金融脆弱性监测指标必然不同。

国际组织、国外金融机构和学者对于金融稳定性测度做了细致的研究。最有代表性的有三种：（1）国际货币基金组织（IMF）于2006年构建的《金融稳健指标：编制指南》（下文称之为"国际货币基金组织《指南》"）；（2）欧洲中央银行（ECB）2006年构建的可称为宏观审慎指数（Macro-prudential Indicators）的监测指标体系（下文称之为"欧洲中央银行宏观审慎指数"）；（3）国际清算银行（2008）监测并使用发布的一套指标体系（下文称之为"国际清算银行金融脆弱性指标"）。

一、国际货币基金组织《指南》指标的适用性分析

国际货币基金组织（IMF）于 2006 年构建发布的这个全球范围内的《金融稳健指标：编制指南》，试图为基金组织成员国编制监测指标提供指导。该指南中提出了一个包含 12 项核心类指标和 27 项鼓励类指标的金融稳健指标体系，见表 4 - 1。

表 4 - 1　国际货币基金组织发布的金融稳健指标：核心和鼓励类指标

监测对象	指标分类	序号	核心类指标（计算规则）
存款吸收机构	资本充足性	1.1	监管资本/风险加权资产
		1.2	监管一级资本/风险加权资产
	资产质量	1.3	不良贷款减去准备金/资本
		1.4	不良贷款/全部贷款总额
		1.5	部门贷款/全部贷款
	收益和利润	1.6	资产回报率
		1.7	股本回报率
		1.8	利差收入/总收入
		1.9	非利息支出/总收入
	流动性	1.10	流动性资产/总资产（流动性资产比率）
		1.11	流动性资产/短期负债
	对市场风险的敏感性	1.12	外汇净敞口头寸/资本

监测对象	指标分类	序号	鼓励类指标（计算规则）
存款吸收机构	资本充足性扩展	2.1	资本/资产
		2.2	大额风险暴露/资本
		2.3	金融衍生工具中的总资产头寸/资本
		2.4	金融衍生工具中的总负债头寸/资本
	地区资产质量	2.5	按地区分布的贷款/全部贷款
	收入、支出、利差、货币市场利率分化	2.6	交易收入/总收入
		2.7	人员支出/非利息支出
		2.8	参考贷款利率与存款利率之差
		2.9	最高与最低同业拆借利率之差
	流动性扩展	2.10	客户存款/全部（非同业拆借）贷款
	对汇率市场风险敏感性扩展	2.11	外汇计值贷款/总贷款
		2.12	外币计值负债/总负债

续表

监测对象	指标分类	序号	鼓励类指标（计算规则）
其他金融 公司		2.13	股本净敞口头寸/资本
		2.14	资产/金融体系总资产
		2.15	资产/GDP
非金融 公司部门		2.16	总负债/股本
		2.17	股本回报率
		2.18	收益/利息和本金支出
		2.19	外汇风险暴露净额/股本
		2.20	破产保护的申请数量
住户		2.21	住户债务/GDP
		2.22	住户还本付息支出/收入
市场流动性		2.23	证券市场的平均价差
		2.24	证券市场平均日换手率
房地产市场		2.25	房地产价格
		2.26	住房房地产贷款/总贷款
		2.27	商业房地产贷款/总贷款

国际货币基金组织《指南》中强调，核心指标被认为适用于所有国家，鼓励类指标可以根据各国的具体情况制定。本书分析认为上述指标主要有以下缺陷：

一是资本充足性指标仍然来源于微观审慎监管的思维模式，不适用于宏观审慎监管的要求。针对微观银行个体的资本充足性监管，不能有效防范金融危机到来时的系统性风险冲击。2008年全球金融危机就证明了这一点，之前从单个银行主体看都符合资本充足性监管要求的良好银行，最终没能承受住冲击而破产或是通过寻求政府救助而得以幸存。

二是资产质量类指标，具有滞后显露的特征，所以只能是金融脆弱性带来危机的后果，而不可能作为脆弱性预见性评估的监测指标。

三是收益类、流动性、利差等核心指标，仍然是只反映单一微观主体的状况，很难有效反映总体情况。

四是核心指标中缺乏引起金融脆弱性的根源类指标和反映宏观经济发展阶段的指标，例如，非金融企业的债务膨胀水平和清偿能力、金融市场中相对于实体经济融资的虚拟经济发展程度、宏观经济发展水平指标等。

五是指标体系缺乏层次性和针对性，所以监测结果就不易发现金融脆弱性的来源，就不能很好的支持货币当局和监管部门的宏观审慎分析，就不能发挥应有的效用。

二、欧洲中央银行宏观审慎指数

欧洲中央银行（ECB）在 2006 年对国际货币基金组织发布的《指南》中的金融稳健指标进行了扩充，构建了一个可以称为宏观审慎指数（Macro-prudential Indicators）的监测指标体系，用来评价其成员国金融体系的稳定性。

欧洲中央银行宏观审慎指数监测的指标，是一个多维度的指数框架，其中包含了影响金融脆弱性的内在因素、外界因素以及关联因素三大类指标，共划分为八个层次 200 多个具体指标。这一指数主要是从银行业角度进行监测评价，也可以划分为三个板块：

第一板块是评估银行过云情况的指标，是基于银行部门资产状况的多维度评估，具有对过去历史情况的评价，主要分析指标包括银行业的资产负债表、盈利能力、资产质量、资本充足率以及有关管理控制措施，这部分指标类似各国监管部门普遍采用的骆驼评价法对各国商业银行的监管评价指标体系。

第二板块是分析评估未来潜在风险的指标，旨在识别评价银行业未来可能面临的潜在风险来源情况。这个板块指标分析的信息来源，主要是基于市场情报、欧盟国家监管当局和中央银行进行的联络与交流，以及欧洲央行/BSC 组织的内部风险评估等渠道。该板块多维度风险指标的构造过程中，主要是归纳总结一些定量指标信息。涵盖的定量信息包括：银行业的信贷增长和速度、银行业竞争环境、金融资产价格变动、以金融市场交易为基础的风险评估、商业周期阶段、与金融对应的家庭和非金融企业的脆弱性等。由于这一板块指标对未来潜在风险的分析重点，主要放在比银行业面临问题更广阔的领域，所以相关指标体系必须能反映以下两方面的风险漏洞：一是内源性风险来源，主要是从银行内部过去的情况指标中反映；二是外源性风险来源，主要是银行外部经营环境变化的风险。出于这个原因，欧洲中央银行宏观审慎指数评估的第二板块使用的多维指标，超越了反映单一银行业的情况，另外还包括了一般的宏观经济变量，以及反映家庭财务状况和企业部门情况的变量。

第三板块是评估银行业面对风险的应变能力指标，主要是结合第一、第二板块的指标监测情况，以及风险的来源和强度，根据银行业的财务状况，评估对主要风险的承受和吸收能力，或可持续应对能力。第三板块指标主要是基于金融市场反映的多维度指标，例如，每股收益、预期违约频率、市盈率等，然后再加上定性判断和评价信息，这些定性判断和评价主要包括监管当局的讨论意见情况。第三板块是最复杂的，因为它需要把反映过去情况评价的第一板块要素与反映未来潜在风险情况的第二板块的风险识别要素进行有机组合[①]。

与国际货币基金组织《指南》相比，欧洲中央银行宏观审慎指数监测更多的指标数量，而且与监测的有关银行部门的指标都是在一个统一的基础上进行计算编制，从条理性、科学性、完整性都有一个非常大的提升。本书分析认为欧洲中央银行宏观审慎指数监测指标体系主要有以下缺陷：

一是指数过度追求完整性，从理论上看起来相对完美、科学，却忽略了操作性、效率性、实用性。一方面，过度复杂的指标数据计算，需要耗费巨大的人力物力，对于大部分细小指标的统计计算所消耗的过度资源，可能要远大于细小指标提升分析精度带来的回报；另一方面，过度复杂的指标体系，必然带来指标之间的重叠效益，具有多重共线性的误导缺陷，以及增大了指标统计误差的误导缺陷，会使结果更加偏离科学性[②]。

二是指标过度集中反映银行业和金融市场的情况，缺乏反映实体经济的潜在情况，不能预先揭示实体经济债务膨胀对金融脆性的潜在冲击。

三是金融脆弱性评估和防范不可能只局限于银行部门来实现，必然要联系到政治、经济、社会等综合层面，由于各国国情不同，在选择具体指标时各国很难达到统一，所以指标结果运用所依赖的宏观经济发展阶段、发展政策和调控措施，会由于跨国间难以同步协调而失效[③]。

---

① Anna Maria Agresti, Patrizia Baudino and Paolo Poloni, Acomparison of ECB and IMF indicators for macro-prudential analysis of the financial sector, 2007.

② 结果会更加偏离科学性的进一步解释：从理论上增加一些细小指标可以提升结果的科学性，但是如果细小指标本身的统计误差或数值偏离又会降低科学性，我们往往只关注增加指标的好处，而忽略或低估所增加指标本身统计偏离带来的损害，从理论上看着比较完美的指标框架，实际执行过程中可能恰恰缺陷比较大。

③ 惠康等. 中国金融稳定性的测度 [J]. 经济经纬, 2010, 1.

三、国际清算银行金融脆弱性指标

国际清算银行的 Blaise Gadanecz 和 Kaushik Jayaram（2008）通过总结以往文献中常用的度量指标、频率、指标反映的内容以及各指标的信号特点，设计了一套反映六个主要部门金融脆弱性的指标体系（见表 4 – 2）。

表 4 – 2 　　　　　　　　　国际清算银行金融脆弱性指标（2008）

部门	序号	指标	监测频率	度量内容	指标性能
1. 实体经济	1.1	GDP 增长率	季度或年度	反映宏观经济的实力	负的或比较低的值表明经济增长放缓；过高的值可能会表示不可持续的增长
	1.2	政府财政状况	年度、季度或每月	政府融资的能力，反映主权债务人不能获得融资的脆弱性	相对于 GDP 的高赤字可能意味着政府债务的不可持续及主权债务人的脆弱性
	1.3	通货膨胀率	每月或年度	各种价格指数的增长率	高通胀水平表明经济结构的弱点和债务水平的提高，从而可能导致货币状况收紧。相反，通胀水平低可能导致金融市场的风险偏好增长。
2. 企业部门	2.1	总债务比股本	季度或年度	企业杠杆	过高的水平可能预示着无法偿付债务的困难
	2.2	收入比利息等主要费用	季度或年度	企业依靠内部资源以满足支付的能力	流动性过低的水平可能预示无力偿还债务
	2.3	相对于股本的净外汇暴露	季度或年度	货币错配	这一比例高，可能预示着不利的汇率波动所产生的企业部门困难
	2.4	企业违约率	季度或年度	企业部门破产	如果没有足够的资金供应，高值表示未来银行部门的问题

续表

部门	序号	指标	监测频率	度量内容	指标性能
3. 家庭部门	3.1	家庭资产（金融资产和不动产）	年度、季度或每月	家庭的资产和债务可以用来计算家庭净资产	家庭净资产和可支配收入可衡量家庭应对意外和经济衰退的能力
	3.2	家庭负债	年度、季度或每月		
	3.3	家庭收入（工资收入，储蓄收入）	年度、季度或每月	收入、消费和债务偿付可以组合计算可支配收入净额	
	3.4	家庭消费	年度、季度或每月		
	3.5	家庭债务率和主要偿付	年度、季度或每月		
4. 对外部门	4.1	（实际）汇率	每天	货币的高估和低估	高估或低估的货币可以引发危机（资本外流，大量资金流入或出口的竞争力损失）
	4.2	外汇储备	每天	国家抵御外部冲击的能力	储备低于短期外债，或低于三个月的出口总值就预示着问题隐患
	4.3	经常账户/资本流向	年度、季度或每月	国家的贸易地位	为了获得资金，显著的贸易赤字需要大量的资本流入，这会引起这种流入可持续发展的问题
	4.4	到期/货币不匹配	年度、季度或每月	悬殊的货币/到期的支出负债组合	到期日及货币错配可以暴露在货币反向运动或资本流入突然逆转情况下，经济的不利冲击
5. 金融部门	5.1	货币总量	每月	交易、储蓄、信贷	过快的增长能反映通货膨胀压力的信号
	5.2	（实际）利率	每天	信贷成本，吸引可持续性存款的能力	实际利率高于一个阈值有可能超过经济增长速度的趋势，会使得债务/GDP比率膨胀；负的实际利率可能意味着银行将要为吸引存款而努力

续表

部门	序号	指标	监测频率	度量内容	指标性能
5. 金融部门	5.3	银行信贷增长	每月、季度或年度	银行业的风险性	非常快速的贷款增长往往伴随着贷款标准的下降和更大的风险。过高的贷款损失、杠杆率和风险溢价可能预示着银行危机，贷款损失/GDP 可以衡量经济中银行危机的成本
		银行杠杆比率			
		不良贷款			
		风险溢价	季度或年度、每天		
		（CDS）			
		信用风险组成部分 3 个月 LIBOR – OIS 利差			
	5.4	资本充足率	季度或年度	银行资本的大小，可以解决预期或非预期损失	比率过低意味着潜在的违约风险，可能是银行危机的先兆
	5.5	流动性比率	季度或年度	银行容易获得的短期资源可以用来满足短期债务	比率过低会导致系统性危机
	5.6	独立的银行信贷评级	短律频率	在考虑了政府或其他担保的效力后，银行的自身的实力	银行状况的同步指标，会影响银行未来的融资成本
	5.7	部门/区域集中度，系统性焦点	季度、年度	银行贷款的集中度或多元化程度	可以代表经济中冲击传播的速度
6. 金融市场	6.1	股指变动	每天	净值，公司组成指数未来现金流的现值	高于趋势的增长，或者非常高水平的市场预定值可以指示股市泡沫。
	6.2	企业债券息差	每天	相对于无风险工具的债务风险程度	在利差高点表示风险程度较高，以及风险偏好的改变，或因企业合并等消息带来的市场价格改变
	6.3	市场流动性（政府债券，3 个月期的 LIBOR – OIS 息差流动性风险要素）	每天	市场的价格决定流动性工具成交的难易程度	在这些溢价尖峰会反映出市场流动性的崩溃

续表

部门	序号	指标	监测频率	度量内容	指标性能
6. 金融市场	6.4	波动性	每天	市场价格走势的强度，市场上交易的缓解	低波动性表示一个平静的市场，但也是发现价格下降的过程。高波动性可以反映市场流动性的破坏
	6.5	房价	季度、年度或每月		股权推动下的房价泡沫，消费热潮，在价格下降时会带来金融部门的损失

第一，实体部门的指标是由 GDP 的增长，政府的财政状况和描述通货膨胀的指标构成。GDP 的增长反映了经济创造财富的能力及其经济过热情况。政府的财政状况，反映其寻找融资的能力、费用支出高于其收入的情况。通货膨胀指标可能会反映经济的结构性问题，以及公众的不满程度，它可能反过来会导致政治的不稳定。

第二，企业部门的风险程度可以通过其杠杆和费用支持情况、外汇净敞口与权益比率情况、债权人申请债权保护情况（即破产申请）来评估。

第三，家庭部门的健康情况，可以通过它的净资产（等于资产减去债务）和可支配收入净额（等于收入减去日常消费支出，再减去还本付息）来评价。净资产及可支配收入净额可衡量家庭抵御意外衰退的能力。

第四，对外贸易方面，可由实际汇率水平、外汇储备、经常项目情况、资本流动和成熟度（指货币错配）情况来评价。这方面的变量可以反映在资本流入的方向突然改变时的损失情况、出口竞争力以及外国融资的可持续性。

第五，金融业的评价指标是货币总量、实际利率、银行业各种风险指标、银行业的资本水平和流动性比率、贷款质量、独立机构的信用评级情况、贷款的集中度以及贷款行为的系统性风险问题，这些指标可以反映银行或金融机构的问题，并且如果危机发生时，可以判断危机对于实体经济损害的成本水平。

第六，与金融市场相关的变量，主要是描述金融市场的状况，包括股票指数、公司债券利差、流动性溢价和波动性等。较高的风险息差，可以反映投资者的风险损失，或者反映某个部分业务可能出现的融资问题。

国际清算银行的金融脆弱性指标，具有较好的理论性、系统性和层次性，对于中国金融脆弱性监测指标体系的设计更具有借鉴意见。但是中国的社会经济和金融统计基础较弱，一些指标的统计，例如，家庭负债、家庭债务率等指标还无法有效统计监测；还有一些涉及金融市场和利率的指标，由于中国的金融市场结构和利率市场化水平不同，所以还无法统计（如反映市场流动性的政府债券、3 个月期的 LIBOR – OIS 息差流动性风险要素）或统计这类指标并不能达到指标所要反映的信息（如中国央行管制的利率绝对水平）等。所以，还需要设计、监测符合中国目前国情和社会经济发展阶段，匹配中国金融市场结构特点的金融脆弱性监测指标体系。

四、国外其他相关研究

上述三类有代表性的金融稳定性监测指标体系，提供了具体的指标编制方法、分析要点，国外学者按照类似的方法或在上述指标体系基础之上，展开了一系列有益的探索和研究。

卡明斯基等（Kaminsky et al，1999）构造了基于20多个变量的指标体系并对发达国家和不发达国家的危机进行了检验分析。马克·伊林和刘颖（Mark Illing & Ying Liu，2003）利用银行、外汇市场、股市和债务等方面财务指标构建了一个加拿大适用的金融压力指数，认为可以此指数来对加拿大本国的金融稳定性进行评估。

扬·韦伦·范德恩德（Ian Willem van den End，2006）基于国际货币基金组织的指标体系，构建了相应的指标并对荷兰银行进行了稳定性测度。亚当等（Adam et al，2008）通过对 IMF 的金融稳健指标和欧洲央行的宏观审慎指标的介绍，分析了金融稳定指标在金融体系稳定评估中的优缺点，并构建了针对捷克的金融脆弱性指标。拉赫曼等（Drehmanne et al，2012）研究了金融市场股价、房价和信贷的周期性与宏观经济的关联性，认为由于每个国家的实际情况和经济发展阶段不同，因此现有的指标体系不能适用于所有国家，因此每个国家要根据本国的实际情况进行分析并构造适用于本国的金融脆弱性指标体系。

第二节 国内现有的金融脆弱性指标分析

一、理论界对金融脆弱性度量指标的分析与不足

国内学者对金融脆弱性的研究起步较晚，因此早期的研究主要集中在金融安全和预警方面的基本分析框架，侧重于风险预警的分析视角。在指标的构建方面缺乏相应的理论基础和指标对于脆弱性变化的反映。

何建雄（2001）从金融安全预警角度分析了预警系统的指标体系和运作机制，认为安全预警需要对宏微观指标和市场指标的全面监测，并需要相关运作机制的配合。伍志文（2002）构建的金融稳定指标主要分为四类，并给出了每类指标的临界值区间以及对应的脆弱性程度（见表 4 - 3）。仲彬等（2004）在参照国际货币基金组织的金融稳健指标基础上构建了中国的金融稳定监测体系。张岷（2007）从金融体制稳定、银行体系稳定、货币稳定、资本市场稳定和经济稳定五个方面构建了一个三层次的金融稳定评估指标体系并给出指标的权重（见表 4 - 4）。万晓莉（2008）构建了一个包含五项指标（见表 4 - 5）的银行系统脆弱性指数，并利用动态因子分析法实证分析了中国 1987～2006 年的金融稳定性。

表 4 - 3　　伍志文（2003）构建的金融稳定评估指标体系及脆弱性临界值区间

分类	指标	临界值对应的脆弱性程度			
A 金融市场	A11 市盈率（%）	<40	40～60	60～80	>80
	A12 股市总价值/GDP（%）	<30	30～60	60～90	>90
	A13 上证综合指数波幅（%）	<40	40～60	60～80	>80
	A14 债务依存度（%）	<10	10～20	20～30	>30
	A15 财政赤字/GDP（%）	<1	1～3	3～9	>9
	指标映射分数值区间（%）	0～20	20～50	50～80	80～100
	脆弱性程度	安全	正常	关注	危险

续表

分类	指标	临界值对应的脆弱性程度			
B 银行	B11 国有银行不良贷款比率	< 12	12 ~ 17	17 ~ 22	> 22
	B12 国有银行资本充足比率	> 12	8 ~ 12	4 ~ 8	< 4
	B13 国有银行资产收益比率	> 0.4	0.2 ~ 0.4	0 ~ 0.2	< 0
	B14 企业资产负债比率	< 45	45 ~ 65	65 ~ 85	> 85
	指标映射分数值区间	0 ~ 20	20 ~ 50	50 ~ 80	80 ~ 100
	脆弱性大小	安全	正常	关注	危险
C 金融监控系统	C11 M2 增长率（%）	5 ~ 15	15 ~ 20	20 ~ 25 或 0 ~ 5	> 25 或 < 0
	C12 M2/M1（倍）	1 ~ 2	2 ~ 2.5	2.5 ~ 3	> 3
	C13 一年期实际存款利率（%）	0 ~ 4	4 ~ 7 或 0 ~ -4	7 ~ 10 或 -8 ~ -4	> 10 或 < -8
	C14 金融机构贷款增长率（%）	5 ~ 15	15 ~ 20	20 ~ 25 或 0 ~ 5	> 25 或 < 0
	C15 外汇储备/进口用汇（月）	> 6	4 ~ 6	3 ~ 4	< 3
	C16 经常项目差额/GDP（%）	0 ~ 3	3 ~ 4.5	4.5 ~ 5	> 5 或 < 0
	指标映射分数值区间	0 ~ 20	20 ~ 50	50 ~ 80	80 ~ 100
	脆弱性程度	安全	正常	关注	危险
D 宏观经济环境	D11 GDP 增长率	6.5 ~ 9.5	5 ~ 6.5 或 9.5 ~ 11	3.5 ~ 5 或 11 ~ 12.5	< 3.5 或 > 12.5
	D12 固定投资增长率	13 ~ 19	10 ~ 13 或 19 ~ 22	7 ~ 10 或 22 ~ 25	< 7 或 > 25
	D13 通货膨胀水平 CPI	< 4	4 ~ 7	7 ~ 10 或 0 ~ -2	> 10 或 < -2
	指标映射分数值区间	0 ~ 20	20 ~ 50	50 ~ 80	80 ~ 100
	脆弱性程度	安全	正常	关注	危险

表 4 - 4　　　　　张岷（2007）构建的金融稳定评估指标体系

一级指标及权重	二级指标及权重	三级指标及权重	
金融体制稳定　0.22	金融监管体制　0.50	管理独立	0.19
		监督独立	0.25
		机构独立	0.31
		预算独立	0.25

续表

一级指标及权重	二级指标及权重	三级指标及权重
金融体制稳定 0.22	金融信用体制 0.50	银行征信体系 0.33
		企业征信体系 0.45
		个人征信体系 0.22
银行体系稳定 0.24	存款保险制度 0.37	资本充足率 0.63
		存款准备金率 0.37
	贷款控制制度 0.63	不良贷款比率 0.50
		平均违约率 0.50
货币稳定 0.18	货币政策中介指标 0.63	利率 0.22
		货币供应量 0.34
		超额准备金率 0.22
		基础货币 0.22
	货币政策其他指标 0.37	通货膨胀率 0.63
		汇率 0.37
资本市场稳定 0.16	国内资本市场 0.63	金融互动关系比率 0.33
		资产速动比率 0.22
		企业债务融资结构 0.45
	国际资本市场 0.37	国际收支 0.63
		国际储备资产 0.37
经济稳定 0.20	经济增长 0.37	国民生产总值 0.19
		国民收入增长率 0.19
		人均国民生产总值 0.31
		人均国民收入增长率 0.31
	物价稳定 0.63	国民生产总值平减指数 0.45
		消费物价指数 0.33
		批发物价指数 0.22

表 4 - 5   万晓莉（2008）构建的中国银行系统脆弱性指数的指标

序号	指标计算	指标说明
1	中央银行对其他银行机构贷款/国内信贷量	该值越高，反映更严重的金融系统流动性风险
2	M2/储蓄存款	该值越高，反映银行系统的流动性越不充足，或效率更低

续表

序号	指标计算	指标说明
3	国内贷款/储蓄存款	该值越高，反映银行业募集资金能力越弱，可用于应对冲击的流动性能力越低
4	真实信贷增长率	该值越高，反映银行业因信贷扩张所蕴含的信贷风险更高
5	银行机构（除央行）真实外债增长率	该值越高，反映银行业面临国外经济部门所引致的风险和外汇风险更高

惠康等（2010）通过18个基础指标和5个分项指标，构建了一套反映金融体系运行平稳性和承受巨大冲击能力两个方面脆弱性的指标体系（见表4-6）。潘阳春（2012）通过综合不同单个指标构建了金融体系的综合稳定指数（见表4-7），并结合中国的相关数据对金融稳定水平进行了测度。陈守东等（2010）通过对6个银行体系监管核心测度指标加权，得到了能覆盖银行信贷风险、流动性风险和汇率风险的脆弱性指标。陈守东等（2013）又以金融机构各项贷款、房地产价格、股票市场流通市值3项指标，引入马尔科夫区制转移技术对中国银行体系脆弱性进行了考察。

表4-6　　　　　惠康等（2010）构建的金融稳定指数

方面指数	分项指标	基础指标	计量单位	指标属性	
				正指标	逆指标
金融体系运行平稳	金融机构	金融机构各项存款余额	万亿元	√	
		商业银行不良贷款率	%		√
		大型商业银行资产占比	—		√
		达标银行资产占比	%	√	
		证券公司资产利润比	—		√
		保险业资产收入比	—		√
	金融市场	债券发行额	亿元	√	
		股票成交金额	亿元	√	
		证券投资基金成交金额	亿元	√	
		期货成交金额	亿元	√	

续表

方面指数	分项指标	基础指标	计量单位	指标属性	
				正指标	逆指标
承受巨大冲击能力	宏观经济	经济增长率	%		√
		经济波动率	%		√
		通货膨胀率	%		√
		M2/GDP	%	√	
	外部风险	外汇储备量	亿美元	√	
		短期外债占比	%		√
		短期外债与外汇储备比	%	√	
	金融结构	直接融资占比	%	√	

表4－7　　　潘阳春（2012）构建的中国金融体系的综合稳定指数

综合稳定指数	合成指数	序号	单个指标
金融综合稳定指数	金融发展指数	1.1	股票总市值/GDP
		1.2	信贷总额/GDP
		1.3	银行间同业拆借利率（7天）
	金融脆弱性指数	2.1	通货膨胀率
		2.2	一般财政赤字/GDP
		2.3	实际有效汇率的过度升值或贬值
		2.4	存贷款比例
		2.5	存款/M2
		2.6	（存款准备金/存款）/（M0/M2）
	金融稳健性指数	3.1	不良贷款率
		3.2	房地产价格指数
		3.3	自有资本率＝自有资本/总资产
		3.4	存贷款利差
	世界经济景气指数	4.1	经济景气指数
		4.2	世界通货膨胀率
		4.3	世界经济增长率

　　从国内学者关于中国金融脆弱性指标体系的构建情况看，目前还没有形成一个具有较多共识、比较有效的代表性指标体系，本书分析认为现有指标体系的不足：

一是从指标转化为指数的数理逻辑上缺乏严密性和科学性，例如，表4-3中的指标映射分数值区间值，结合指标参数转化为脆弱性指数的方法和数理逻辑不清晰、不严密，同时其中一些指标的参数值区间缺乏长期有效性（如不良贷款率区间），不可连续有效监测。

二是指标体系的设计缺乏有效的金融脆弱性理论支撑，指标选择具有随意性，例如，表4-4和表4-5中的一些指标。

三是与上述国际货币基金组织《指南》中的指标缺陷一样，一些指标属于结果性指标，无法作为先行指标，指标体系也不能体现脆弱性的来源等，例如，表4-7中的指标。

四是一些指标的选取只注重了形式，而与中国的实际情况不符，例如，由于货币市场的发展，商业银行短期流动性通过货币市场可以基本解决，中国人民银行的再贷款已经非常少见，表4-5中提到的"中央银行对其他银行机构贷款/国内信贷量"指标的监测已经毫无意义，再比如，存款准备金比率由央行货币政策强制规定，表4-7中的"存款准备金/存款"也无意义。

五是以基础指标反映评价脆弱性的归类存在缺陷，例如，表4-6中评价承受巨大冲击能力的指标必然也是评价金融体系运行平稳性的关键指标，这两个方面指标不应该是"并"的关系，而是一种集中综合的关系。

二、中国人民银行的金融稳定性评估

近年来，随着中国金融改革的深化和市场化进程的加快，中国人民银行也开始重视对金融稳定性的评估工作，从2005年开始，每年研究发布中国的《金融稳定报告》。从中国人民银行定期发布的《中国金融稳定报告》来看，现有的金融稳定评价报告仅限于对宏观经济、银行、保险、证券、金融市场、政府、企业和住户的财务分析、金融基础设施、宏观审慎管理方面的稳定性进行评估，还没有形成对中国金融体系进行全面评估的指标体系，也没有一套比较成熟、稳定的定量评估方法，不能定期给出金融脆弱性程度的定量化判断。对银行业进行稳定性评估主要采用压力测试的方法，缺乏对实体经济、金融市场以及整个金融体系的稳定性监测和评价方法。

本 章 小 结

　　本章首先对国外有代表性的度量指标体系进行了分析，主要有国际货币基金组织、欧洲央行和国际清算组织的指标体系。总的来看，存在以下不足：

　　一是指标设计不适用于宏观审慎监管的要求，如国际货币基金组织的指标体系中的收益类、流动性、利差等核心指标，只反映单一微观主体的状况，很难有效反映总体情况。二是指标体系缺乏层次性和针对性，所以监测结果就不易发现金融脆弱性的来源，就不能很好的支持货币当局和监管部门的宏观审慎分析，就不能发挥应有的效用。三是指数过度追求完整性，从理论上看起来相对完美、科学，却忽略了操作性、效率性、实用性，如欧洲央行的指标体系，一方面，过度复杂的指标数据计算，需要耗费巨大的人力物力，对于大部分细小指标的统计计算所消耗的过度资源，可能要远大于细小指标提升分析精度带来的回报；另一方面，过度复杂的指标体系，必然带来指标之间的重叠效应，具有多重共线性的误导缺陷，以及增大了指标统计误差的误导缺陷，会使结果更加偏离科学性。四是因各国的国情和经济发展阶段不同，指标体系的设计缺乏适用性。如国际清算银行的指标体系。

　　国内学者对金融脆弱性的研究起步较晚，从国内学者关于中国金融脆弱性指标体系的构建情况看，目前还没有形成一个具有较多共识、比较有效的代表性指标体系，主要存在以下不足：一是从指标转化为指数的数理逻辑上缺乏严密性和科学性；二是指标体系的设计缺乏有效的金融脆弱性理论支撑，指标选择具有随意性；三是一些指标的选取只注重了形式，而与中国的实际情况不符。

第五章 中国金融脆弱性度量
指标体系构建

本章试图基于金融体系脆弱性来源的理论，在调研分析现有国内外的金融脆弱性度量指标框架基础上，根据中国的实际情况以及社会经济和金融市场的发展阶段特征，构建适合于中国国情的金融体系脆弱性监测和度量指标体系。通过构建全面涵盖金融体系的金融脆弱性指标体系，希望能够在金融脆弱性的动态演化过程中捕捉到脆弱性的先期信号，从而有利于货币当局和金融监管部门尽早做出反应，通过监管政策措施和货币政策工具调控，及早进行干预，缓冲金融体系的脆弱性，能够尽可能在最大程度上降低金融危机带来的危害。

第一节　脆弱性度量指标维度、指标选择原则和分类

一、脆弱性度量指标的维度

基于金融脆性理论，拟从实体经济债务、银行金融机构、金融市场风险、国际贸易和外部冲击、宏观经济波动等五个维度构建指标体系。个人家庭部门的债务、收支等虽然也是导致或影响金融脆弱性的重要来源，这从理论上看以及国外发达经济体的实际情况也是如此，但是对于中国目前的发展阶段，国民具有储蓄率高、个人参与金融工具交易的深度不高等特点，本书认为目前阶段中国的个人家庭部门情况在评价中国的金融脆弱性时，可以暂时忽略或占有较少的影响权重，所以本书指标体系中暂时没有涉及反映个人家庭部门情况的指标，可以在未来增加。

二、度量指标选择遵循的原则

指标选择上力图遵循以下原则：一是数据易测性，旨在考虑统计监测的成本节约性；二是数据易得性，旨在尽可能利用现有的统计监测数据；三是简化易读、关联和先见性，即尽可能基于理论基础，考虑具有预测功能的指标，弱化已经产生结果的指标使用；四是统筹兼顾有效性与监测频

率时效性的平衡，即有些指标虽然非常重要或有价值，但是受制于监测成本或技术限制不能达到有效的监测频率而失去时效，指标选择时要兼顾这一平衡；五是兼顾指标价值和统计误差的平衡，即有些指标虽然有一定价值，但是把统计误差和统计难度等因素考虑进去后可能误导结果，或综合评价变得无价值。

三、关于核心指标和扩展指标分类

基于上述原则，在指标体系和指标数量规划方面，本书把每个维度的指标都划分为核心指标和扩展指标两大类。在使用时就可以产生"简易高效型金融脆弱性指标体系"和"完整型金融脆弱性指标体系"两种方式。

"简易高效型金融脆弱性指标体系"是把所有的核心指标归在一起，就形成了一套比较简化、监测成本较低，容易实现的金融脆弱性指标体系。

"完整型金融脆弱性指标体系"是把核心指标和扩展指标全部归在一起，就形成了一套相对完整、准确性更好但是监测成本相对较高、监测难度相对复杂的金融脆弱性指标体系。

需要特别说明的是，本书构建的中国金融体系脆弱性指标包括核心指标和扩展指标两大类，但在后面分析中本书仅对核心指标进行度量和分析，主要是基于以下原因：一是"简易高效型金融脆弱性指标体系"（仅包含核心指标）与"完整型金融脆弱性指标体系"（包括核心指标和扩展指标）相比，计算和操作比较简化、监测成本较低，而且基于国内现有的统计比较容易实现对金融体系脆弱性的度量。二是包括核心指标和扩展指标的"完整型金融脆弱性指标体系"相对完整、准确，但同时监测成本也相对较高，监测难度相对复杂。而且基于国内现有的统计条件、统计数据和统计部门的统计能力，有的数据是难以得到的，即使能够获得也存在较大误差，因此如果引入此类指标不会带来理想的效果，甚至有可能会影响到最终度量结果的准确性。三是基于中国当前的统计基础，本书采用仅包括核心指标的"简易高效型金融脆弱性指标体系"，随着中国的统计基础的不

断完善、统计技术和水平的逐渐提高，就可以在未来的监测中逐步使用
"完整型金融脆弱性指标体系"。

第二节　基于实体经济债务水平的脆弱性指标

一、基于实体经济债务水平的核心指标

基于实体经济债务水平，构建的核心指标包括：①非金融企业负债与净资产比率以及变化趋势。②非金融企业负债与营业收入比率以及变化趋势。③地方政府债务水平相对于 GDP 和地方财政收入比率以及变化趋势。

核心指标说明：非金融企业负债相对于净资产的比率及变化趋势，能较好地、直观的反应实体企业债务膨胀的水平。但是这一指标还不能反映企业的资金回流情况能否归还债务，所以还需要使用非金融企业负债相对于营业收入的比率及变化趋势来评价。营业收入中包含坏账应收账款等一些因素的干扰，对这些干扰因素增减变动的统计难度、效率、误差等与所提升的精确度综合对比看，没有统计监测价值，综合看直接使用营业收入指标已经是一个相对较优的选择。

对于中国而言，目前以及未来长期一段时期，地方政府债务水平对金融脆弱性的影响重大，用地方政府债务水平相对于未来承担归还责任的地方财政收入的比率以及相对于 GDP 的比率和变化趋势能较好反映地方政府债务膨胀的程度。

二、基于实体经济债务水平的扩展指标

基于实体经济债务水平，构建的扩展指标包括：①非金融企业净利润与营业收入比率以及变化趋势。②非金融企业总资产净利润率相对于存款利率的差。③非金融企业净资产收益率相对于贷款利率的差。

扩展指标说明：实体经济的盈利能力及其变化，从长期看是影响实体经

济债务膨胀后能否归还债务的关键因素，从短期看债务到期后如果用新的债务去弥补就不一定立即导致债务危机。另外，盈利能力绝对水平较高时，理论上反映金融脆弱性减轻，稳健性增强，但这会刺激实体经济在下一期扩大投资、扩大债务，未来会加大金融脆弱性。

非金融企业净利润与营业收入比率、总资产净利润率、净资产收益率属于典型的反映企业盈利能力的财务指标，但要评价金融脆弱性，就需要用这些指标的变化趋势以及相对于存款利率、贷款利率的差别水平。

总资产净利润率如果低于存款利率水平（实际反应贴现率水平）①，意味着企业如果把全部资产变现为现金存入银行金融机构就可以获得比自己经营还多的收益，反映了总资产中存在很多泡沫资产或无效资产不能带来有效的收益，总资产的实际可变现价值要低于账面价值，所以总资产净利润率相对于存款利率的差距，能反应实体经济资产的无效或泡沫化程度。

如果净资产收益率低于贷款利率水平（实际上反映的是金融债务资产的风险收益水平）②，意味着企业如果把全部资本不投资实体经济，而投资金融债务资产就可以在承担较低的债务风险条件下，比承担资本投资风险获得更多的收益。这会导致资金从实体经济通过各种渠道投向金融债务资产，会导致金融虚拟资产的膨胀，反过来导致企业资本投资的不足。这因为资本投资的风险要高于债务资金的风险，但是债务资金的收益反而高于资本投资的收益。所以净资产收益率相对于贷款利率的差距，能反映实体经济资本来源的难度和金融虚拟资产膨胀的可能性。

三、各项指标的监测频率、度量内容和指标性能

上述各项指标的监测频率、度量内容或指标性能等见表5-1。

---

① 这里的存款利率水平实际反映了贴现率水平，即未来到期资产计算现值的贴现率。
② 这里的贷款利率水平实际反映了金融资产承担债务风险的平均收益水平，不同于资金以资本形式投资承担资本投资风险获得的收益。

表 5 – 1 基于中国实体经济债务水平的脆弱性指标

维度		序号	指标	监测频率	度量内容	指标性能
1. 实体经济债务	核心指标	1.1	非金融企业负债与净资产比例以及变化趋势	季度或年度	实体经济债务膨胀水平和趋势	过高的水平和上升趋势预示未来可能演化为系统性债务违约风险
		1.2	非金融企业负债与营业收入比率以及变化趋势	季度或年度	实体经济债务清偿能力和趋势	过高的水平和上升趋势预示未来清偿能力下降,未来可能演化为系统性债务违约风险
		1.3	地方政府债务水平相对于 GDP 和地方财政收入的比率以及变化趋势	季度或年度	中国地方政府的债务膨胀水平和趋势	过高的水平和上升趋势预示将削弱未来的经济增长潜力,甚至可能演化为系统性债务违约风险
	扩展指标	1.4	非金融企业净利润与营业收入比率以及变化趋势	季度或年度	实体经济盈利能力和变动趋势	较低的水平和下降趋势预示未来到期不能归还债务的可能性增大,债务违约率将上升
		1.5	非金融企业总资产净利润率相对于存款利率的差	季度或年度	实体经济报表资产的泡沫化和无效化程度	总资产净利润率比存款利率差距越小甚至小于存款利率,预示企业总资产的无效和泡沫化越强
		1.6	非金融企业净资产收益率相对于贷款利率的差	季度或年度	实体经济投资向金融虚拟资产转移的动力	净资产净利润率比贷款利率差距越小甚至小于贷款利率,预示实体经济资本扩充越难,金融虚拟资产膨胀能力越强,民间借贷、影子银行等越膨胀,金融脆弱性越高

另外一些指标,例如,实体经济关于外汇风险方面的指标,有人采用相对于股本的净外汇暴露来评价,本书认为上述实体经济债务方面的指标基本能包含外汇资产负债及收入支出方面的风险变化信息,汇率风险方面重点关注宏观层面的指标,将在下面"国际贸易和外部冲击"维度中体现。再例如,"企业违约率、破产率"等指标,在中国缺乏有效、准确的统计基础,存在许多隐性破产的现象,或达到破产或违约而出于稳定、政治影响等因素不体现破产或违约现象,所以这类指标的统计误差已经远远超过了他所反映信息的价值,所以指标体系没有使用。

第三节　基于银行金融机构风险的脆弱性指标

中国金融体系中，银行金融机构一直占据主导地位，实体经济的债务膨胀主要会通过银行信贷传递到银行金融机构。

一、银行金融机构的脆弱性核心指标

基于银行金融机构风险的脆弱性核心指标包括：①银行金融机构贷款总额与名义 GDP 总额的比率。②银行金融机构贷款增速与实际 GDP 增速的差以及一段时期差的累计。③银行金融机构扣减逆周期资本后的资本充足水平。

核心指标说明：银行金融机构贷款总额相对于名义 GDP 的比率，能较好反映实体经济债务膨胀风险可能导致银行金融机构脆弱性的程度，这一比率越高，说明 GDP 增长中的信贷资金边际效率越低，金融体系越脆弱。同时信贷资金的投放速度对促进 GDP 增长至关重要，信贷投放的速度相对于实际 GDP 增速的差以及一段时期这种差的累计值，就能反映信贷投放增速与实际 GDP 增长的平衡状态，即信贷增速高于实际 GDP 增速时，说明信贷投放推动的泡沫在积聚，但是短期内这一泡沫可能不会引发金融危机，当这一泡沫在一段时期内积聚到一定程度时（用一段时期信贷增速与实际 GDP 增速差的累计值反映），就会从量变到质变，稍有突发事件冲击将会导致系统性风险而引发金融危机。

信贷资产膨胀会导致银行金融机构信贷预期损失和非预期损失额的增加。预期损失会通过计提专项准备及时对冲，由于监管和财务制度的要求，目前中国的银行金融机构都能按照规定和预期损失暴露情况当期计提专项准备。而对冲非预期损失能力的大小，需要通过评估银行金融机构的资本充足率水平来反映。由于银行资本充足率水平具有典型的逆周期特征，单独评价资本充足率水平就会导致错误的判断，所以本书提出必须在扣除逆周期因素，即用扣减逆周期资本后的资本充足水平来反映银行金融机构对冲非预期损失能力的评价指标。如果不考虑逆周期资本要求，资本充足率指标就不能用于评价金融脆弱性。

目前国内外的研究中，关于逆周期资本值的计算还没有相成一个合理、有效的理论或具有普遍共识性的方法，为了使"扣减逆周期资本后的资本充足水

平"这一指标有效，本书提出一种计算简单，相对科学有效的计算方法如下：

逆周期资本比率 = C × (实际 GDP 增速 − 估计的稳态 GDP 增速)

其中：估计的稳态 GDP 增速 = 过去 N 年 GDP 增速的均值 − 过去 N 年 GDP 增速波动的标准差；C 可以假定为一个常数，对于中国 C 可以设定为 1。

二、银行金融机构的脆弱性扩展指标

基于银行金融机构风险的脆弱性扩展指标包括：①银行金融机构表内外加权风险资产总额与名义 GDP 总额的比率。②银行金融机构不良贷款比率及变动速度。③银行金融机构存贷款期限结构及变化趋势（以中长期贷款占比和定期存款占比作为观测变量）。

扩展指标说明：银行金融机构表内外加权风险资产总额与名义 GDP 总额的比率指标，与银行金融机构贷款总额相对于名义 GDP 的比率指标具有相同的作用，只是银行金融机构表内外加权风险资产总额，比贷款总额更能反映表内外授信的全貌，但是考虑到统计成本、统计标准差异和统计误差等因素，只把这一指标放在了扩展指标中。

银行金融机构不良贷款比率及变动趋势，能直观反映预期损失暴露的情况和变化趋势。而国内外学者提出的评价相似内容的信用风险溢价、信用风险利差等一些指标，在中国缺乏有效的市场基础，也没有形成统一、科学、可持续的有效监测。不良贷款比率指标作为风险暴露的结果缺乏预见性，所以这一指标只能作为扩展指标来考虑，同时重点要监测其变动趋势而非绝对值，否则该指标对评价金融脆弱性将无价值。

银行金融机构存贷款期限结构及变化趋势，能有效评价金融机构中长期的流动性水平，比大家较多提出的流动性比率指标更有优势。因为流动性比率指标更多反映了短期甚至是即期的流动性状况，实际上是中长期流动性水平的短期反映，中长期流动性水平对于评价金融体系资产负债的内在期限错配问题更有预见性，另外，随着银行间市场产品和交易的发展，短期流动性指标可以通过各种货币市场交易工具来改善，所以流动性比率指标的优劣不能真正反映金融体系内在的流动性问题。考虑到数据易观测等因素，银行金融机构存贷款期限结构及变化趋势可以通过统计监测中长期贷款占比、定期存款占比来观测。

三、各项指标的监测频率、度量内容和指标性能

上述各项指标的监测频率、度量内容和指标性能等见表5-2。

表5-2 基于中国银行金融机构的脆弱性指标

部门		序号	指标	监测频率	度量内容	指标性能
2. 银行金融机构	核心指标	2.1	银行金融机构贷款总额与名义GDP总额的比率	季度或年度	实体经济债务膨胀风险与银行金融机构联系的程度，以及信贷资金的边际效率	这一比率越高以及上升，说明GDP增长中的信贷资金边际效率越低，金融体系越脆弱
		2.2	银行金融机构贷款增速与实际GDP增速的差以及一段时期差的累计	季度或年度	信贷投放增速与实际GDP增长的平衡状态	信贷增速高于实际GDP增速时，说明信贷投放推动的泡沫在积聚；一段时期信贷增速与实际GDP增速差的累计值越大反映泡沫程度越大
		2.3	银行金融机构扣减逆周期资本后的资本充足水平	季度或年度	银行金融机构对冲非预期损失能力的大小	扣减逆周期资本后的资本充足水平越高，说明银行金融机构对冲非预期损失的能力越强，金融体系越稳健
	扩展指标	2.4	银行金融机构表内外加权风险资产总额与名义GDP总额的比率	季度或年度	同指标2.1	同指标2.1
		2.5	银行金融机构不良贷款比率及变动趋势	季度或年度	预期损失暴露的情况和变化趋势	不良贷款比率上升，反映实体经济债务风险暴露增加；上升较快且绝对值较高时，预示金融危机可能爆发
		2.6	银行金融机构存贷款期限结构及变化趋势（以中长期贷款占比和定期存款占比作为观测变量）	季度或年度	金融机构中长期的流动性水平	中长期贷款占比减定期存款占比的差越大或变大趋势时，银行金融机构中长期流动性风险越高，金融体系越脆弱

第四节　基于金融市场风险的脆弱性指标

一、金融市场的脆弱性核心指标

金融市场的脆弱性核心指标包括：①股票指数波动比率和相对水平。②银行间市场短期利率波动比率和相对水平（以债券质押回购利率作为观测变量）。③CHHR 指数，反映银行间市场交易规模、交易利率和波动的景气指数，类似于 HHR 指数[①]。

核心指标说明：股票指数的波动比率和相对水平，能较好反映股票市场的风险积聚状况。当股票市场泡沫较高，或投机活动推动的股票市场价值高于其内在价值时，投资者对未来预期的不确定性程度增强，股票指数的波动比率（可以用一段时间的指标波动标准差来反映）上升。随着经济增长，股票内在价值上升，股票指数相对于过去也会提高，但是股票指数相对水平提高过快时，也意味着股票泡沫的积聚，可以用最近一段时期股票指数的均值相对于过去一段时期均值的增长率反映这一水平。股票指数均值的增长率应该与一段时期 GDP 增长率的均值保持一种函数关系。

银行间市场短期资金交易价格的波动和相对水平，能较好反映银行间货币市场的风险积聚状况。当银行间市场流动性问题比较突出、信用风险积聚时，金融市场比较脆弱，投资者对未来预期的不确定性增强，短期利率波动比率上升（可以把债券质押回购利率作为观测变量，用一段时间的短期利率波动标准差来反映）。另外，银行间市场短期利率的相对水平，也能反映银行金融机构体系整体的资金短缺程度，可以计算一段时期短期利率的均值相对于同期间存款平均利率的差来评价，如果这一差为正甚至更大时，说明金

---

① HHR 指数，又称 Hui – Heubel 流动性比率，是一种衡量证券市场恢复能力的评价指标，可以衡量市场的恢复能力和深度。该比率将特定工具的交易量占未偿付存量的比例与其对价格的影响联系起来。因此，相对于一定的价格变化比例而言，交易量越大，也就是说 HHR 越小，市场的恢复能力和深度就越大。

融体系脆弱性越强。

银行间市场的金融风险水平，除了与利率的波动和相对水平变化有关外，还与市场交易规模、交易的活跃度有关，往往交易规模、交易活跃度又与利率波动相联系。为了能综合平价交易规模、交易利率以及他们的波动变化，需要构造一种能反映银行间市场交易规模、交易利率和波动的景气指数来评价，可以参考国际货币基金组织《指南》中提到的 HHR 指数方式，构造一种类似于 HHR 指数的评价指标。此比率的计算公式如下：

$$HHR = \frac{\left[(P_{max} - P_{min})/P_{min} \right]}{\left[V/(S \times \bar{P}) \right]} \tag{5.1}$$

其中：P_{max} = 期间最高价格；P_{min} = 期间最低价格；V = 期间交易价值总额；S = 期间未偿清工具的平均数量；$\bar{P}$ = 期间工具平均日收盘价。

根据中国目前的金融市场发展阶段和交易特点，银行间市场交易中债券质押回购交易占有绝对重要的地位，所以评价债券质押回购交易的市场恢复能力就能反映金融市场的流动性水平，因此本书按照 HHR 指数的计算公式构造以下评价指数（用 CHHR 表示）：

$$CHHR = \frac{\left[(R_{max} - R_{min})/R_{min} \right]}{\left[(V_1 \times D_1)/(V_0 \times D_0) \right]} \tag{5.2}$$

其中：R_{max} = 期间债券质押回购交易最高加权平均利率；R_{min} = 期间债券质押回购交易最低加权平均利率；V_1 = 期间债券质押回购交易额；D_1 = 期间债券质押回购交易平均久期；V_0 = 期间未偿清债券质押回购交易余额；D_0 = 期间未偿清债券质押回购平均久期。

二、金融市场的脆弱性扩展指标

金融市场的脆弱性扩展指标包括：①企业债券到期收益率与基准期限国债到期收益率的差距。②房价的相对水平。

扩展指标说明：实体经济债务风险传递到银行金融机构会导致不良贷款比率的上升，同时也会传递到金融市场使企业债券的价格下降，企业债券价格的下降使投资于企业债券的到期收益率上升。比较企业债券到期收益率与零信用风险的基准期限国债到期收益率的差距就可以反映企业债券信用风险的水平，差距变大时说明企业债券的信用风险水平上升。目前可以用1年期企业短期融资券的到期收益率与1年期国债的到期收益率进行比较，可以用一段时期这一差距的均值来反映。目前中国企业债券市场得到快速发展，但是相对于金融市场发达国家的差距还很大，所以这一指标作为了扩展指标，没有纳入核心指标。

另外，房地产作为一种特殊的商品，它既是消费物品又是一种投资商品，而且房地产的投资和消费在国民经济中占据主导地位，许多金融危机实际中都与房地产的泡沫积聚和破灭有关，但是限于统计难度和统计误差原因，本书把房地产价格的相对水平作为了扩展指标。随着经济的增长，正常情况下房地产价格也必然会随之增长，所以房地产价格的绝对水平无法判断它的泡沫化程度，本书采用房地产价格相对于人均年收入的倍数关系所反映的相对水平来评价房地产的泡沫化程度，倍数越大和上升的趋势就反映泡沫化程度的积聚，金融就越脆弱。

三、各项指标的监测频率、度量内容和指标性能

上述各项指标的监测频率、度量内容和指标性能等见表5-3。

表5-3　　　　　　　　基于中国金融市场风险的脆弱性指标

部门		序号	指标	监测频率	度量内容	指标性能
3. 金融市场风险	核心指标	3.1	股票指数波动比率和相对水平	月度或季度	股票资本市场的风险积聚状况	波动比率越大，相对水平越高，金融越脆弱
		3.2	银行间市场短期利率波动比率和相对水平（以债券质押回购利率作为观测变量）	月度或季度	银行间货币市场的风险积聚状况	波动比率越大，相对水平越高，银行间市场越不稳定，金融越脆弱
		3.3	CHHR指数，反映银行间市场交易规模、交易利率和波动的景气指数，类似于HHR指数	每日或月度	银行间市场交易恢复能力和深度	指数越大，说明市场交易活跃度降低，市场恢复能力降低，金融越脆弱；指数越小，说明市场恢复能力越好

续表

部门		序号	指标	监测频率	度量内容	指标性能
3. 金融市场风险	扩展指标	3.4	企业债券到期收益率与基准期限国债到期收益率的差距	月度或季度	金融市场对企业信用风险水平的反映	差距越大，说明金融市场对企业信用风险的忧虑增大，金融体系越脆弱
		3.5	房价的相对水平	季度或年度	房地产的泡沫化程度	相对水平越高，说明房地产泡沫化程度越大，金融越脆弱

随着中国金融产品创新和金融市场体系的发展，金融市场业务波动对金融体系脆性的影响越来越大。从美国金融危机发生的实际情况看，实体经济和银行体系风险会传递到金融市场业务的波动，同时金融市场业务本身的过度投机也会引发金融危机。目前中国的金融市场体系发展还不成熟，衍生品交易占比还不高，金融市场交易风险主要来源于股票市场和银行间货币市场。

第五节　基于国际贸易和外部冲击的脆弱性指标

一、国际贸易和外部冲击的脆弱性核心指标

国际贸易和外部冲击的脆弱性指标核心指标包括：①进出口贸易总额相对于名义 GDP 的比率。②汇率波动比率和相对变化水平。③外汇储备相对于进出口贸易总额的比率。

核心指标说明：进出口贸易总额相对于名义 GDP 的比率，能较好反映国民经济的对外依存度，贸易依存度越高，受到外部冲击时的影响就越大，金融体系就越脆弱。贸易依存度反映了一种数量的概念，汇率则反映了一种价格概念，汇率的波动和相对变化水平，是影响国际贸易能力的重要因素，汇率升值影响出口能力，贬值则影响进口能力，贸易依存度越高时汇率波动的影响也越大。汇率波动比率较高时，说明投机或不确定风险增强，金融体系

越脆弱；汇率相对变化水平变化越快时（以一段时期平均汇率相对于前一段时期平均汇率的变动比率来反映），无论是上升还是下降，都说明受到的外部冲击越大，金融体系越脆弱。

外汇储备的水平可以用以评价一国经济体对抗外部冲击的能力大小，外汇储备相对于进出口贸易总额的比率，能较好反映中长期的对抗能力。这一比率越小时，反映对抗外部冲击的能力越小，金融体系越脆弱。

二、国际贸易和外部冲击的脆弱性扩展指标

国际贸易和外部冲击的脆弱性扩展指标包括：经常账户和资本账户资本流动净额相当于外汇储备的比率。

扩展指标说明：中短期跨国资本流动冲击以及外汇储备水平的对抗能力，还需要使用经常账户和资本账户资本流动净额相当于外汇储备的比率这一指标来评价，这一比率越大时，说明对抗能力越弱，金融体系越脆弱。这一比率上升时，也说明外部冲击增强，金融体系变得越脆弱。

三、各项指标的监测频率、度量内容和指标性能

上述各项指标的监测频率、度量内容或指标性能等见表5-4。

表5-4　　　　基于中国国际贸易和外部冲击的脆弱性指标

部门		序号	指标	监测频率	度量内容	指标性能
4. 国际贸易和外部冲击	核心指标	4.1	进出口贸易总额相对于名义GDP的比率	季度或年度	贸易依存度，受到外部冲击时的影响程度	比率越高，贸易依存度越高，受到外部冲击时的影响就越大，金融体系就越脆弱
		4.2	汇率波动比率和相对变化水平	季度或年度	外部冲击的程度	汇率波动比率较高时，投机或不确定风险增强，金融体系越脆弱；汇率相对变化水平变化越快时，无论是上升还是下降，都说明受到的外部冲击越大，金融体系越脆弱

续表

部门		序号	指标	监测频率	度量内容	指标性能
4. 国际贸易和外部冲击	核心指标	4.3	外汇储备相对于进出口贸易总额的比率	季度或年度	应对外部冲击的中长期对抗能力	这一比率越小时，反映对抗外部冲击的能力越小，金融体系越脆弱
	扩展指标	4.4	经常账户和资本账户资本流动净额相当于外汇储备的比率	月度或季度	中短期外部冲击程度和对抗能力	这一比率越大时，说明对抗能力越弱，金融体系越脆弱。这一比率上升时，说明外部冲击增强，金融体系变脆弱

国际贸易和外部冲击对于一国的金融脆弱性影响巨大，尤其对于贸易依存度高的国家，东南亚金融危机就是典型的实例。中国改革开放30多年来，国民经济的国际化程度已经非常高，国际贸易和外部冲击也是中国金融体系脆弱性的重要影响因素。

第六节 基于宏观经济波动的综合脆弱性指标

一、宏观经济波动的综合脆弱性指标核心指标

宏观经济波动的综合脆弱性核心指标包括：①实际GDP增速与稳态增速的差。②PPI水平及增减变化。③CPI水平及增减变化。④社会消费品零售总额增速与实际GDP增速的差。

核心指标说明：用实际GDP增速与稳态增速差的大小，可以判断经济增长的周期性波动阶段。差越大，说明GDP增速过快的程度越高，反映经济过热的程度越大，越不可持续，意味着泡沫的积聚越大，金融体系就越脆弱。稳态增速可以用过去N年GDP增速的均值来估计，出于审慎考虑也可以再减去过去N年GDP增速波动的标准差来估计。即：估计的稳态GDP增速＝过去N年GDP增速的均值－过去N年GDP增速波动的标准差。

PPI水平及增减变化和CPI水平及增减变化，是反映社会物价水平最典

型的指标，相比较而言 PPI 指标更有预见性。当 PPI 和 CPI 水平较高，上升趋势时，金融脆弱性上升。

社会消费品零售总额增速与实际 GDP 增速的差，能反映 GDP 增长的质量和可持续性，如果这一差越大说明 GDP 增长的质量越好，说明 GDP 增长带来了居民生活水平的提高，也说明 GDP 增长来源于内需拉动的因素较多，这就越有持续性，金融脆弱性就会降低，反之金融体系越脆弱。

二、宏观经济波动的综合脆弱性扩展指标

宏观经济波动的综合脆弱性扩展指标包括：①固定资产投资增速及增速变化。②财政收入占 GDP 比重的变化。

扩展指标说明：固定资产投资增速过快以及不断上升的趋势，预示着投资拉动 GDP 增长的因素较多，意味着投资过热，并推动债务膨胀，金融体系就越脆弱。

财政收入占 GDP 比重的变化，反映社会分配结构的状况，社会分配结构会影响未来经济增长的潜力以及资源配置的效率。这一比重越高以及上升的趋势，反映未来经济增长的潜力越弱，资源配置的效率将会降低。

三、各项指标的监测频率、度量内容和指标性能

上述各项指标的监测频率、度量内容或指标性能等见表 5-5。

表 5-5　　　　　　基于中国宏观经济波动的综合脆弱性指标

部门		序号	指标	监测频率	度量内容	指标性能
5. 宏观经济波动	核心指标	5.1	实际 GDP 增速与稳态增速的差	季度或年度	评价经济增长的周期性波动阶段	差越大，说明 GDP 增速过快的程度越高，反映经济过热的程度越大，越不可持续，意味着泡沫的积聚越大，金融体系就越脆弱
		5.2	PPI 水平及增减变化	季度或年度	反映社会物价水平	当 PPI 水平较高，上升趋势时，金融脆弱性上升

续表

部门		序号	指标	监测频率	度量内容	指标性能
5. 宏观经济波动	核心指标	5.3	CPI 水平及增减变化	季度或年度	反映社会物价水平	当 CPI 水平较高，上升趋势时，金融脆弱性上升
		5.4	社会消费品零售总额增速与实际 GDP 增速的差	季度或年度	反映 GDP 增长的质量和可持续性	如果这一差越大说明 GDP 增长的质量越好，GDP 增长带来了居民生活水平的提高，也说明 GDP 增长来源于内需拉动的因素较多，这就越有持续性
	扩展指标	5.5	固定资产投资增速及增速变化	季度或年度	经济增长的结构和可持续性	增速过快以及不断上升的趋势，预示着投资拉动 GDP 增长的因素较多，意味着投资过热，并推动债务膨胀，金融体系就越脆弱
		5.6	财政收入占 GDP 比重的变化	季度或年度	社会分配结构状况，以及对未来经济增长潜力和资源配置效率的影响	这一比重越高以及上升的趋势，反映未来经济增长的潜力越弱，资源配置的效率将会降低

　　上述实体经济、银行金融机构、金融市场、国际贸易与外部冲击，在经济过热的宏观经济条件下，都会强化其脆弱性。所以对宏观经济周期性波动的判断和评价，是金融体系脆弱性评级的关键因素之一。

本 章 小 结

　　本章基于金融体系脆弱性来源的理论分析，在调研分析现有的金融脆弱性度量框架基础上，构建适合于中国国情的金融体系脆弱性监测和度量体系。

　　根据中国的经济特点和市场经济发展阶段，基于金融脆性理论，按照数据易测性、易得性、简化易读和关联性、兼顾指标价值和统计误差平衡等原则，从实体经济债务、银行金融机构、金融市场风险、国际贸易和外部冲击、宏观经济波动这五个维度构建了中国金融体系脆弱性度量指标体系。在指标体系和指标数量规划上，把每个维度的指标都划分为核心指标和扩展指标两大类，产生了"简易高效型金融脆弱性指标体系——16 项指标"和"完整型金融脆弱性指标体系——27 项指标"两种方式。

第六章　金融脆弱性的测度方法、模型构建和一致性检验

基于金融脆弱性测度的指标体系设计，选择合适的测度方法，产生直观或可用于决策分析的结果，是金融脆弱性测度的第二项任务目标。测度方法选择上，应根据指标体系的特点来确定，目前的典型方法有：单一指数法、加权指数法以及因子分析法等，这些方法测度金融脆弱性的准确性取决于相关统计数据的完整性以及准确性。

通过对典型方法的分析，根据本书所构建指标体系的多维度、多层次特点，拟选择技术上比较成熟的层次分析法，来对各层次指标赋权，然后可以计算出多层次的评价指数，在结果展现和分析应用上，拟采用多维矩阵的方法。用层次分析法赋权，用多维矩阵法进行结果展现和分析应用，相对简化、直观、高效，更加有利于研究成果的实际运用。

基于以下原因，之后章节只分析了五个维度的 16 项核心指标：一是核心指标具有显著的操作成本优势，仅包含核心指标的"简易高效型金融脆弱性指标体系"与包含核心和扩展指标的"完整型金融脆弱性指标体系"相比，计算和操作比较简化、监测成本较低，而且基于国内现有的统计基础比较容易实现对金融体系脆弱性的度量；包括核心指标和扩展指标的"完整型金融脆弱性指标体系"相对完整、准确，但同时监测成本也相对较高，监测难度相对复杂。二是核心指标涉及数据相对易得可靠，基于目前的统计基础得到的扩展指标值误差较大，基于国内现有的统计条件、统计数据和统计部门的统计能力，扩展指标涉及的有关数据难以得到，即使能够获得也存在较大误差，因此如果引入此类指标不会带来理想的效果，甚至有可能会影响到最终度量结果的准确性。三是目前的中国国情比较适合只采用核心指标进行脆弱性监测分析，未来随着中国的统计基础不断完善、统计技术和水平的逐渐提高，以及市场经济的自由化和成熟程度提高，就可以在未来的监测度量中逐步使用"完整型金融脆弱性指标体系"。

第一节　典型测度方法分析

一、单一指数法

单一指数法主要是选择能够反映金融体系脆弱性的代表性变量来度量。

例如，国内研究方面，实体经济主要从上市公司的盈利能力方面来考虑，如资产利润率和企业的净资产水平等；对于金融机构的脆弱性可以通过选择银行的不良贷款率或者资本充足率等；金融市场的脆弱性单一指数通常选择资本市场的股指波动率，以及货币市场的短期利率波动水平。在宏观经济波动指标方面通常的做法是通过 GDP 增长率的变化来表示；国际贸易和外部冲击方面更多的做法是以贸易顺差或逆差以及汇率水平作为指标变量。中国也有学者曾经尝试采用单一指数来度量金融体系的脆弱性，如伍志文（2002），林朴（2007）。单一指数反映的信息量有限，不能全面反映整个金融体系的信息，因此，本书不采用此方法。

二、加权指数法

所谓的加权指数法就是首先选择能够反映和度量金融体系脆弱性的变量，然后对这些指标进行简单的算术平均计算或加权平均计算，得到相关指标的平均数，即金融体系脆弱性测度指标的平均值。

邹薇（2002），袁德嘉等（2007）曾采用加权指数法对中国的金融脆弱性指数进行了测度。一般情况下加权指数的权重设定具有一定的主观性，因此权重的设定不同，其得到的结论也会不同。

本书的脆弱性指标体系构建是涵盖整个金融体系的，是基于实体经济、金融机构、金融市场、国际贸易和外部冲击以及宏观经济波动的多个维度、多层次的指标体系，因此不能采用加权指数法。

三、因子分析法

因子分析法的步骤是：首先对已选好的金融脆弱性指标提取主成分，然后根据主成分排序设定权重，最后计算出加权后的金融脆弱性综合指数。相对于加权指数法，因子分析法从技术上克服了人为设定权重的主观性，因此在度量金融脆弱性指数方面较为常见。

因子分析法对指标的选择和赋权相对科学，但并不能满足本书的要求。因为因子分析法更多的是从一些没有规律的变量中提取主成分，其得到的结果更多的是满足了统计的需要，但缺乏相应的理论基础。

四、层次分析法概述

层次分析法（The Analytic Hierarchy Process，AHP）是一种非常有效和实用的用于解决多准则，多指标体系评价的方法，是由美国运筹学家提出，在经济分析和管理决策中得到了广泛的应用。

实质上，我们可以把层次分析法理解为一种思维方式。首先，它把复杂问题分解成若干因素，然后再将这几个因素分组，就形成一种递推的层次。每组中的各因素进行两两比较后按重要程度赋值，然后，进行综合计算之后得出决策方案的排序。

层次分析法主要包括五个步骤[①]：

步骤一，建立系统评价的递阶层次模型。一般分为总目标层、准则层（或称中间层、分层目标等）、方案层。

步骤二，对同一层次各因素对上一层次某准则的重要性进行两两比较，构造两两比较判断矩阵。

可通过专家法或由决策者本人依据重要程度对各因素进行赋值，一般按照 1~9 的标度进行赋值，1~9 标度的含义见表 6－1。如果有 n 个因素比较则构成一个两两比较判断矩阵 $A = (a_{ij})_{n \times n}$，而且矩阵 A 是一个正互反矩阵。

表 6－1 1~9 标度的含义

标度	含义
1	表示同等重要
3	前者比后者稍重要
5	前者比后者明显重要
7	前者比后者强烈重要
9	前者比后者极端重要
2，4，6，8	表示上述相邻判断的中间值
倒数	若元素 i 与元素 j 的重要性之比为 a_{ij}，那么元素 j 与元素 i 的重要性之比为 $a_{ji} = 1/a_{ij}$

---

① 王莲芬，许树柏. 层次分析法引论［M］. 北京：中国人民大学出版社，1990：4－15.

步骤三，由判断矩阵计算各因素对准则的相对权重。计算权重的方法有和法、根法、特征根方法、对数最小二乘法、最小二乘法等。

步骤四，计算各层次因素对系统评价总目标的组合权重。步骤三仅得到了各层因素对上层目标的权重，这一步就是要计算各层因素对总目标的权重，最后得到最底层方案对总目标的影响权重。通过自上而下加权计算，获得各层因素对总目标的组合权重。

步骤五，一致性检验。判断矩阵一般是主观判断、定性构造，由于客观事物的复杂性和主观判断的多样性，难以将同一准则下不同元素的相对重要程度判断得十分准确，所以判断矩阵很难满足完全一致性条件。但是，为使结果基本合理，尽量修正主观判断的不一致性，需要进行一致性检验，使判断矩阵近似达到一个可以接受的一致性标准。为了达到近似一致性，使判断矩阵除了最大特征根 λ_{max} 外的其余特征值尽量接近于零，采用的一致性检验指标为一致性比率 C. R。

$$C. R = \frac{C. I}{R. I} \leqslant 0. 1 \qquad (6.1)$$

其中，C. I 称为一致性指标，$C. I = \frac{\lambda_{max} - m}{m - 1}$，m 为判断矩阵阶数；R. I 为平均随机一致性指标，是用随机方法构造正互反判断矩阵，经过 1000 次以上的重复计算其 C. I 指标值，并加以平均而得到，R. I 随判断矩阵的阶数变化而变化。

第二节　层次分析模型构造、指标体系赋权与一致性检验

一、构造层次分析模型

根据上述指标体系属于多指标系统评价的特点和评价目标的要求，本书选择层次分析法（AHP）作为中国金融体系脆弱性测度的基本方法。根据层次分析法的基本原理，构造递阶层次模型，采用专家法构造的指标间比较判

断矩阵，再采用特征根法计算出各指标对金融脆弱性的影响权重。

用过程图表示的层次分析法基本步骤见图 6 – 1。

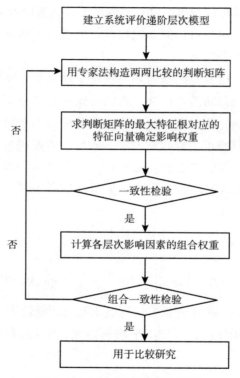

图 6 – 1　层次分析法基本步骤

根据层次分析法的基本步骤，结合表 5 – 1 至表 5 – 5 的指标体系，构造出能反映金融脆弱性影响因素本质属性与内在联系的多层次递阶模型（见图 6 – 2）：①总目标层为中国的金融脆弱性指数；②五个分层目标分别是实体经济脆弱性、银行金融机构脆弱性、金融市场脆弱性、应对外部冲击脆弱性、宏观经济脆弱性；③对应五个分层目标共有 16 个核心指标和 11 个扩展指标，限于篇幅，本书只采用 16 个核心指标进行赋权评价。

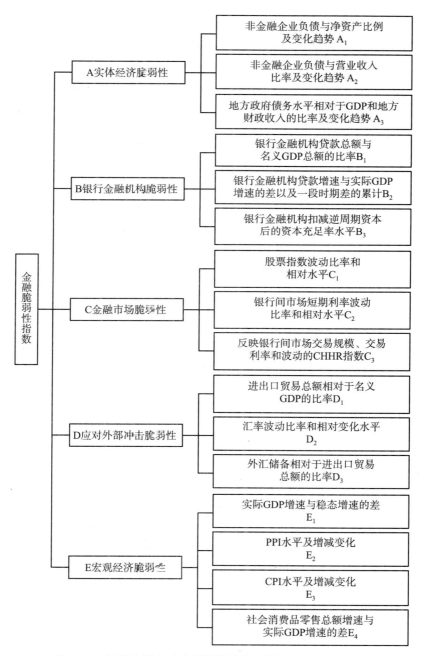

图 6－2　评价中国金融脆弱性的递阶层次模型（核心指标）

二、各层次要素对评价目标权重计算与一致性检验

根据层次分析法的基本原理，按照上面提出的多层次递阶模型，采用专家评价法构造 1 ~ 9 标度的两两比较判断矩阵，以确定各层次指标对评价目标的影响权重，并进行一致性检验。

（一）分层目标对总目标的权重计算

根据实体经济、银行金融机构、金融市场、应对外部冲击、宏观经济等脆弱性对金融体系脆弱性评价总目标影响程度构造的两两比较矩阵，计算所得的最大特征根近似值 $\lambda = 5.05709$，最大特征值对应的归一化后的权向量见表 6 - 2。

表 6 - 2　　　　　　　　分层目标对总目标的影响权重计算

分层目标	A	B	C	D	E	对金融脆弱性总目标的影响权向量
A　实体经济脆弱性	1	3	2	6	3	0.41061
B　银行金融机构脆弱性	1/3	1	1/2	4	1/2	0.14804
C　金融市场脆弱性	1/2	2	1	5	2	0.25327
D　应对外部冲击脆弱性	1/6	1/4	1/5	1	1/3	0.04982
E　宏观经济脆弱性	1/3	1	1/2	3	1	0.13826

一致性检验：$CR = CI/RI = [(\lambda - n)/(n - 1)]/RI = 0.01265 < 0.1$ 通过一致性检验

由权向量可以看出，实体经济债务膨胀、金融市场风险对金融脆弱性的影响权重分别为 41.061% 和 25.327%，处于至关重要的地位；银行金融机构和宏观经济状况对脆弱性的影响权重分别为 14.804% 和 13.826%，属于不可忽视的重要地位；国际贸易和外部冲击，对于中国的金融脆弱性影响权重为 4.982%，处于相对次要位置。

（二）评价指标对分层目标的权重计算

根据反映实体经济债务的各项指标要素，构造两两比较矩阵，计算最大特征根近似值 $\lambda = 3.00920$，最大特征值对应的归一化后的权向量见表 6 - 3。

表 6－3　　　　　　　评价指标对实体经济脆弱性的影响权重计算

评价指标	A_1	A_2	A_3	对实体经济脆弱性影响权向量
非金融企业负债与净资产比例及变化趋势 A_1	1	1/4	2	0.19288
非金融企业负债与营业收入比率及变化趋势 A_2	4	1	6	0.70097
地方政府债务水平相对于 GDP 和地方财政收入的比率及变化趋势 A_3	1/2	1/6	1	0.10615
一致性检验：$CR = CI/RI = [(\lambda - n)/(r - 1)]/RI = 0.00885 < 0.1$ 通过一致性检验				

根据反映银行金融机构风险的各项指标要素，构造两两比较矩阵，计算最大特征根近似值 $\lambda = 3.05362$，最大特征值对应的归一化后的权向量见表 6－4。

表 6－4　　　　　　评价指标对银行金融机构脆弱性的影响权重计算

评价指标	B_1	B_2	B_3	对银行金融机构脆弱性影响权向量
银行金融机构贷款总额与名义 GDP 总额的比率 B_1	1	1/4	3	0.21764
银行金融机构贷款增速与实际 GDP 增速的差以及一段时期差的累计 B_2	4	1	6	0.69096
银行金融机构扣减逆周期资本后的资本充足率水平 B_3	1/3	1/6	1	0.09140
一致性检验：$CR = CI/RI = [(\lambda - n)/(n - 1)]/RI = 0.05156 < 0.1$ 通过一致性检验				

根据反映金融市场风险的各项指标要素，构造两两比较矩阵，计算最大特征根近似值 $\lambda = 3.01829$，最大特征值对应的归一化后的权向量见表 6－5。

表 6－5　　　　　　评价指标对金融市场脆弱性的影响权重计算

评价指标	C_1	C_2	C_3	对金融市场脆弱性影响权向量
股票指数波动比率和相对水平 C_1	1	1/3	1/2	0.16920
银行间市场短期利率波动比率和相对水平 C_2	3	1	1	0.44343
反映银行间市场交易规模、交易利率和波动的 CHHR 指数 C_3	2	1	1	0.38737
一致性检验：$CR = CI/RI = [(\lambda - n)/(n - 1)]/RI = 0.01759 < 0.1$ 通过一致性检验				

根据反映国际贸易和外部冲击的各项指标要素，构造两两比较矩阵，计算最大特征根近似值 $\lambda = 3.02096$，最大特征值对应的归一化后的权向量见表 6 – 6。

表 6 – 6　　　　　　　评价指标对应对外部冲击脆弱性的影响权重计算

评价指标	D_1	D_2	D_3	对应对外部冲击脆弱性影响权向量
进出口贸易总额相对于名义 GDP 的比率 D_1	1	1/5	2	0.17212
汇率波动比率和相对变化水平 D_2	5	1	6	0.72585
外汇储备相对于进出口贸易总额的比率 D_3	1/2	1/6	1	0.10203
一致性检验：$CR = CI/RI = [(\lambda - n)/(n-1)]/RI = 0.02795 < 0.1$ 通过一致性检验				

根据反映宏观经济的各项指标要素，构造两两比较矩阵，计算最大特征根近似值 $\lambda = 4.02059$，最大特征值对应的归一化后的权向量见表 6 – 7。

表 6 – 7　　　　　　　评价指标对宏观经济脆弱性的影响权重计算

评价指标	E_1	E_2	E_3	E_4	对宏观经济脆弱性影响权向量
实际 GDP 增速与稳态增速的差 E_1	1	1/4	1/3	1	0.10900
PPI 水平及增减变化 E_2	4	1	2	4	0.48510
CPI 水平及增减变化 E_3	3	1/2	1	3	0.29691
社会消费品零售总额增速与实际 GDP 增速的差 E_4	1	1/4	1/3	1	0.10900
一致性检验：$CR = CI/RI = [(\lambda - n)/(n-1)]/RI = 0.00771 < 0.1$ 通过一致性检验					

（三）评价指标对总目标的组合权重计算

根据评价指标对分层目标的影响权重和分层目标对总目标的影响权重，可以计算出评价指标对总目标的组合权重见表 6 – 8。

表 6-8　　　　　　　　　　　评价指标对总目标的组合权重计算

总目标	分层目标	指标对分层目标影响权重	指标对总目标组合权重	指标名称	最大特征根近似值 λ 和一致性检验 CR
金融体系脆弱性指数	A (0.41061)	A_1 (0.19288)	0.07920	非金融企业负债与净资产比例及变化趋势 A_1	$\lambda = 3.00920$；CR = CI/RI = [(λ - n)/(n - 1)]/RI = 0.00885 < 0.1；通过一致性检验
		A_2 (0.70097)	0.28782	非金融企业负债与营业收入比率及变化趋势 A_2	
		A_3 (0.10615)	0.04358	地方政府债务水平相对于 GDP 和地方财政收入的比率及变化趋势 A_3	
	B (0.14804)	B_1 (0.21764)	0.03222	银行金融机构贷款总额与名义 GDP 总额的比率 B_1	$\lambda = 3.05362$；CR = 0.05156 < 0.1；通过一致性检验
		B_2 (0.69096)	0.10229	银行金融机构贷款增速与实际 GDP 增速的差以及一段时期差的累计 B_2	
		B_3 (0.09140)	0.01353	银行金融机构扣减逆周期资本后的资本充足率水平 B_3	
	C (0.25327)	C_1 (0.16920)	0.04285	股票指数波动比率和相对水平 C_1	$\lambda = 3.01829$；CR = 0.01759 < 0.1；通过一致性检验
		C_2 (0.44343)	0.11231	银行间市场短期利率波动比率和相对水平 C_2	
		C_3 (0.38737)	0.09811	反映银行间市场交易规模、交易利率和波动的 CHHR 指数 C_3	
	D (0.04982)	D_1 (0.17212)	0.00858	进出口贸易总额相对于名义 GDP 的比率 D_1	$\lambda = 3.02096$；CR = 0.02795 < 0.1；通过一致性检验
		D_2 (0.72585)	0.03616	汇率波动比率和相对变化水平 D_2	
		D_3 (0.10203)	0.00508	外汇储备相对于进出口贸易总额的比率 D_3	
	E (0.13826)	E_1 (0.10900)	0.01507	实际 GDP 增速与稳态增速的差 E_1	$\lambda = 4.02059$；CR = 0.00771 < 0.1；通过一致性检验
		E_2 (0.48510)	0.06707	PPI 水平及增减变化 E_2	
		E_3 (0.29691)	0.04105	CPI 水平及增减变化 E_3	
		E_4 (0.10900)	0.01507	社会消费品零售总额增速与实际 GDP 增速的差 E_4	

组合权重的一致性检验结果见表 6-9。

表 6 – 9   评价指标对分层目标乃至总目标组合权重的一致性检验

组合一致性检验结果		
分层目标对总目标影响权重的一致性检验	$CR^{(1)} = CI^{(1)}/RI^{(1)} = 0.01265 < 0.1$	通过
评价指标对总目标影响权重的组合一致性检验	$CR^{(2)} = CR^{(1)} + CI^{(2)}/RI^{(2)} = 0.02989 < 0.1$	通过

其中：$CI^{(1)} = 0.01417$，$RI^{(1)} = 1.12$

$CI^{(2)} = (CIA, CIB, CIC, CID, CIE) \times (0.41061, 0.14804, 0.25327, 0.04982, 0.13826)' = 0.00985$

$RI^{(2)} = (RIA, RIB, RIC, RID, RIE) \times (0.41061, 0.14804, 0.25327, 0.04982, 0.13826)' = 0.57116$

$CI^{(2)}/RI^{(2)} = 0.01724$

三、各项指标组合权重排序及评判

根据上述指标体系和评价方法的设计以及评价要素影响权重的计算，可以得出各项指标对分层目标的影响权重以及各项指标对总目标的组合权重，按照组合权重从大到小排序（见表 6 – 10）。

表 6 – 10   各项指标组合权重排序

主次顺序	指标对总目标组合权重	指标名称
1	0.28782	非金融企业负债与营业收入比率及变化趋势 A_2
2	0.11231	银行间市场短期利率波动比率和相对水平 C_2
3	0.10229	银行金融机构贷款增速与实际 GDP 增速的差以及一段时期差的累计 B_2
4	0.09811	反映银行间市场交易规模、交易利率和波动的 CHHR 指数 C_3
5	0.07920	非金融企业负债与净资产比例及变化趋势 A_1
6	0.06707	PPI 水平及增减变化 E_2
7	0.04358	地方政府债务水平相对于 GDP 和地方财政收入的比率及变化趋势 A_3
8	0.04285	股票指数波动比率和相对水平 C_1
9	0.04105	CPI 水平及增减变化 E_3
10	0.03616	汇率波动比率和相对变化水平 D_2
11	0.03222	银行金融机构贷款总额与名义 GDP 总额的比率 B_1
12	0.01507	实际 GDP 增速与稳态增速的差 E_1
13	0.01507	社会消费品零售总额增速与实际 GDP 增速的差 E_4

续表

主次顺序	指标对总目标组合权重	指标名称
14	0.01353	银行金融机构扣减逆周期资本后的资本充足率水平 B_3
15	0.00858	进出口贸易总额相对于名义 GDP 的比率 D_1
16	0.00508	外汇储备相对于进出口贸易总额的比率 D_3

根据表6-10，再参考美国金融危机前后有关指标数据的变化分析，可以得出以下几点结论：

（1）非金融企业债务膨胀相对于营业收入增长的变化趋势，是金融脆弱性乃至金融危机最为重要的根源，其组合影响权重为28.782%。在企业债务膨胀过程中，如果收入能同幅度的增长，金融体系会相对稳健；在债务膨胀过程中，如果收入增长不再持续甚至下降，金融脆弱性将加速积累并通过各种机制向外传递扩散，积累一段时间后如果不能得到有效处理，企业债务的庞氏融资程度持续加深，稍有冲击必然导致金融危机。

从美国金融危机前后的有关数据可以看出，危机前几年企业债务持续膨胀，2007年次贷危机爆发前夕，非金融企业借贷规模不断攀升，财务杠杆不断增加，蕴含了大量的风险（见图6-3）。

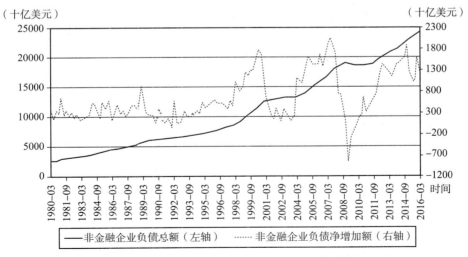

图6-3 美国1980~2016年1季度非金融企业负债情况变动

资料来源：Wind 资讯。

美国危机前的 2002～2006 年间，伴随企业债务膨胀的同时税前收入
也同步提高，到危机前的 2～3 年里，债务膨胀仍然持续，但是企业税前
收入停止增长甚至下降，美国非金融企业税前收入于 2006 年第 3 季度即
开始下滑，但此时资本性支出仍然位于上升通道中，表明非金融企业的
财务压力开始增大。没有收入支撑的债务必然变成庞氏债务而破灭（见
图 6－4）。

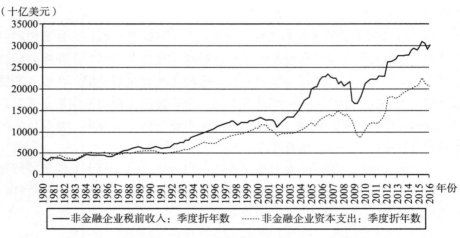

图 6－4　美国 1980～2015 年非金融企业税前收入和资本性支出

资料来源：Wind 资讯。

与非金融企业类似，美国家庭部门的负债规模在金融危机前夕持续上升
（见图 6－5），不同的是，危机之后负债总额保持高位并略微下降，同时家庭
部门的负债杠杆比率在危机之后得以持续下降（见图 6－6）。

（2）银行间市场短期利率波动、交易规模，银行金融机构贷款相对于
GDP 增速的差及一段时期累积，非金融企业债务与净资产比例及变化，PPI
反映的物价水平及变化，这五项指标对于金融脆弱性具有非常重要的影响，
单项指标平均影响权重在 10% 左右，五项指标的组合权重合计达到了
45.900%。

从美国金融危机前后的有关数据也可以印证这一观点。从美国金融危
机前后贷款利率和实际利率的绝对水平变化看，危机前在一个较短的周期内，

（十亿美元）

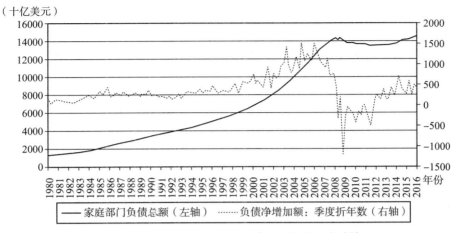

图 6 – 5　1980 ~ 2015 年间美国家庭部门负债及变动情况

资料来源：Wind 资讯。

（%）

图 6 – 6　1980 ~ 2016 年 1 季度美国家庭负债比率

资料来源：Wind 资讯。

利率绝对水平显著上升，危机之后又显著、快速下降（见图 6 – 7），从金融市场利率差的绝对水平和变化情况看（见图 6 – 8 和图 6 – 9），期限错配的利差即长短期债的利差（包括公司债和国债）在危机前缩小，在危机后扩大。但是反映企业信用风险水平的公司债与国债的利差水平（见图 6 – 10），在危机前以及危机时期上升并保持高位，在后危机时代显著下降后保持稳定。从美国金融危机前后的 PPI 与 CPI 变化看（见图 6-11），两者都具有完全相似的波动特征，金融危机前夕，物价水平基本保持了持续的上涨，但是从 PPI 和 CPI 指数的变动趋势可以看出，PPI 相对于 CPI 更灵敏，更有预见性。

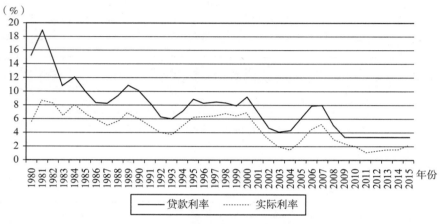

图 6-7　美国贷款和实际利率走势

资料来源：美国财政部网站。

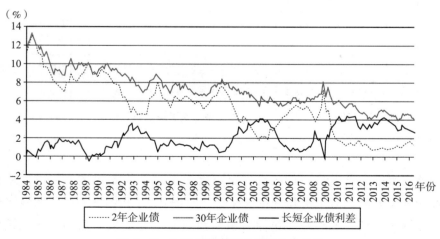

图 6-8　美国企业债券利差和变动趋势

资料来源：美国财政部网站。

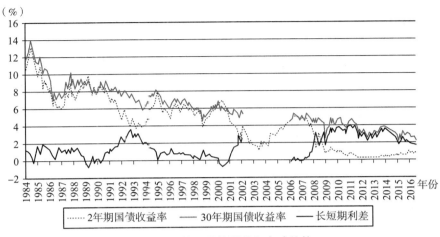

图 6-9　美国国债利差和变动趋势

资料来源：Wind 资讯。

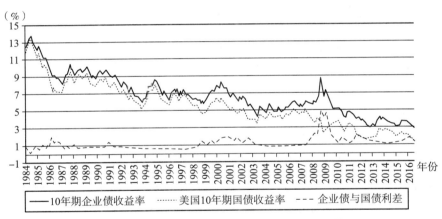

图 6-10　美国企业债与国债的利差及变动趋势

资料来源：Wind 资讯。

（3）地方政府债务水平，CPI 反映的物价水平，股票指数累计波动，汇率价格波动，银行机构贷款总额相对于 GDP 的比率等指标，对于金融脆弱性具有比较重要的影响，单项指标平均影响权重在 4% 左右，五项指标的组合权重合计为 19.587%。

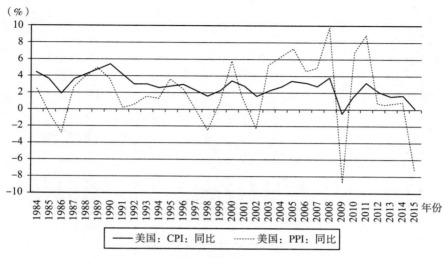

图 6 - 11 1984 ~ 2015 年美国 CPI、PPI 同比增速

注：由于仅可获得月度数据，年度数据由月度数据求平均值得到。
资料来源：Wind 资讯。

从美国金融危机前后的有关数据也可以看出，股票指数波动与危机具有同步性，而指数的累计增长和汇率的累计疲软趋势，对金融脆弱性更有预见作用。从股票指数的绝对水平和波动看（见图 6 - 12），毫无疑问，每次金融危机都会伴随着股票指数的剧烈波动。而且危机前股票指数都实现了一段时期的累计增长，指数的绝对水平保持在较高的水平。指数波动时间上与危机同步。

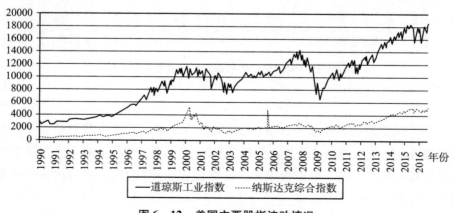

图 6 - 12 美国主要股指波动情况

另外，美国的 VIX 指数（见图 6-13），表达了投资者对未来股票市场波动性的预期，当指数越高时，显示投资者预期未来股价指数的波动性越剧烈；当 VIX 指数越低时，代表投资者认为未来的股价波动将趋于缓和。

图 6-13　标准普尔 500 波动率指数

资料来源：Wind 资讯。

（4）GDP 增速和社会消费品零售总额增速等反映宏观经济增长和质量的两项指标，银行的资本充足率水平，外贸依存度和外汇储备水平等指标，对于金融脆弱性具有不可忽视的影响作用，五项指标组合权重合计为 5.733%。在某些经济环境或特定的经济结构条件下，以及对于某些较小的经济体，这几项指标的影响作用可能会比较重要。从美国金融危机前后的有关数据可以看出，危机前银行资本比率处于虚假的较高水平，危机后因为资本被快速消耗所以资本比率水平大幅下降；美国危机前后的国际资本流动更像是对危机的反映（见图 3-5），而不是推动危机的原因；美国危机前后的外汇储备水平变化体现为在危机后大幅度上升（见图 3-6），更是应对危机的政策反映结果，也不是推动危机的原因。但是对于 1998 年的东南亚金融危机，这些因素对于金融脆弱性和危机的发生具有比较重要的影响。

本 章 小 结

本章首先考察分析了目前的典型方法：单一指数法、加权指数法以及因子分析法等。然后根据本书所构建指标体系的多维度、多层次特点，选择了技术上比较成熟的层次分析法，对各层次指标进行了赋权计算和一致性检验，并根据指标权重结果，参考美国金融危机前后有关实际数据，对各项指标进行了评判。可以得出以下几点结论：第一，非金融企业债务膨胀相对于营业收入增长的变化趋势，是金融脆弱性乃至金融危机最为重要的根源；第二，银行间市场短期利率波动、交易规模，银行金融机构贷款相对于 GDP 增速的差及一段时期累积，非金融企业债务与净资产比例及变化，PPI 反映的物价水平及变化，这五项指标对于金融脆弱性具有非常重要的影响；第三，地方政府债务水平，CPI 反映的物价水平，股票指数累计波动，汇率价格波动，银行机构贷款总额相对于 GDP 的比率等指标，对于金融脆弱性具有比较重要的影响；第四，GDP 增速和社会消费品零售总额增速等反映宏观经济增长和质量的两项指标，银行的资本充足率水平，外贸依存度和外汇储备水平等指标，对于金融脆弱性具有不可忽视的影响作用，在某些经济环境或特定的经济结构条件下，以及对于某些较小的经济体，这几项指标的影响作用可能会比较重要。

第七章 中国金融体系脆弱性指数计算和结果展现

根据 Wind 资讯数据显示，2005～2014 年，中国非金融部门（包括居民、非金融企业和政府部门）债务占 GDP 比率快速攀升，债务总规模已经从约 26 万亿元上升到了约 140 万亿元，杠杆率从 153% 上升到了 217.3%，在 9 年间累计上升了约 64.3 个百分点，其中 2014 年底非金融企业的债务达到了 79 万亿元左右，相当于当年 GDP 总量的 123%，远高于发达国家的这一比率（发达国家平均在 50%～70% 之间）。从行业角度看，近两年来中国主要行业的产能过剩问题突出，不仅传统的钢铁、水泥、玻璃、家电制造业产能过剩，就连新兴能源设备的风电设备、太阳能多晶硅等行业也出现了比较严重的"产能过剩"。一方面是实体经济较高的债务水平，另一方面是实体经济产能过剩，不可持续的生产经营。这都意味着主要来源于实体经济债务膨胀的脆弱性风险正在积聚，很可能通过银行信贷传递到金融市场乃至整个金融体系，金融体系脆弱性的累积相对来说比较缓慢并且不易察觉，如果脆弱性的过度累积没能提前监测和化解，就可能导致金融危机。

本章研究首先采用第五章和第六章的度量指标体系和指标权重，经过对指标数值无量纲化处理后计算出分层五个维度的金融脆弱性指数和总目标的综合脆弱性指数，然后基于中国金融体系脆弱性度量的核心指标体系，对金融脆弱性状况进行分析；根据指数所处的状态阈值区间对脆弱性状态进行诊断和来源分析，为之后章节分析提出中国的应对政策措施提供数量化的依据，以确保金融安全与稳定目标的实现。

第一节　脆弱性指标的无量纲化、作用方向和权重拆分处理

按照本书构建的中国金融体系脆弱性度量的核心指标体系和度量方法，根据实际统计数据，对中国金融体系脆弱性指数进行计算度量之前，还需要对指标值进行无量纲化处理，对指标的作用方向进行判断和处理，对指标数据存在空缺时间区间的指标权重进行加权拆分处理。

一、对度量指标值的无量纲化处理过程

由于各指标值的量纲①不同，为了实现不同量纲指标值的线性数量计算，从而得出分层各维度脆弱性指数和综合脆弱性指数，就需要对所有指标值进行去量纲化处理，得到无量纲数值。

考虑到本书计算指数的数值需要，在选择无量纲化处理方法的时候，一方面要考虑无量纲化处理之后的数值要完全保留原指标数值反映的特征信息；另一方面还要保证无量纲化数值为一个 0 ~ 1 的数值。

本书采用的无量纲化处理方法为，计算变量值与变量最小值的距离相对于变量最大距离的比率，具体公式如下：

$$X^* = \frac{X_i - X_{MIN}}{X_{MAX} - X_{MIN}} \tag{7.1}$$

其中，X^* 为无量纲值，X_i 为第 i 个有量纲值，$X^* \in (0, 1)$。

按照上述方法对变量值进行无量纲化处理后，计算得出的脆弱性指数是一个（0 ~ 1）的数值，数值越大说明金融体系越脆弱。

二、指标值作用方向判断与转换

对变量数值进行无量纲化处理之后，还需要判断变量的无量纲值对脆弱性指数的作用方向。作用方向划分为：正向作用和负向作用②两种。正向作用是指指标无量纲值与指数值完全正相关，则指标无量纲值越大时，脆弱性指数值越大，反映金融体系越脆弱；负向作用的含义正好相反。

由于正向作用指标的无量纲值与负向作用指标的无量纲值无法线性运算，所以本书把所有的负向作用指标的无量纲值，用公式"1 - 无量纲值"转化

① "量纲"是一种数学概念，量纲是指一种变量值特有的纲纪，这种纲纪使得不同变量数值大小进行比较或线性运算时无意义。例如，身高175厘米与体重65千克无法比较大小，也无法进行线性数量运算，但是如果通过一种方法去除量纲，就可以比较大小或进行线性数量运算，例如，样本身高与平均身高的比率，和样本体重与平均体重的比率就可以比较大小。

② 正向作用，是指无量纲化值与脆弱性指数完全正相关，即变量值越大时脆弱性指数越高；负向作用，是指无量纲化值与脆弱性指数完全负相关，即变量值越大时脆弱性指数越低。

为正向作用。

三、指标值空缺期间的权重加权拆分处理

按照本书构建的中国金融体系脆弱性指标体系以及采用层次分析法得到的多层次权重，对上述指标值无量纲化处理后加权计算得到五个维度的脆弱性指数，然后按照五个维度分层目标对总目标的权重加权计算得出综合脆弱性指数。

由于数据收集的局限性和中国市场经济体系的发展阶段特点，从 1980～2015 年间，部分分层维度指标的数据值为空，例如，1992 年之前中国股票和银行间市场还没有有效建立，所以无相关数据。为了能监测计算较长时期的综合脆弱性指数以检验本书度量框架的有效性，可以把分层权重在不同时期进行拆分（见表 7－1），具体为：把数值为空时期的分层权重加权拆分给有数值的分层权重，权重合计仍然保持为 1.00。

表 7－1 　　　　　　　　计算综合脆弱性指数的分层权重

权重使用期间	实体经济脆弱性指数	银行金融机构脆弱性指数	金融市场脆弱性指数	外部冲击脆弱性指数	宏观经济波动脆弱性指数
1980～1989		0.51708			0.48292
1990～1991	0.58919	0.21242			0.19839
1992～1994	0.43214	0.15580	0.26655		0.14551
1995～2015	0.41061	0.14804	0.25327	0.04982	0.13826

第二节　基于核心度量指标值的金融脆弱性状况分析

本节围绕本书构建的中国金融体系五个维度脆弱性度量核心指标值，分析中国的金融脆弱性，为下文的多维度、多层次脆弱性指数计算提供数据支持。

一、实体经济债务膨胀核心指标值反映的脆弱性

我们采用全部非金融企业上市公司代表中国实体经济的替代样本，可以发现中国非金融企业的债务膨胀趋势明显。

（1）从负债与净资产比率指标看，企业的债务膨胀趋势显著。2001 年以来这一比率持续上升，在 2003 年超过了 1.0，2012~2015 年已经达到并保持在 1.5 以上（见图 7-1）。

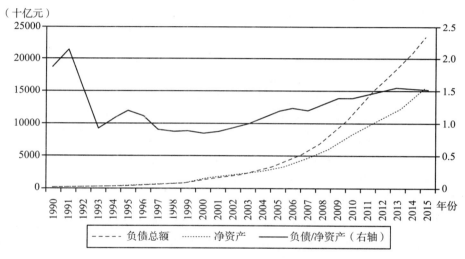

（十亿元）

图 7-1　中国非金融上市公司负债与净资产比率变化趋势

资料来源：根据 Wind 数据计算得到。

（2）从营业收入对负债的支撑效应看（见图 7-2），在 2008~2009 年有明显的减弱过程，收入对负债的支撑从 2008 年的 66.94% 减弱为 2009 年的 80.18%，1 年间减弱了 13.24 个百分点，脆弱性加大；2009~2011 年支撑效应反过来增强，收入对负债的支撑从 2009 年的 80.18% 增强为 2011 年的 71.14%，2 年间增强了 9.04 个百分点，脆弱性减低；2012~2015 年以来支撑效应又开始明显减弱，收入对负债的支撑从 2011 年的 71.22% 减弱为 2015 年的 99.35%，4 年间累计减弱了 28.21 个百分点，尤其 2015 年这 1 年减弱

了 13.98 个百分点。这说明 2012 年以来实体经济创造未来现金流对负债的支撑效应持续减弱，尤其 2015 年减弱更为迅速，实体经济带来的金融脆弱性持续加大。

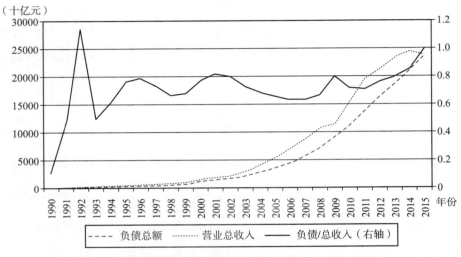

（十亿元）

图 7 - 2　中国非金融上市公司负债与总收入比率变化趋势

资料来源：根据 Wind 数据计算得到。

（3）从中国地方政府债务水平以及地方财政收入的支撑效应看（见图 7 - 3），地方政府债务水平一直保持在地方财政收入的 1.6 倍以上，而且自 2009 年起地方政府债务水平又进一步显著加大，债务与地方财政收入的倍数达到了 2.77 倍这一高点。尤其 2009 年较 2008 年地方政府债务余额增长幅度达到了 61.92% 的最高速，同时地方财政收入对债务的支撑效应，即债务与地方财政收入的倍数从 2008 年的 1.94 倍迅速上升为 2009 年的 2.77 倍，1 年上升了 0.82 倍；从 2009～2012 的 3 年间，债务水平又保持了年均 20.78% 的增幅，但是伴随同期地方财政收入的增长，地方财政收入对债务的支撑效应从 2009 年的 2.77 倍增强到了 2.60 倍，得到略微增强。2012 年之后，随着中央政府对地方政府债务规模的控制，以及地方财政收入的持续增长，使得债务与地方财政收入的倍数从 2012 年的 2.60 倍下降到了 2015 年的 1.93 倍。

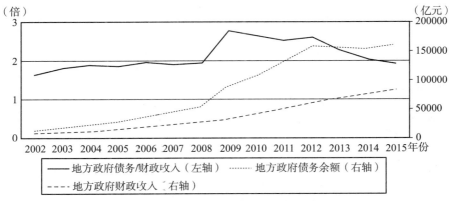

图 7 - 3　地方政府债务与地方财政收入的比率水平

资料来源：中国国家审计署网站。审计署于 2011 年、2012 年和 2013 年进行了三次政府性债务审计，公布了 2010 年底、2012 年底、2013 年 6 月的地方政府债务余额，同时披露了 2008～2010 各年债务余额增长率数据以及 2002～2007 年年均增长率。本书 2002～2010 年的地方政府债务数据根据国家审计署公布的增长率数据反推得到，2011 年底地方政府债务余额由 2010 年和 2012 年的数据求平均值估算得出。

二、银行金融机构风险核心指标值反映的脆弱性

我们采用全部上市商业银行代表中国银行金融机构的替代样本，可以发现银行金融机构风险核心指标值反映的脆弱性状况显著。

（1）从贷款总额与名义 GDP 总额比率指标反映的信贷资金边际效率和信贷投放推动的泡沫积聚看（见图 7 - 4），2003～2008 年处于边际效率提升，泡沫减弱阶段，指标比率从 136.25% 下降到了 100.91%；2008 年之后又处于边际效率下降，泡沫快速积聚的阶段，指标比率从 2008 年的 100.91% 上升到了 2015 年的 138.84%，超过了 2003 年的这一比率，处于历史最高点。

（2）从贷款增速与实际 GDP 增速的相对指标值看（见图 7 - 5），2005～2009 年信贷投放推动的脆弱性泡沫在积聚，指标值，即增速之差从 1.58% 上升到了 22.34%，尤其 2009 年积聚达到一个高点，可以粗略估计 2009 年当年积累信贷泡沫占 2005～2009 年这 5 年积累量的 60%；2009 年以后，信贷投放积聚的脆弱性泡沫在减弱。指标值，即增速之差，从 2009 年的 22.34% 下降到了 2015 年的 7.40%。这主要归因于中国人民银行对商业银行严格的信贷规模管制所致。否则，今天的金融体系早已因为信贷推动的脆弱性泡沫积聚而崩溃。

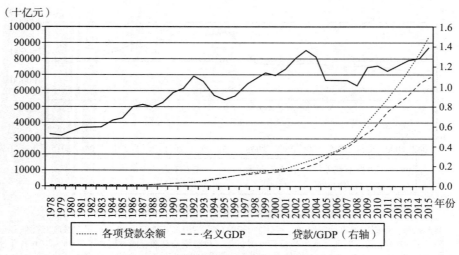

图 7 - 4　贷款总额与名义 GDP 总额比率

资料来源：Wind 资讯。

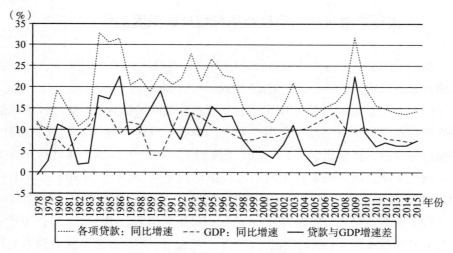

图 7 - 5　贷款增速与实际 GDP 增速之差

注：实际 GDP 的计算方法为：Y 年实际 GDP = 1978 年名义 GDP × （Y 年 GDP 指数/1978 年 GDP 指数），计算出来的 Y 年实际 GDP 为以 1978 年价格计算的实际 GDP。

资料来源：Wind 资讯。

（3）从银行金融机构资本充足水平反映的支撑效应看（见图 7 -6），2007 年之前银行金融机构资本充足水平小于 8%，所反映的对冲非预期损失的能力较弱；

2008 年以后，资本充足水平提高到了 10% 左右，对冲风险损失的能力增强。

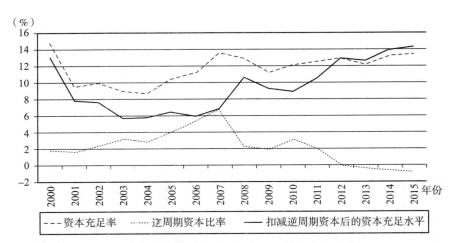

图 7-6　商业银行扣除逆周期资本后的资本充足水平

注：目前银监局网站仅公布了 2009 年以后的商业银行资本充足率水平，为了拉长样本周期，本研究以 16 家上市银行（工农中建交、平安、浦发、华夏、民生、招商、兴业、中信、光大、北京银行、南京银行和宁波银行）资本充足率平均值来度量中国商业银行的资本充足率水平。
资料来源：上市银行年报。

这一情况可以结合前文解释认为：2007 年之前商业银行花费了多年的盈利配合资产剥离消化历史形成的不良资产；2008 年之后，管制利率保持的超额利差收益反映为银行资本的增加；同时 2006 年、2007 年宏观经济过热，按照本书构造的逆周期资本比率扣减了较多的逆周期资本。

三、金融市场风险核心指标值反映的脆弱性

（一）从中国股票指数波动比率和相对水平指标看，资本市场脆弱性风险已经被消减

从上证综合指数的波动比率（见图 7-7）以及相对于均衡指数[①]的偏差

---

① 均衡指数的估计方法为：假定 2013 年全年平均指数水平已经处于无泡沫化状态，按照过去年度实际 GDP 增长率回推计算每年的均衡指数，计算公式为：第 t-1 年的均衡指数估计值 = 第 t 年的均衡指数 ÷（1 + 第 t-1 年的实际 GDP 增长率），其中 2013 年的起始均衡指数值设定为 2191.70。

（见图7-8）可以看出，2008 年全球金融危机前后出现了巨幅波动，反映了 2008 年之前股票市场泡沫迅速积聚，积累了巨大的脆弱性，并在金融危机中破灭，2015 年股票指数又出现了一轮泡沫积累和破灭过程，直至今日股票指数已经下调到了一个较低的水平徘徊，脆弱性已经得到了明显的消减。上证综合指数波动的标准差（见图7-9），也能反映指数波动程度与股票市场脆弱性大小的正相关关系，可以用以揭示资本市场的脆弱性。

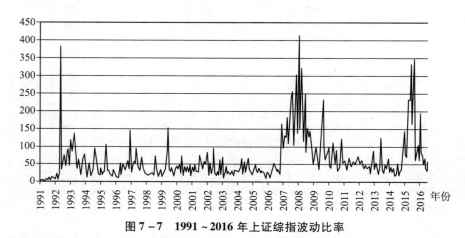

图7-7　1991～2016 年上证综指波动比率

资料来源：根据 Wind 数据计算得到。

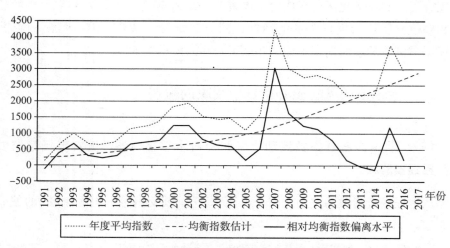

图7-8　上证综指相对于均衡指数的偏离程度

资料来源：根据 Wind 数据计算得到。

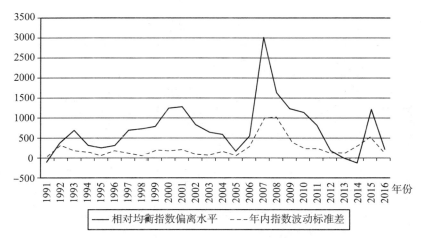

图 7 - 9　用上证综指波动标准差反映的股票指数波动水平

资料来源：根据 Wind 数据计算得到。

（二）中国银行间市场短期利率波动比率和相对水平指标值，反映了银行金融体系的流动性风险和利率风险在加剧

以银行间市场债券质押可购加权利率作为短期利率的替代变量。从短期利率的变化和波动比率看（见图 7 - 10 和图 7 - 11），与股票指数波动反映的脆弱性有所不同：一是 2008 年金融危机前短期利率与股票指数反映了相似的特征，回购利率绝对水平较高，波动频繁，反映银行体系流动性的脆弱性较强；二是危机发生后中国央行推行了宽松的货币政策，回购利率在 2009 ~ 2011 年间保持了较低的水平，银行体系具有较充裕的流动性，为期间实体经济信贷规模的快速膨胀提供了较低利率的条件；三是 2011 年之后回购利率上升而且波动加剧，一方面反映银行体系的流动性风险加剧，另一方面反映金融体系脆弱性加大，而且在 2013 年 6 月几乎出现流动性危机；四是 2015 年以来银行间市场质押回购利率处于较低水平，并保持稳定，波动率较低。

从银行间市场短期利率相对于同期实际存款利率[①]的偏离程度看（见图 7 - 12），金融危机前的 2007 年偏差上升到了 1.0714%/年，处于较高水平；

① 实际存款利率是指，按照央行公布的各期限档次存款利率，考虑存款的期限结构进行加权平均计算得出，实际存款利率近似等于商业银行对存款实际支付的平均利息率，而不是简单的取用 1 年期存款基准利率。

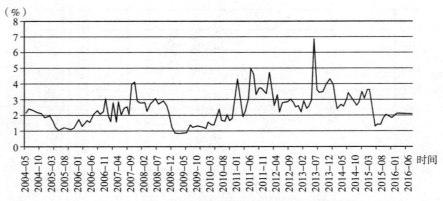

图 7 – 10   2004 年 ~ 2016 年 7 月银行间市场债券质押回购加权平均利率
资料来源：根据 Wind 数据计算得到。

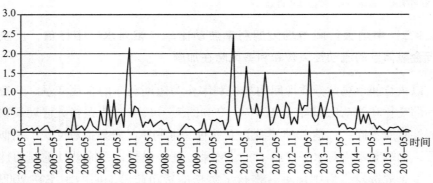

图 7 – 11   2004 年 ~ 2016 年 7 月银行间市场债券质押回购利率波动比率
资料来源：根据 Wind 数据计算得到。

2008 ~ 2010 年随着人民银行流动性宽松政策的实施，偏差水平显著降低，甚至 2008 年、2009 年出现了负偏差每年 0.2304%、0.5276%；从 2011 年起，银行间市场短期利率开始显著升高达到每年 3.4650%，较同期实际存款利率偏高达到每年 1.3109%，至 2013 年这一偏差仍然达到了每年 1.3063%，较实际存款利率高出 58.50%，这充分显示了 2011 ~ 2013 年银行体系流动性风险在加大，脆弱性在积聚。

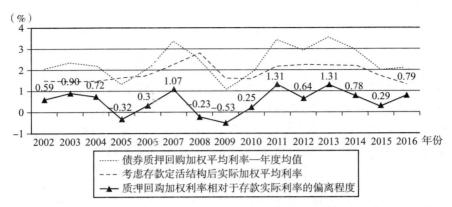

图 7 - 12　银行间市场短期利率与实际存款利率的偏离程度

资料来源：根据中国人民银行网站数据收集计算得到。

　　从短期利率波动的标准差大小与短期利率偏离水平对照看（见图 7 - 13），可以反映出短期利率相对水平偏离实际存款利率越大时，市场参与者对利率预期的分化程度越高，利率波动标准差也就越大，利率风险从而越高，流动性风险越大，从而市场越脆弱。

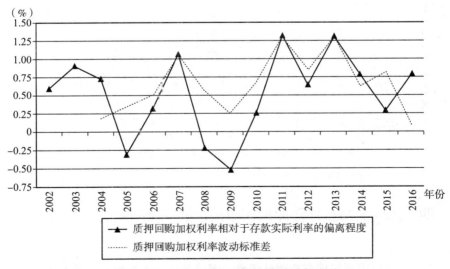

图 7 - 13　银行间市场短期利率波动标准差

资料来源：根据中国人民银行网站数据收集计算得到。

（三）从本书构造的 **CHHR** 指数值看，中国银行间市场的交易功能在增强

根据本书构造的 CHHR 指数值，可以反映银行间市场的交易活跃、交易成熟度以及功能恢复能力。从计算中国银行间市场的 CHHR 值看（见图 7 – 14），对市场功能具有较好的解释作用：一是 2007 年的 CHHR 值较大，反映当时市场功能的脆弱性，回顾 2007 年时由于股票发行制度的缺陷，一批大盘股发行导致银行间市场短期锁定冻结巨额流动性资金，给银行金融机构调整短期流动性造成巨大困难；二是随着银行间市场交易制度和股票发行制度的完善，以及 2008 年之后的流动性宽松，市场的有效性增强，CHHR 指数变小；三是 2010 ~ 2014 年上半年，中国人民银行严格管制信贷规模，银行间市场流动性风险加大，CHHR 指数又开始变大；四是 2014 年下半年以来，宏观经济发展进入新常态，一些区域信用风险开始暴露，我国出口疲软，中国人民银行开始采取适度宽松的货币政策，银行间市场流动性比较稳定，CHHR 指数变小并保持稳定。

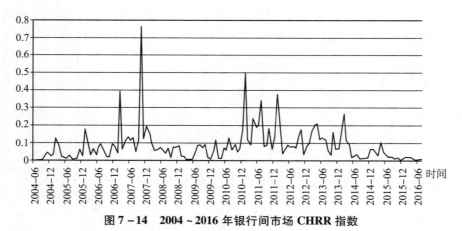

图 7 – 14 2004 ~ 2016 年银行间市场 CHRR 指数

资料来源：根据银行间市场数据收集计算得到，基础数据来源于货币网。

四、国际贸易和外部冲击核心指标值反映的脆弱性

（一）从中国贸易依存度指标值看，经济体系应对外部冲击的能力在增强

从中国贸易依存度指标值看，经济体系应对外部冲击的能力在增强，从

图 7-15 中的数据可以看出,虽然中国国际贸易进出口总额持续增长,但是相对于 GDP 的比率从 2006 年之后开始下降,贸易依存度在降低。

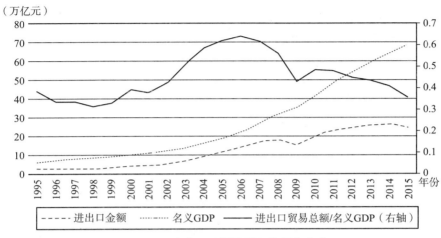

图 7-15 进出口总额及国际贸易依存度

资料来源:根据 Wind 数据计算得到。

(二) 从人民币汇率波动和相对水平变化看,外部冲击带来的脆弱性加大

从人民币汇率波动和相对水平变化看,外部冲击带来的脆弱性加大,从 2005 年汇率制度改革以来,汇率波动程度明显加大,尤其 2015 年 8 月再次汇改以来汇率波动更为加剧(见图 7-16),汇率风险带来的脆弱性冲击也必然增大。

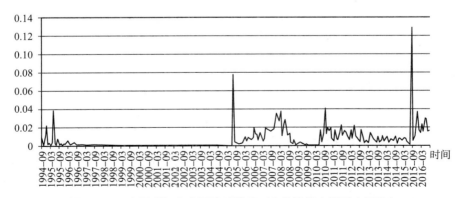

图 7-16 人民币汇率水平波动比率(1 美元兑人民币中间价)

资料来源:根据 Wind 数据计算得到。

（三）从外汇储备对外部冲击的支撑效应看，应对外部冲击的能力较强

从外汇储备对外部冲击的支撑效应看（见图 7 - 17），在 2009 年之前中国进出口贸易总额增长的同时，外汇储备保持了更快的增长，所以支撑效应在增强，应对外部冲击的能力在增强。2010 ~ 2014 年，外汇储备的增长速度放缓，支撑效应有所减弱，但还保持在一个较高的水平。2015 年之后，外汇储备和进出口贸易总额都出现了下降趋势，但是外汇储备下降的速度更快，所以外汇储备对外部冲击的支持效应减弱。

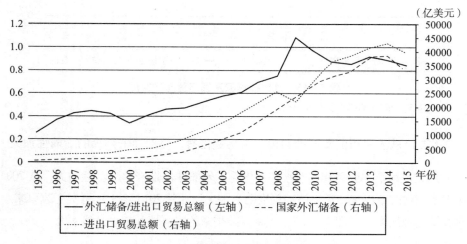

图 7 - 17　外汇储备与进出口总额的比率

资料来源：根据 Wind 数据计算得到。

五、宏观经济波动核心指标值反映的脆弱性

（一）用实际 GDP 增速与稳态增速的差这一指标评价经济过热的程度

按照本书指标体系构造的方法，采用 1980 ~ 2015 年 GDP 增速的均值减去这期间 GDP 增速波动的标准差的方法得到中国的稳态 GDP 增速，用实际 GDP 增速减 GDP 稳态增速的差可以判断宏观经济是否过热及其程度（见图

7 – 18），可以发现 1999 ~ 2008 年间，宏观经济积聚的脆弱性在加大，从 2008 ~ 2012 年，经济增速依然高于稳态值，但差距在缩小，经济增长过程中的泡沫在逐步缩减，2013 年之后，实际增速略低于稳态增速，所以增长中的泡沫几乎被消除。

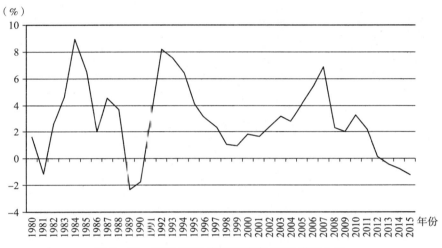

图 7 – 18 实际 GDP 增速与稳态 GDP 增速之差

资料来源：根据国家统计局网站数据计算得到。

（二）从物价指数波动指标看

在实际应用中常用的物价指数包括 PPI 和 CPI，相对来说，PPI 指标更为敏感，但两者反映的物价变动情况是一致的（见图 7 – 19），从图中可以看出，物价指数的波动趋势与实际 GDP 增速与稳态增速的差指标反映了基本一致的宏观经济特点。

（三）从消费品零售总额增速相对于 GDP 增速差指标看

从消费品零售总额增速相对于 GDP 增速差指标反映的 GDP 增长质量看（见图 7 – 20），内需推动增长的质量在提高。1997 ~ 2007 年间，消费品零售总额增长率与 GDP 增速的差为 – 1.75% ~ 4.15%，平均只有 1.09%；2008 年之后平均达到了 4.32% 左右。

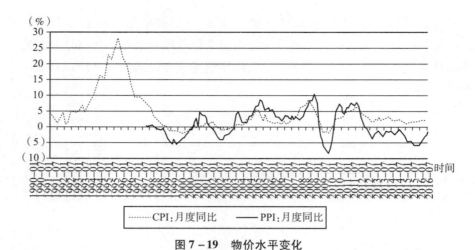

图 7 - 19   物价水平变化

资料来源：国家统计局网站。

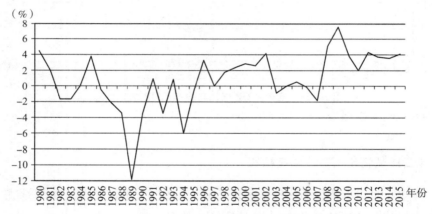

图 7 - 20   1995 年以来社会消费品零售总额增速与实际 GDP 增速之差

资料来源：根据国家统计局网站数据整理计算。

第三节   基于中国金融体系脆弱性指数的结果分析

一、综合指数计算结果分析

从第五章的五个维度的中国金融脆弱性度量指标体系构建，到第六章的金融脆弱性方法的选择、模型构建和一致性检验，再到本章第一节的数据处理和计算，最终得到了中国金融体系的综合脆弱性指数（见图7-21），具体脆弱性数值见表7-2。从中可以看出中国金融体系脆弱性的程度和变化情况：一是1981年、1990年和1998年三个时间点的脆弱性程度最小，综合指数值分别为0.2570、0.3027、0.3119；二是1986年、1992年、2007年、2011年这四个时间点的脆弱性程度最高，综合指数值分别为0.6240、0.5899、0.5569、0.6361；三是1981~1989年和1990~1998年间，金融体系脆弱性出现了两轮快速膨胀而后消减的过程，期间产生过大量的银行不良资产；四是从1999~2006年，中国金融体系的脆弱性处于缓慢上升阶段，2007年之后脆弱性积聚速度明显加快，并在2011年达到新一轮的高点，之后在最近几年的脆弱性有所消减。

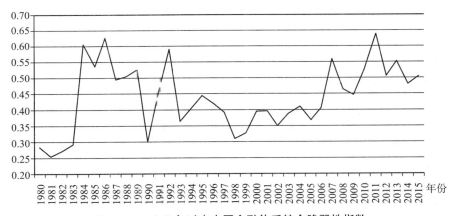

图7-21 1980年以来中国金融体系综合脆弱性指数

表7-2   五个维度脆弱性指数和综合脆弱性指数

年份	实体经济脆弱性指数	银行金融机构脆弱性指数	金融市场脆弱性指数	外部冲击脆弱性指数	宏观经济波动脆弱性指数	综合脆弱性指数
1980		0.3103			0.2548	0.2835
1981		0.3138			0.1962	0.2570
1982		0.0951			0.4599	0.2713
1983		0.0607			0.5447	0.2944
1984		0.5175			0.6923	0.6019
1985		0.5760			0.4954	0.5371

续表

年份	实体经济脆弱性指数	银行金融机构脆弱性指数	金融市场脆弱性指数	外部冲击脆弱性指数	宏观经济波动脆弱性指数	综合脆弱性指数
1986		0.8317			0.4016	0.6240
1987		0.4493			0.5510	0.4984
1988		0.4636			0.5511	0.5059
1989		0.5487			0.5000	0.5252
1990	0.1734	0.7269			0.2322	0.3027
1991	0.4947	0.5459			0.2917	0.4653
1992	0.9065	0.4546	0.2089		0.4924	0.5899
1993	0.3142	0.5817	0.1910		0.6183	0.3673
1994	0.4295	0.3907	0.1086		0.8891	0.4048
1995	0.5613	0.5871	0.0600	0.5279	0.6276	0.4457
1996	0.5636	0.5317	0.1254	0.4285	0.4135	0.4204
1997	0.4878	0.5860	0.1568	0.4094	0.3358	0.3936
1998	0.4316	0.4340	0.1381	0.3885	0.1162	0.3119
1999	0.4421	0.3392	0.2160	0.4031	0.1589	0.3285
2000	0.5077	0.2727	0.2773	0.4462	0.4028	0.3970
2001	0.5450	0.2910	0.2937	0.4298	0.2532	0.3977
2002	0.4857	0.4101	0.1692	0.4463	0.1965	0.3524
2003	0.4572	0.5797	0.1261	0.4925	0.4364	0.3904
2004	0.4510	0.4165	0.2096	0.5264	0.6069	0.4101
2005	0.4480	0.2649	0.1306	0.7429	0.5461	0.3687
2006	0.4469	0.2563	0.3443	0.6376	0.4814	0.4070
2007	0.4405	0.2211	0.9193	0.6901	0.5503	0.5569
2008	0.4828	0.3601	0.3883	0.5339	0.6281	0.4633
2009	0.6493	0.8092	0.1531	0.3244	0.0505	0.4483
2010	0.5914	0.5439	0.3873	0.5695	0.5609	0.5274
2011	0.5908	0.4356	0.8688	0.5032	0.6068	0.6361
2012	0.6445	0.3825	0.5270	0.3807	0.2351	0.5062
2013	0.6489	0.3745	0.6840	0.4754	0.2241	0.5498
2014	0.6679	0.3626	0.4073	0.4077	0.2156	0.4812
2015	0.7511	0.4089	0.3531	0.7539	0.0700	0.5056

二、五个维度分层指数对综合指数的支撑分析

通过综合脆弱性指数，可以从宏观层面监测分析中国金融体系的脆弱性

状况，但是还无法分析具体的脆弱性来源，还需要向下监测各个维度的脆弱性状况，才能更有针对性发现脆弱性的来源。

把五个维度脆弱性指数与综合指数放在一起对照（见图7-22）可以发现，脆弱性监测度量体系是一个复杂的系统工程，从单一综合脆弱性指数远不能满足脆弱性的监测度量，而本书构建的多维度、多层次监测度量框架，可以较好地监测度量和揭示中国金融体系的脆弱性状况。

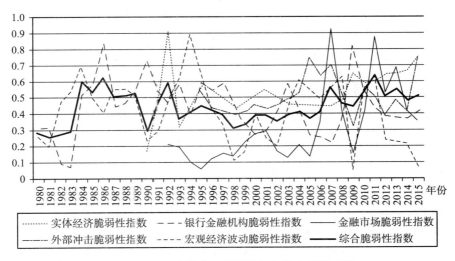

图7-22　五个维度脆弱性指数与综合指数对照

因为：一是从一个时间点的综合脆弱性指数看，可能脆弱性程度不高，但是在这一时间点某个维度的脆弱性问题严重，就可以通过维度脆弱性指数进行揭示；二是如果一个时间点的综合脆弱性指数较高，就可以向下穿透分析是哪个维度的脆弱性问题导致了综合指数升高；三是如果某个时点综合脆弱性指数较低，但是分层维度指数可能有高、有低、相互抵消，我们通过考察分层维度的脆弱性指数就可以揭示这一问题，例如，2015年综合金融脆弱性指数为0.5056，虽然较2013年有所下降，但是2015年的实体经济脆弱性指数、外部冲击脆弱性指数较2013年明显上升，宏观经济和金融市场脆弱性指数下降，存在相互抵消的影响，对实体经济和外部冲击带来的脆弱性增加不容忽视。

　　把五个维度脆弱性指数分别图示，就可以比较精确的监测度量中国金融
体系各个层次的脆弱性状况（见图7－23、图7－24、图7－25、图7－26、
图7－27），为采取针对性措施进行应对提供了定量化的依据。

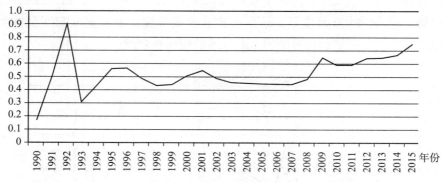

图7－23　1990年以来我国实体经济带来的金融脆弱性指数

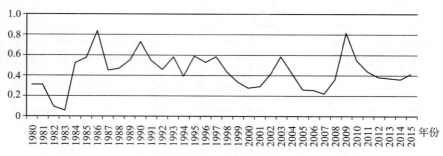

图7－24　1980年以来我国银行金融机构带来的金融脆弱性指数

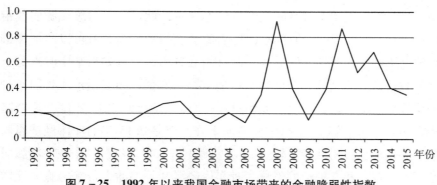

图7－25　1992年以来我国金融市场带来的金融脆弱性指数

图 7－26　1995 年以来外部冲击带来的我国金融脆弱性指数

图 7－27　1980 年以来我国宏观经济波动带来的金融脆弱性指数

第四节　中国金融体系脆弱性状态诊断及来源分析

一、基于综合脆弱性指数的中国金融体系脆弱性状态划分

基于本书计算的中国 1980～2015 年的金融体系综合脆弱性指数，可以设定指数均值 E 减 1 个标准差 σ 为低脆弱性阈值，再设定指数均值 E 加 1 个标准差 σ 为高脆弱性阈值，就可以区分出中国金融体系的三段脆弱性状态见表 7－3。

表 7 – 3　　　　　基于综合脆弱性指数的中国金融体系脆弱性状态划分

状态分类	综合脆弱性指数阈值	阈值设置规则
低脆弱性状态	≤0.35325	综合脆弱性指数 ≤ 均值 E – 标准差 σ
中度脆弱性状态	∈ (0.35325, 0.52600)	综合脆弱性指数 ∈ 均值 E ± 标准差 σ
高脆弱性状态	≥0.52600	综合脆弱性指数 ≥ 均值 E + 标准差 σ

二、中国金融体系脆弱性状态诊断

把中国 1980~2015 年的金融体系综合脆弱性指数，纳入三段脆弱性状态阈值中（见图 7 – 28），就可以诊断中国金融体系的脆弱性状态如下：

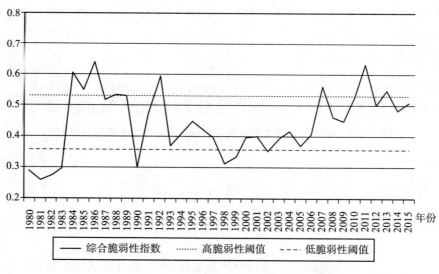

图 7 – 28　1980~2015 年间中国金融体系脆弱性状态诊断

一是中国金融体系处于高脆弱性状态的年度有 1984~1986 年、1992 年、2007 年、2010~2011 年、2013 年五个时期；二是处于低脆弱性状态的年度有 1980~1983 年、1990 年、1998~1999 年、2002 年四个时期；三是其他时期中国金融体系一直处于中度脆弱性状态；四是 1998 年之后，中国金融体系脆弱性持续恶化，尤其 2007~2015 年以来这 9 年间，中国金融体系三次达到高度脆弱性的程度，虽然 2014～2015 年脆弱性有所缓解，但还处于濒临高度脆弱性的边缘，这一结果值得中国监管和货币当局高度警惕。

三、中国金融体系脆弱性来源分析

根据中国的脆弱性状态诊断结果，我们可以从分层维度以及监测指标体系清晰分析导致目前脆弱性状态的深层次原因。为监管和货币当局设计和采取有针对性的措施提供科学依据。

首先，可以分别采用五个维度指数的均值和标准差，设定低脆弱性阈值为均值减 1 个标准差，高脆弱性阈值为均值加 1 个标准差，得到如表 7－4 所示各维度的状态阈值。其中，由于中国银行间市场从 2003 年起才得以规范建立，才有了比较可靠的交易数据，所以 1992～2002 年间金融市场脆弱性指数只包含了股票市场指标的数据，所以把 2003 年之后与 2002 年之前的金融市场维度脆弱性指数分段设置状态判断阈值更为科学有效。

表 7－4 基于各维度脆弱性指数的状态划分阈值

状态分类	实体经济脆弱性指数阈值	银行金融机构脆弱性指数阈值	金融市场脆弱性指数阈值	外部冲击脆弱性指数阈值	宏观经济波动脆弱性指数阈值
低脆弱性状态	≤0.41891	≤0.30704	1992～2002 年间≤0.12175 2003～2015 年间≤0.22187	≤0.40773	≤0.24789
中度脆弱性状态	∈（0.41891，0.62827）	∈（0.30704，0.56709）	1992～2002 年间∈（0.12175，0.23189） 2003～2015 年间∈（0.22187，0.62407）	∈（0.40773，0.59398）	∈（0.24789，0.57917）
高脆弱性状态	≥0.62827	≥0.56709	1992～2002 年间≥0.23189 2003～2015 年间≥0.62407	≥0.59398	≥0.57917

然后，把各个维度脆弱性阈值与各个维度脆弱性指数进行比较，我们就可以分析得到近年来金融体系脆弱性的主要来源为：

一是实体经济债务膨胀带来的脆弱性指数已经超过高脆弱性状态阈值（见图 7－29），反映出了实体经济带来的金融体系脆弱性问题已经非常突出。

其中最主要的原因是非金融企业的负债率持续上升，以及政府隐形担保下的地方政府债务严重。

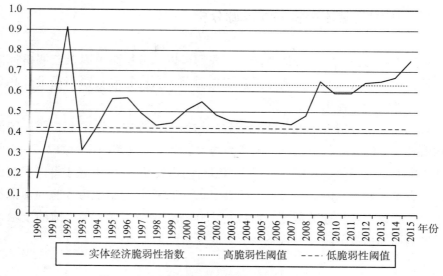

图7－29　实体经济带来的金融脆弱性状态分析

　　二是银行金融机构带来的脆弱性指数处于中度减缓的状态（见图7－30），第一方面原因是得益于国家对商业银行不良资产的剥离；第二方面原因是商业银行现代企业制度的改革，商业银行风险管理能力和运作效率提升，使得信用风险违约率降低；第三方面原因主要得益于近年来管理利率保持了银行金融机构的高利差，使得商业银行维持较高的利润积累消化不良资产和积累资本提升了资本充足水平（这方面的证据见第八章统计分析）。

　　三是金融市场带来的脆弱性指数处于中度脆弱性状态（见图7－31），2014年以来得以降低，这主要因为银行间市场的流动性适度宽松，交易比较平稳，另外股票指数在2015年大幅下降后处于比较低的水平波动。

　　四是外部冲击带来的脆弱性指数在2015年达到高度脆弱性状态（见图7－32），这主要因为一方面2014年以来中国的外汇储备下降速度高于贸易进出口下降速度，外汇储备的对冲支撑效应减弱；另一方面2015年再次汇改以来汇率风险波动加剧，带来的脆弱性风险明显加大。

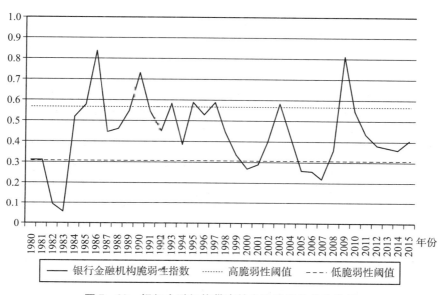

图 7 - 30 银行金融机构带来的金融脆弱性状态分析

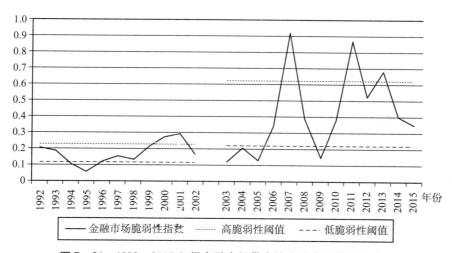

图 7 - 31 1992 ～ 2015 年间金融市场带来的金融脆弱性状态分析

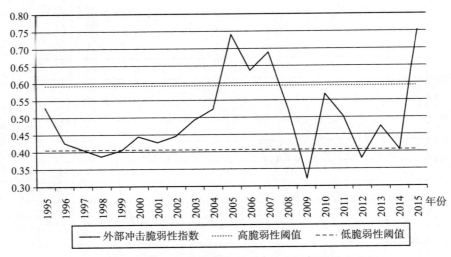

图 7 – 32　1995 ~ 2015 年间外部冲击带来脆弱性状态分析

　　五是宏观经济波动带来的脆弱性指数反映在 2014 年以来处于低脆弱性状态（见图 7 – 33），这方面带来的脆弱性已经比较小，主要因为 GDP 增速已经变得相对平缓，物价水平上升也比较温和，GDP 增长质量也在提升。

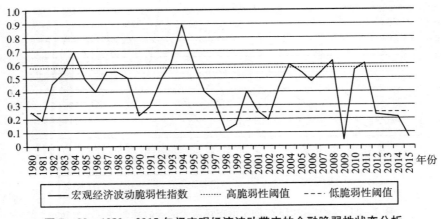

图 7 – 33　1980 ~ 2015 年间宏观经济波动带来的金融脆弱性状态分析

本 章 小 结

本章首先在第五章的金融体系脆弱性度量的核心指标体系基础上，对指标进行无量纲化和权重拆分处理。然后基于第五章的金融体系脆弱性度量的核心指标体系，对中国的金融脆弱性状况进行了分析，分别从实体经济债务膨胀、银行金融机构风险、金融市场风险、国际贸易与外部冲击、宏观经济波动五个维度的核心指标值，分析了中国的金融体系脆弱性状况。最后采用第六章的度量指标体系和指标权重，经过对指标数值无量纲化处理后计算得出分层五个维度的金融脆弱性指数和总目标的综合脆弱性指数。

根据综合指数的计算结果，可以看出中国金融体系脆弱性的程度和变化情况：一是 1981 年、1990 年和 1998 年三个时间点的脆弱性程度最小，综合指数值分别为 0.2570、0.3027、0.3119；二是 1986 年、1992 年、2007 年、2011 年四个时间点的脆弱性程度最高，综合指数值分别为 0.6240、0.5899、0.5569、0.6361；三是从 198□~1989 年和 1990~1998 年，金融体系脆弱性出现了两轮快速膨胀而后消减的过程，期间产生过大量的银行不良资产；四是从 1999~2006 年，中国金融体系的脆弱性处于缓慢上升阶段，2007 年之后脆弱性积聚速度明显加快，并在 2011 年达到新一轮的高点，之后在最近几年的脆弱性有所消减。

通过综合脆弱性指数，可以从宏观层面监测分析中国金融体系的脆弱性状况，但是还无法分析具体的脆弱性来源，还需要向下监测各个维度的脆弱性状况，才能更有针对性发现脆弱性的来源。通过设置脆弱性指数的状态阈值区间，综合指数和五个维度脆弱性指数分别图示，就可以比较精确的诊断中国金融体系的脆弱性程度，分析金融体系各个层次的脆弱性来源状况，为分析提出中国的应对政策措施提供了数量化的依据。

第八章　基于金融体系脆弱性的金融稳定政策

在第七章对中国金融体系脆弱性诊断分析的基础上，本章首先需要构建一个以金融稳定为目的的整体框架，从金融体系脆弱性的来源和传导机制入手，深入了解中国金融体系的脆弱性状况以及脆弱性来源，并针对金融体系脆弱性的不同程度，提出相应的金融稳定政策。

第一节　金融稳定目标实现的整体框架

金融体系脆弱性监测和度量的核心目的，是为了在经济金融发展过程中，适时关注金融体系脆弱性变化，利于金融管理部门甄别金融脆弱性的程度从而采取针对性的金融稳定政策和措施以消减金融体系的脆弱性。基于前面的分析，我们需要构建一个以金融稳定为目的的整体框架，首先从金融体系脆弱性的来源和传导机制入手，通过金融监测评估体系，诊断区分脆弱性的不同程度，并能够针对不同来源的脆弱性积聚乃至出现危机时，能够快速反应并采取有效的应对政策实现银行体系功能的快速恢复，从而实现金融稳定目标。

一、金融稳定框架的五个层面

金融稳定框架应该包含以下几方面的系统整合和协调联动：一是对金融脆弱性监测评估和状态诊断；二是对脆弱性来源和传导机制分析；三是消减脆弱性实现金融稳定的政策体系；四是从危机中恢复的应急对策体系；五是明确责任归属并建立相关的协调机制。

这五个层面就构成了应对金融体系脆弱性的金融稳定框架（见图 8 - 1），这一框架目标的实现也就形成了促进金融稳定的总体战略。

金融稳定框架的构建以及各组成部分的设计安排有利于金融稳定目标的实现。首先，通过金融脆弱性评估体系可以实现对来自实体经济、银行金融机构、金融市场、国际贸易和外部冲击或者宏观经济的金融脆弱性的监测和评估，一旦金融体系的稳定状态发生变化，金融管理部门就可以通过脆弱性来源分析明确责任归属，并采取有效的协调联动机制以促进金融稳定战略目标的实现。

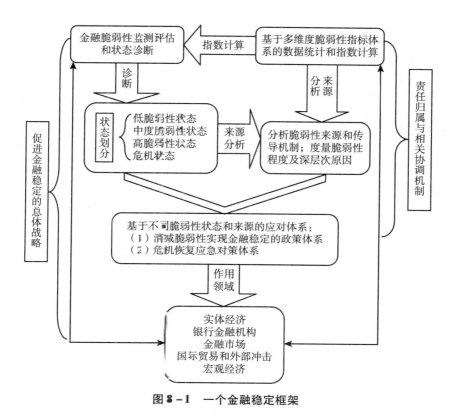

图 8-1　一个金融稳定框架

二、对金融稳定框架的进一步说明

（一）金融体系脆弱性监测和状态诊断评估

要实现金融稳定的战略目标，首先要保证金融脆弱性监测评估体系能实现对实体经济、银行金融机构、金融市场、国际贸易和外部冲击或者宏观经济波动的密切监测。美国在金融危机后构建的金融稳定监督委员会就承担了脆弱性监测这一重要职能，这对于金融监管有目的地开展积极有效的协调配合以维护金融稳定是非常重要的。

通过前面构建的指标体系，可以从实体经济部门、银行金融机构、金融市场（包括资本市场和货币市场）、进出口贸易和外部冲击以及宏观经济波动五个方面实现对金融体系脆弱性的监测和评估。通过本书构造的度量框架实时监测计算综合脆弱性指数和分层维度脆弱性指数，并根据设定的不同脆弱性状态对应的脆弱性指数阈值区间，诊断评估金融体系的脆弱性状态为：低脆弱性状态、中度脆弱性状态、高脆弱性状态甚至危机状态。

金融监管和货币当局可以据此对当前金融体系脆弱性状态做出基本的判断，进而推动对各个维度脆弱性状态和脆弱程度的分析。一方面能够根据各个维度的脆弱性不同程度，采取有针对性的政策措施，消减脆弱性；另一方面可以根据脆弱性状态的演变，评价判断已经采取政策措施对消减脆弱性的作用效果。

例如，根据前文中国的综合脆弱性指数诊断结果，一方面反映了中国金融体系目前正处于濒临高度脆弱性的边缘，以警示中国金融监管和货币当局必须深入分析脆弱性来源，并继续采取有针对性的应对政策以消减脆弱性；另一方面反映了中国货币当局 2011 年以来所采取的信贷规模管控政策，对消减综合脆弱性取得一定效果，使综合脆弱性从高度脆弱性状态消减到中度但还濒临高度边缘的脆弱性状态。

（二）金融脆弱性来源和传导机制分析

根据脆弱性状态诊断的结果，还需要分析导致脆弱性状态的深层次来源，以及分析各种来源的内在联系和传导机制。随着金融自由化和金融全球化的发展，金融脆弱性的来源可能是来自实体经济，也可能来自银行体系或者金融市场；脆弱性可能是内生的，也可能是外生的。因此对脆弱性来源和传导机制的判断和掌握尤为重要。

金融管理部门只有从金融不稳定的根源入手，深入了解金融脆弱性的内在生成机制，才能更全面了解金融体系的现实状况，才有可能从根本上制订有效的治理方案，从而实现金融稳定目标。

例如，目前中国金融体系处于中度但濒临高度脆弱性边缘状态的诊断结果，其主要根源在于实体经济债务膨胀的庞氏融资风险和银行金融机构的风险积聚，以及外部冲击带来的脆弱性，其中实体经济债务膨胀中地方政府平台融资风险问题带来的金融脆弱性问题尤为突出，以及现有融资结构环境下实体经济信用风险向银行部门集中的问题突出。

（三）消减脆弱性实现金融稳定的政策体系

在金融体系被诊断为中度和高度脆弱性状态时，就需要充分结合脆弱性来源和传导机制的分析结论，制定并实施消减脆弱性的应对政策，以实现金融稳定。消减金融体系脆弱性的政策措施和工具，需要结合金融脆弱性来源分析的结果以及其相应的内在传导机制。通常情况下，消减脆弱性的政策工具主要包括央行的常规货币政策工具和监管部门的常规监管工具和措施。

实际上消减脆弱性的政策措施，更需要从引起脆弱性的深层次矛盾入手，采取具有深远影响的监管制度创新、市场机制改革完善以及基于市场力量和手段的调控政策措施。2008年全球金融危机之后，理论和实务界普遍达成的共识是从微观审慎监管向宏微观审慎监管的有机结合转变。

（四）危机恢复应急对策体系

虽然金融脆弱性研究的目标是预防危机的发生，在脆弱性积累爆发为危机之前消减脆弱性，这些工作最终只能降低危机爆发的概率以及减轻危机爆发的损害，但是不可能避免危机的爆发，所以还需要建立危机爆发后的快速恢复应急对策体系，才能使金融体系快速恢复功能，达到减低危机损害的目的。根据全球金融危机中美国的应对措施表明，从危机中恢复的应急对策体系，主要应发挥央行的作用，采取一系列创新的非常规货币政策工具。当金融体系出现不稳定因素时，央行的货币政策调控和一般常规性的工具就基本能够消除金融体系的脆弱性因素，一旦金融体系面临金融危机，政策当局就需要启动紧急预案，采用非常规手段进行强制干预，如通过注资，或采用非常规的货币政策工具等。

（五）明确金融稳定目标的责任归属并建立相关协调机制

自2008年全球金融危机爆发以来，理论与实务界普遍认为货币政策当局除了需要通过调节货币供应量来对宏观经济加以调控外，更要重视一国的金融稳定性。央行在整个金融稳定战略目标的实现中起着主导作用，应充分发挥中央银行在维护金融体系稳定中的信息优势，实现金融监管和货币政策的信息共享。

金融危机的爆发反映出美国现有的监管体系的缺陷，机构设置存在重叠，又存在监管真空，缺乏对金融机构特别是系统重要性银行以及影子银行体系的监管，没有应对金融危机的有效协调机制，不利于金融系统风险的防范和金融体系的稳定。

危机之后美国出台的一系列金融监管措施以及在危机爆发后一系列的救市举措和非常规货币政策的运用和实践效果，又反映出其在迅速恢复银行金融体系功能，促进经济迅速从衰退中恢复发挥了至关重要的作用。

关于货币政策目标和金融稳定目标的一致性问题。从短期来看，央行的货币政策调控是逆经济风向而动的，其调控操作往往体现为对金融市场短期信息分析，属于政策性的微调。但从长期来看，央行的货币稳定目标和金融稳定目标是一致的。因此，赋予中央银行承担起维护整个金融体系金融稳定目标的职权具有重大意义，有利于从宏观层面加强对整个金融体系脆弱性的监测和识别。另外，金融监管部门仅限于该领域的局部监管，不能承担统领宏观经济全局金融稳定目标的职能。

在金融全球化和世界经济一体化的背景下，国际金融监管的协调与配合变得越来越重要，因此在未来的以金融稳定为目标的宏观审慎监管机制下，央行出于对整个宏观经济形势了解和掌握，从而在国际协调方面具有先天的优势。因此，政策当局在维持金融稳定的战略目标下需要明确不同政策制定部门的责任归属和相互协调机制。

三、货币政策与金融监管目标的冲突与协调

全球金融危机爆发以来，理论与实务界普遍认为货币政策当局除了需要通过调节货币供应量来对宏观经济加以调控外，更要重视一国的金融稳定性。在货币政策和金融监管对金融稳定性目标之间的关系上，传统观点认为两者之间具有一致性。因为，货币政策当局的调控目标之一是价格稳定，在价格稳定性目标下，央行需要通过货币政策实现利率水平的稳定，利率稳定的同时会降低金融体系的脆弱性风险，从而实现金融稳定。

21世纪下半叶以来频频出现的金融危机使得传统观点受到了极大的挑战，学者们转而认为货币政策与金融监管之间的目标并不一致，甚至存在冲突。20世纪70年代后爆发金融危机的国家大多通货膨胀率较低，这表明货币政策的物价稳定目标是有效的，然而金融危机爆发本身就表明该国的金融稳定性不高，这充分说明金融稳定性与货币政策之间存在不一致性。

2008年全球金融危机爆发后，学者们的研究领域开始从微观审慎监管向

宏观审慎监管转变，相对于微观审慎监管而言，宏观审慎监管更多地关注整个金融体系的稳定性。历史经验已经告诉我们，货币政策的宏观经济目标并不能有效保证整个金融体系稳定性，但这并不表明货币政策不能在金融稳定性目标中起到积极作用，美联储在 2008 年金融危机后采用的一系列非常规货币政策对美国经济金融的稳定性起到了至关重要的作用。因此，我们需要更多地研究货币政策与宏观审慎监管之间的关系，这对于指导我们未来的金融监管有着重大的意义。

宏观审慎监管作为一种更侧重整体金融系统稳定性的监管理念相对于微观审慎监管而言更为宏观，微观审慎监管更多地关注金融机构个体的稳健性。目前，摆在政策当局面前的一个重要问题是如何协调货币政策与宏观审慎监管之间的关系，因为两者关注的对象都是宏观经济，都会影响到宏观经济的发展。货币政策工具和宏观审慎监管工具对总供给、总需求以及其他宏观经济变量都是有影响的。货币政策工具的实施会对各种资产价格以及货币市场、资本市场产生影响，而宏观审慎监管也会对宏观经济产生影响，譬如信贷政策会影响到货币的供给量，对经济周期波动产生影响。因此，需要深入分析两者对宏观经济变量影响的传导路径，避免政策之间的冲突。

（一）货币政策促进审慎监管目标的实现

2008 年全球金融危机爆发前，理论界的看法是央行货币政策很少关注金融稳定，其主要目标是维持价格水平的稳定（例如，Bernanke & Gertler，2001；Goodfriend，2002；Giavazzi & Mishkin，2006），但也有部分经济学家认为，紧缩的货币政策对降低金融脆弱性是有帮助的（例如，Kent & Lowe，1997；Borio & White，2004；Filardo，2004）。

2008 年全球金融危机后，学术界在货币政策能否抑制金融脆弱性这一问题上出现了争论。赞成这一观点的学者们认为货币政策可以通过某些传导机制降低金融风险，维持金融体系稳健运行（如 Trich et al，2009）。安杰洛尼和菲亚（Angeloni & Faia，2009）对银行业的经营风险进行研究后发现，货币政策在取得物价稳定和经济增长目标的同时，还能对平抑资产价格泡沫和杠杆作用起到显著的作用。博里奥和拉赫曼（Borio & Drehmann，2009）研究发现，货币政策有利于降低金融不平衡，同时他认为若仅依靠宏观审慎政策来降低某些时期的金融不稳定，会加大宏观审慎监管的政策负担。

目前，得到大量认可的看法是，货币政策可以通过多种传导渠道降低系统性金融风险，从而有利于审慎监管目标的实现。首先，货币政策工具能直接影响各种资产的价格，因为正常情况下，利率与资产价格之间呈反向变动关系。一般情况下货币政策当局降低利率不会造成资产价格的持续上升，只有在政策执行时间过长、幅度过大情况下才有可能导致资产价格的循环上升。其次，借鉴博里奥和朱（Borio & Zhu，2008）的观点，在货币政策众多传导渠道中，有一种风险承担渠道（Risk-taking Channel of Monetary Policy Transmission），货币政策会通过这一渠道影响到金融机构的行为，一般的影响是，随着货币政策当局不断下调政策利率，金融机构会主动承担大量的风险。

（二）宏观审慎监管促进货币政策目标的实现

显而易见，在某些政策目标上，譬如降低系统性风险、打破金融发展不平衡等方面，宏观审慎监管政策和货币政策之间是相互影响的。从宏观层面来看，宏观审慎监管有利于金融稳定目标的实现，而货币政策的实施在金融稳定条件下可以达到更好的效果。卡纳安等（Kannan et al.，2009）通过建立 DSGE 模型进行研究后发现，平缓信贷周期的宏观审慎监管政策能够帮助货币政策达到稳定经济的效果，同时研究表明，在经济过热的背景下，激进的货币政策冲击能够平缓信贷增加和资产价格泡沫的金融加速器机制，泰勒规则能有效对抗由于技术冲击导致的产出波动和物价波动。卡特等（Catte et al，2010）认为，假如宏观审慎当局在 2003~2006 年间能够有效地运用抵押贷款利差来调控房地产价格的话，对国民经济其他部门也会起到正面的影响。

（三）宏观审慎监管与货币政策措施的协调

主流经济学观点认为，货币政策工具和宏观审慎监管工具之间是互相配合的，尤其是在热钱涌入的背景下，会大大增加金融脆弱性，这时就需要宏观审慎监管工具来保证金融体系的稳定。首先，货币政策的利率工具影响范围较广，对经济系统的所有借款行为都会有影响（Ostry et al，2010），而宏观审慎监管工具则可以面向某一特定的市场进行调控，维护金融稳定（BIS，2010；Ingves et al，2009）。其次，资本账户开放后，政策利率对信贷规模扩张的调控力度有限，因为企业的融资成本较低；正常情况下货币政策的资产价格传导渠道是通畅的，但是特殊时期，由于风险溢价的影响，货币政策对信贷规模和资产价格的影响力度可能会被抵消（Kohn，2009；Bank of England，2009），此时就需要宏观审慎监管工具才能发挥作用。最后，若货币政策利率的目标是为了维护金融稳定，此时可能与货币政策的宏观经济稳定目标不一致，此时货币政策的锚定目标可能会被偏离（Borio & Lowe 2002；Mishkin，2007）。譬如在通货膨胀目标制之下，如果预期通胀率与政策目标一致，资产价格波动带来的金融不稳定就会有损货币政策的可信度。比恩等（Bean et al，2010）在格特勒和卡拉迪（Gertler & Karadi，2009）模型的基础上，将宏观审慎监管工具纳入 DSGE 模型，通过假定宏观审慎工具一次性地对银行进行征收或者补贴费用，进而研究银行资本数量的变动情况，得到的结论是：银行在决定是否愿意承担风险和增加贷款时，考虑更多的因素是资本和杠杆率的变动情况，因此宏观审慎监管工具比货币政策逆周期调控可能更有效，因此他们建议宏观审慎监管工具应和货币政策工具相互配合。

由于宏观审慎监管工具和货币政策工具在对宏观经济影响的路径上不尽相同，在某种程度上可能还会出现冲突，因此经济学家在关于这两者的协调问题上进行了大量的研究。切凯蒂（Cecchetti，2009）通过构建一个包含银行业部门的静态模型进行研究后发现，货币政策和宏观审慎政策之间具有相互替代性，如果在稳定经济时更多的是选择货币政策，那么用到宏观审慎政策工具的概率就较小，反之亦然。

第二节　基于消减脆弱性目标的金融稳定政策

本节基于中国目前的金融脆弱性状况，以保持中国金融体系安全和稳定为目标，试图提出消减脆弱性的金融稳定政策优化改进建议。

一、中国金融体系目前的脆弱性状况剖析

根据前文分析，中国目前的综合脆弱性指数处于中度濒临高度脆弱的边

缘，金融脆弱性问题已经比较突出。脆弱性主要来源于实体经济中的庞氏债务风险问题严重，其中具有政府隐性担保性质的地方政府债务风险问题尤其突出。实体经济以及地方政府的庞氏债务风险又主要集中于银行金融机构，银行金融体系具有潜在的不稳定性和金融脆弱性。而且中国迫于各种内外部环境、资源压力，又面临着经济结构转型升级、环境治理和可持续发展、利率进一步市场化、外汇资本项目开放等一系列发展改革问题，都会对整个金融体系的稳定性带来挑战。

（一）中国目前股票融资发展缓慢，企业资本融资占比过低导致企业的高负债率

首先，分析占中国经济主体的规模以上非金融国有企业，2004～2015年平均资产负债率保持在65%左右（见图8-2），由此推算"负债与净资产比率"为1.85，说明企业的平价负债额超过了平均净资产的85%，处于较高的水平。企业平均净资产收益率在5.3%左右，低于同期贷款利率水平，处于较低的水平（见图8-3）；可以推算出平均总资产收益率在1.8%左右，低于同期存款利率水平，处于较低的水平（见图8-4）。表明投资回报水平的净资产收益率相对于贷款利率没有优势，不利于吸引资本投入；反映经营回报水平的总资产收益率相对于存款利率没有优势，不利于企业把融到的资金继续用于生产经营活动，而是更倾向于把资金投入回报水平虚高的房地产以及虚拟经济中，从而推动金融体系脆弱性加大。

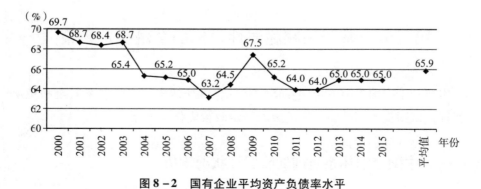

图 8-2　国有企业平均资产负债率水平

资料来源：Wind 资讯。

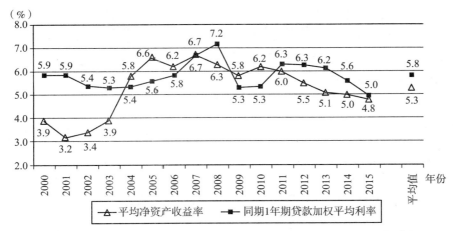

图 8-3 国有企业平均净资产收益率与同期 1 年期贷加权平均利率对比

资料来源：根据 Wind 资讯和中国人民银行网站数据计算整理。

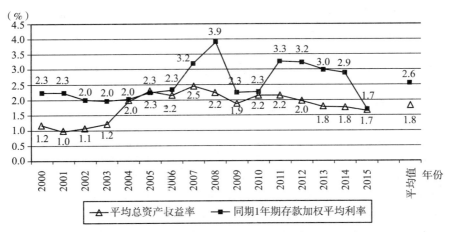

图 8-4 国有企业平均总资产收益率与同期 1 年期存款加权平均利率对比

资料来源：根据 Wind 资讯和中国人民银行网站数据计算整理。

其次，分析具有上市融资通道并且财务指标相对优质的中国上市公司，可以发现债务膨胀趋势明显。全部非金融企业上市公司资产总额从 2002 年的 3.68 万亿元上升到了 2015 年的 39.47 万亿元，同时以企业总资产占比为权重计算的加权平均资产负债率从 2002 年的 48.28% 上升到了 2015 年的 60.11%，由此测算"负债与净资产比率"由 2002 年的 0.93 上升到了 2015

年的 1.51，这一指标上升了 61%。从多项式模拟的变动趋势分析看（R² 等
于 0.8589，拟合效果较好），全部非金融上市公司加权平均资产负债率在
1999 年前后得以下降，从 2000 年以后持续上升，年均上升速度达到 1.82%
（见图 8 - 5 和图 8 - 6）。

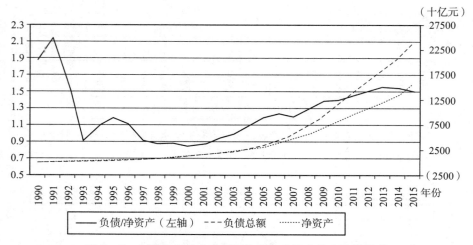

图 8 - 5　中国非金融上市公司负债与净资产比率变化趋势

资料来源：根据 Wind 数据计算得到。

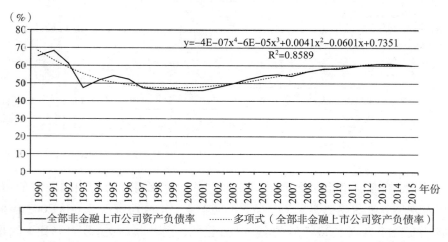

图 8 - 6　1990 ~ 2015 年中国非金融上市公司平均资产负债率变化趋势

资料来源：根据 Wind 资讯数据计算整理。

　　如果从上市公司的行业角度看，主要行业的平均资产负债率保持在较高水平，并且普遍保持着上升态势。把非金融上市公司按照证监会行业分类标准统计，行业资产总额占比排前五名的行业：制造业、采掘业、建筑业、房地产业、电力、煤气及水的生产和供应业，2012 年行业平均资产负债率分别较 2002 年上升了 7.25 个、6.74 个、12.53 个、18.22 个、27.35 个百分点（见表 8 - 1），对应的"负债与净资产比率"在 10 年间分别提高了 33.76%、31.33%、94.81%、125.53%、212.84%（见表 8 - 2），其中建筑业、房地产业、电力、煤气及水的生产和供应业的行业平均资产负债率水平都达到了70% 以上（见表 8 - 1）。

表 8 - 1　　非金融上市公司按行业划分加权平均资产负债率和总资产占比　　单位：%

行业分类（中国证监会标注）	2002 年全行业平均资产负债率	2012 年全行业平均资产负债率	资产负债率增减变化	2002 年资产总额占比	2012 年资产总额占比
农、林、牧、渔业	43.55	47.40	3.85	0.89	0.50
采掘业	41.82	48.56	6.74	24.21	19.11
制造业	48.09	55.34	7.25	35.81	34.90
电力、煤气及水的生产和供应业	42.20	69.55	27.35	7.16	7.41
建筑业	68.05	80.58	12.53	2.71	12.09
交通运输、仓储业	56.35	56.79	0.44	7.99	6.31
信息技术业	54.60	54.11	-0.49	6.80	4.01
批发和零售贸易	55.86	65.07	9.21	3.86	3.57
房地产业	55.74	73.96	18.22	5.55	8.61
社会服务业	43.65	55.94	12.29	1.40	1.42
传播与文化产业	45.00	37.89	-7.11	0.84	0.52
综合类（其他）	49.27	60.94	11.67	2.79	1.55
全部非金融上市公司加权平均	48.42	60.11	11.69	100.00	100.00

资料来源：Wind 资讯。

表 8 - 2　　非金融上市公司按行业划分平均负债与净资产比例及变化趋势

行业分类（中国证监会标注）	2002 年全行业平均负债与净资产比例	2012 年全行业平均负债与净资产比例	在 10 年间累计增长幅度（%）	年均几何增长率（%）
农、林、牧、渔业	0.77	0.90	16.81	1.57
采掘业	0.72	0.94	31.33	2.76

续表

行业分类（中国证监会标注）	2002 年全行业平均负债与净资产比例	2012 年全行业平均负债与净资产比例	在 10 年间累计增长幅度（%）	年均几何增长率（%）
制造业	0.93	1.24	33.76	2.95
电力、煤气及水的生产和供应业	0.73	2.28	212.84	12.08
建筑业	2.13	4.15	94.81	6.90
交通运输、仓储业	1.29	1.31	1.81	0.18
信息技术业	1.20	1.18	-1.96	-0.20
批发和零售贸易	1.27	1.86	47.20	3.94
房地产业	1.26	2.84	125.53	8.47
社会服务业	0.77	1.27	63.90	5.07
传播与文化产业	0.82	0.61	-25.44	-2.89
综合类（其他）	0.97	1.56	60.64	4.85
全部非金融上市公司加权平均	0.94	1.51	60.49	4.84

资料来源：根据表 8 - 1 数据推算。

（二）企业的债务膨胀导致信贷及债务资金资本化倾向明显

对于企业来说，当资本占比较高及企业资产负债率较低时，总资产风险波动主要由资本来承担，债务融资承担的风险较低；相反如果资本占比较低、企业资产负债率较高时，债务融资承担的风险就较高，一定程度上债务融资承担了应由资本承担的风险发挥了资本的作用，可以称之为信贷或债务资金资本化倾向。

一是信贷资产在企业内部较多被用于固定资产投资，一定程度上承担了企业长期债券和企业资本的功能。从 2002 年 1 月至 2016 年 7 月共 175 个月度观测数据显示，固定资产投资增速与金融机构贷款增速正相关，相关系数为 0.4618。从金融机构各项贷款余额增速与固定资产投资增速基本一致的波动特征（见图 8 - 7）可以判断：金融机构信贷资金承担了资本的作用，对固定资产投资具有重要的支撑。

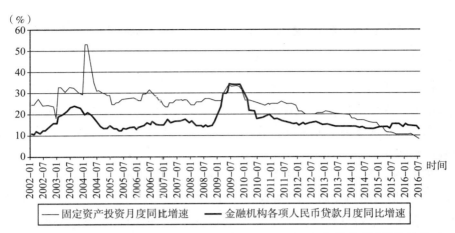

图 8 - 7　2002 年 ~ 2016 年 7 月固定资产投资增速与金融机构贷款增速的线性关系

资料来源：根据 Wind 资讯数据计算整理。

　　二是信贷资产中的中长贷款占比较高，也反映了信贷资产资本化倾向。自 1999 年以来，贷款中的中长期贷款占比逐年上升，从 1999 年的月均占比 31.8%，上升到 2009 年的月均占比 62%（见图 8 - 8），这也与信贷资产资本化占用密切相关。

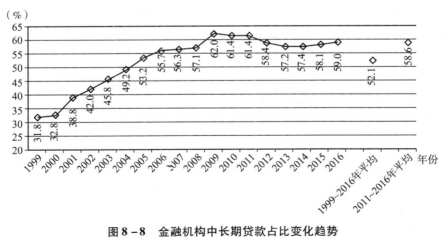

图 8 - 8　金融机构中长期贷款占比变化趋势

资料来源：根据中国人民银行统计数据整理，http：//www.pbc.gov.cn/diaochatongji。

（三）融资结构失衡，企业融资主要依赖银行金融机构，脆弱性风险向银行金融机构传递

目前中国金融市场中，能补充企业资本的股票融资发展缓慢，资本融资占比过低；银行贷款和企业债券等债务融资比重过高，企业融资主要依赖信贷资金或发行债券等债务融资工具，实质是主要依赖于银行金融机构的现状没有根本改变。

图 8 - 9、图 8 - 10 分别反映了 1994 ~ 2004 年、2002 ~ 2015 年两个时间阶段[1]的中国金融市场融资结构数据对比。1994 ~ 2004 年间，企业债券融资余额非常低，不到贷款余额的 1%，而且也没有其他创新型融资工具，所以图 8 - 9 中的数据指标是从贷款余额、国债金融债余额、股票累积筹资额的比例关系进行对比，可以看出 1994 ~ 1999 年间社会融资中贷款余额占比逐年下降，国债金融债余额和股票累积筹资额占比逐年上升，2000 年以后三者之间的比率关系保持稳定，信贷资金一直保持很高的比重，企业股票累积筹资额占比维持在 5% 左右。

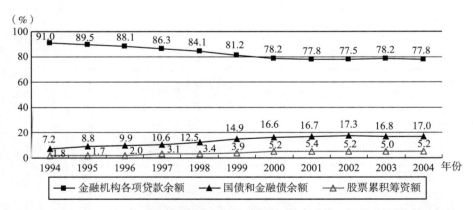

图 8 - 9 1994 ~ 2004 年金融机构贷款余额、国债金融债余额、股票累积筹资额占比

资料来源：中国人民银行统计数据和《中国统计年鉴》有关数据整理所得。

---

① 划分 1994 ~ 2004 年、2002 ~ 2015 年这两个时间阶段，是因为 2003 年以后中国商业银行进行股份制改革，金融监管积极推动金融融资工具创新，区别对比有利于分析中国金融市场融资结构的特点和变迁。两个时间段中第一个是向后跨过 2003 年度，第二个是向前涵盖 2003 年度数据。

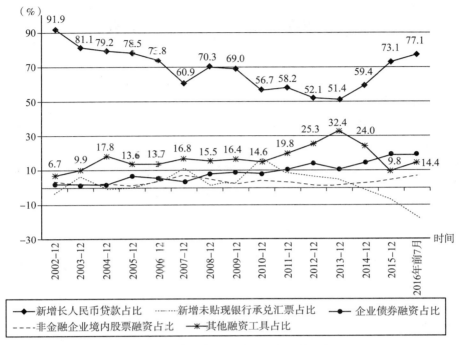

图 8 - 10 2002 ~ 2015 年社会融资新增总量中各种融资工具占比结构

资料来源：中国人民银行统计数据、《中国统计年鉴》以及 Wind 资讯有关数据整理所得。

2002 ~ 2012 年间，企业债券融资以及创新型融资工具例如信托融资、结构化理财融资等发展较快，所以图 8 - 10 中的数据指标是从融资增量角度反映社会融资总量中新增人民币贷款、企业债券融资、非金融企业股票融资和其他创新型融资工具融资的占比情况。可以看出，一是 2002 年以来新增贷款融资占比逐年下降，在 10 年间大约下降了 40 个百分点，但是信贷资金仍然保持着较高的比重，融资占比还处于 50% 以上；二是股票融资比例长期保持在低位徘徊，除 2007 年达到 7.3% 以外，其他年份的股票融资占比都不足 5%；三是企业债券融资占比逐年上升，占比从 2002 年的 2% 上升到 2012 年的 14%；四是其他融资工具（如信托融资、结构化理财融资等）占比逐年较快增长，占比在 2013 年接近社会融资总量的 1/3。

企业债券和其他融资工具的融资占比虽然逐年上升，但仍然属于债务融资，不能有效补充企业资本，而且有相当部分融资仍然依赖于银行金融机构，融资风险没有与银行金融机构完全脱离，风险还集中于银行金融机构。因为：一是有相当部分债券融资的发行承销经办银行或者投资持有银行，或明或暗存在着某种连带担保责任，往往属于银行金融机构优质大客户表内信贷资产为规避资本充足性、单户集中度、行业投放限制、信贷规模控制等政策监管而实施的向表外化资产转移，某种意义上仍然类同于信贷，风险集中于银行金融机构；二是其他创新型融资工具中，有较高比重的资金仍然来源于银行金融机构，对应资产被银行金融机构通过投资渠道持有，只是过去反映在银行资产负债表的信贷资产科目，现在反映在投资类资产科目，作为投资类资产可以在银行间市场相对灵活的交易买卖，比信贷类资产具有较好的流动性，但是风险仍然集中于银行金融机构。

银行金融机构通过同业业务手段对企业债券和其他融资工具的具体操作方式包括：①企业债券、结构化融资等资产会被银行金融机构在银行间交易市场作为投资品种持有；②企业债券、信托计划、结构化融资等，会作为标准或非标准理财资产被包装后销售给银行的存款客户，虽然形式上由购买理财的客户直接承担风险，但是一旦出现到期兑付风险，银行往往会出于声誉风险考虑而主动承担对应的损失消除不利影响；③企业债券、结构化融资等还有可能被金融机构作为银行间交易市场融资的质押工具或作为带有回购条款的阶段投资品持有、买卖等。

【四）经济增长主要依赖银行资金导致社会经济运行的风险资产向银行金融机构集中

信贷资金一直是促进中国经济增长的主要资金来源。从 1992 ~ 2012 年的统计数据看，金融机构各项贷款余额的增长速度除个别年份外（2000 年和 2005 年）一直高于 GDP 的增长速度（见图 8 - 11）；金融机构各项贷款余额与名义 GDP 总额具有高度的相关性，用 1992 ~ 2012 年度的数据计算相关系数为 0.9949（见图 8 - 11）。同时各项贷款余额相对于名义 GDP 总额的倍数逐年上升，从 1992 年的 0.80 倍逐年上升到了 2012 年的 1.30 倍（见图 8 - 12），年均提高速度为 2.42%，这反映了信贷资金促进经济增长的边际效用在递减，即 1992 年时 0.8 单位的贷款支撑 1 单位的 GDP 增长，到 2012 年时需要 1.3 单位的贷款才能支撑 1 单位的 GDP 增长。从多项式模拟的变动趋势分析看（R² 等于 0.867，拟合效果较好），这种边际效用递减在加速（见图 8 – 12）。这些数据表明，社会经济运行中的风险资产向银行金融机构集中，

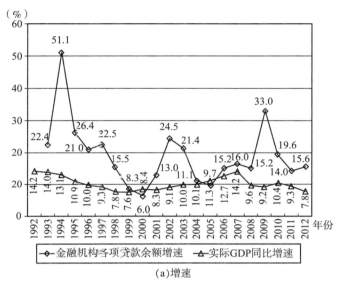

(a)增速

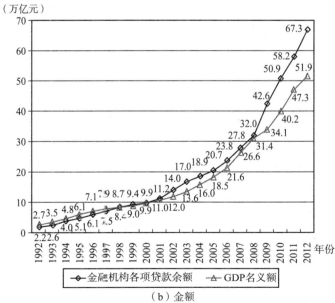

（b）金额

图 8 – 11 金融机构年末贷款余额增速与 GDP 同比增速、名义金额对比

资料来源：中国人民银行统计数据和《中国统计年鉴》有关数据整理所得。

所以银行金融机构的企业行为偏好、风险管理水平以及受到外部监管和干预的程度决定了社会金融资源配置的效率。

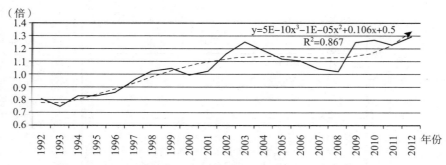

图 8 – 12 金融机构年末贷款余额相对于名义 GDP 总额的倍数变化

资料来源：中国人民银行统计数据和《中国统计年鉴》有关数据整理所得。

（五）银行信贷风险水平暴露与变化

金融市场融资结构特点对商业银行不良贷款的形成具有重要的影响作用，我们划分 2003 年前后来考察商业银行的不良贷款暴露和信贷风险情况，因为 2003 年起中国推行了国有商业银行股份制改革等一系列重要的制度变革，商业银行自身的法人治理结构得到改进，自我约束和信贷风险管理能力得到显著加强。

2003 年之前的数据显示，金融市场融资结构特点，使得银行信贷资产承担了本该由直接投资主体承担的风险损失，导致较高的违约率和损失率，在银行形成大量不良贷款。1999～2000 年工、农、中、建四家银行向资产管理公司剥离近 1.47 万亿元的不良资产（主要为不良贷款，还包含少量投资类、拆借类等非信贷不良资产），到 2003 年末，按照五级分类主要商业银行还剩不良贷款 2.44 万亿元[①]，如果还原已剥离贷款，当时主要商业银行的实际不良贷款比率达 25.76%，不良贷款损失率为 64.91% 以上[②]。根据主要商业银

---

① 中国银监会统计数据（http：//www.cbrc.gov.cn）；主要商业银行包括：四大国有银行、政策性银行和全国股份制商业银行。

② 不良贷款损失率按照五级分类次级类的 25%、可疑类的 50%、损失类的 100% 估计，下文雷同不再赘述。已剥离不良贷款损失率按照（1 - 累计处置资产回收率 27.62%）=72.38% 估计，实际不良贷款损失率可能会更高。累计处置资产回收率 27.62%，数据来源于中国银监会统计数据（http：//www.cbrc.gov.cn）。

行 1985～2003 年年末贷款余额，估算贷款年均违约率为 4.163%[①]，由此可以计算出信用风险损失率为 2.702%，这一数据显著高于标准普尔公布的同期全球公司平均违约率 1.731%[②]和穆迪公布的同期全球公司信用风险平均损失率 1.110%[③]（见图 8－13）。

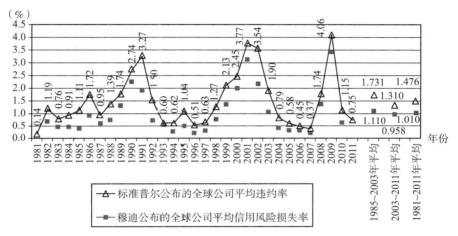

图 8－13　1981～2011 年全球公司平均违约率和平均信用风险损失率

资料来源：Default，Transition，and Recovery：2011 Annual Global Corporate Default Study and Rating Transitions，pp. 3，by Standard & Poor's，March 21，2012. www. standardandpoors. com/ratingsdirect.

"Corporate Default and Recovery Rates，1920－2010"，pp. 22，by MOODY'S Investors service，February 28，2011. www. moodys. com/researchandratings/research-type/default-recovery-and-rating-transitions.

2003 年之后的数据显示，商业银行不良贷款余额和占比显著下降，信用风险损失暴露水平显著降低。截至 2013 年 3 月，按照五级分类商业银行不良贷款余额 5265 亿元，不良贷款率为 0.96%，较 2003 年末余额下降 1.58 万亿元，比率下降 16.94 个百分点（见图 8－14）。这主要归因于国家对商业银行

---

① 估算公式为：贷款年均违约率＝历年累计形成不良贷款总额 ÷ $\sum M_i$，其中 M_i 指第 i 年末贷款余额，贷款违约定义为按照五级分类形成不良贷款，只考虑本金而忽略利息等其他违约，数据来源于《中国统计年鉴》。

② "Default，Transition，and Recovery：2011 Annual Global Corporate Default Study and Rating Transitions"，pp. 3，by Standard & Poor's，March 21，2012. www. standardandpoors. com/ratingsdirect.

③ "Corporate Default and Recovery Rates，1920－2010"，pp. 22，by MOODY'S Investors service，February 28，2011. www. researchandratings/research-type/default-recovery-and-rating-transitions.

不良贷款的第二次剥离处置，2004～2008 年末第二次累计处置不良贷款额达到 1.81 万亿元[①]；另外还归因于利率没有完全市场化，保持了较高的存贷款利差收益使商业银行每年可以大幅计提减值准备核销处置不良贷款；以及自2003 年起推行的一系列金融改革，增强了商业银行自我约束和风险管理能力，商业银行信用风险损失暴露水平显著降低。

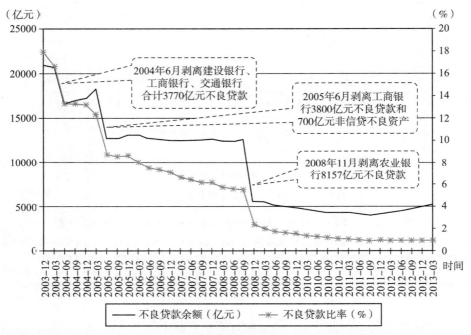

图 8 - 14　2003 年之后商业银行不良贷款余额和占比变化趋势

资料来源：中国银监会统计数据。

以主要商业银行（工商银行、建设银行、农业银行、中国银行、交通银行）年报披露的按照会计准则在每年支出中计提的"信贷资产减值损失"作为当年度的信贷违约损失数据，可以估算出 2003～2013 年上半年主要商业银行的信贷风险损失率数据（见图 8 - 15、表 8 - 3），平均值为 0.205%，虽然

─────────

① 1.81 万亿元中包含：央行通过专项票据置换消化农信社不良贷款大约 1650 亿元和地方政府剥离消化本地城市商业银行不良贷款大约 730 亿元。

这一数据存在一定程度的低估①，但也充分反映了商业银行新增信用风险损失暴露水平显著降低。

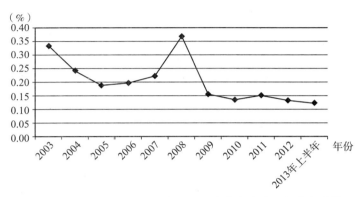

图 8 – 15　2003 年之后主要商业银行信贷资产减值损失率计算

注：其中 2003 ~ 2006 年数据中不包含农业银行。
资料来源：根据主要商业银行历年的年报数据整理计算。

表 8 – 3　　　　　　　　　　　　　　　信贷资产减值损失率

银行	2003年	2004年	2005年	2006年	2007年	2008年	2009年	2010年	2011年	2012年	2013年上半年
工商银行	0.3689	0.2754	0.2229	0.2428	0.2509	0.3294	0.1149	0.1132	0.1078	0.1026	0.1213
建设银行	0.3209	0.1150	0.1654	0.1868	0.2313	0.3685	0.1505	0.1415	0.1487	0.1444	0.1039
农业银行	—	—	—	—	0.3022	0.4579	0.2874	0.2446	0.3088	0.2281	0.1701
中国银行	0.2618	0.3096	0.1313	0.1297	0.0810	0.3771	0.0932	0.0623	0.0815	0.0741	0.0998
交通银行	0.4083	0.2857	0.2540	0.2340	0.1901	0.2481	0.1748	0.1556	0.1336	0.1391	0.1439
主要商业银行加权平均减值损失率（以平均贷款余额占比为权重）	0.3314	0.2437	0.1882	0.1975	0.2220	0.3688	0.1566	0.1373	0.1528	0.1339	0.1245

注：（1）信贷资产减值损失率计算公式为：信贷资产减值损失率 = 按照会计准则当年计提的"信贷资产减值损失额" ÷〔（正常类贷款期初余额 + 正常类贷款期末余额）÷ 2〕；加权平均减值损失率，是以各商业银行平均贷款余额占比为权重，计算各商业银行的信贷资产减值损失率平均。
（2）由于农业银行年报中缺少相关数据，所以 2003 ~ 2006 年的加权平均减值损失率中不含农业银行。
资料来源：根据主要商业银行历年的年报数据整理计算。

————————

① 低估的主要原因是 2003 ~ 2009 年国家对主要商业银行不良贷款实施了第二次剥离，被剥离不良贷款中包含部分 2003 年之后新产生的不良贷款，相应就少计提了减值损失，具体数据无法统计。

（六）利率进一步市场化对中国银行体系脆弱性的影响

管制利率使商业银行保持了较高的利差水平，对计提拨备核销处置历史不良贷款发挥了重要作用，目前主要商业银行已经基本消化完历史不良贷款。

过去十多年央行公布的存贷款名义利差水平维持在 3% 左右，实际利差在 4.1% 左右。从央行公布的金融机构人民币 1 年期存贷款名义利率看，名义利差水平从 1995 年起逐年扩大，到 1999 年时超过了 3%，之后一直保持在 3% 以上。从基准利率的调整结果看，总体存贷款利率水平趋于降低，但实际存贷款利差明显上升（见图 8 - 16）。如果考虑存款的定活期结构和贷款的中长期结构，实际利差水平在 4.1% 左右。在中国商业银行存款期限结构中，活期存款占比平均维持在 40% 左右（见图 8 - 17），为商业银行提供着稳定的、低利息成本的资金来源，另外定期存款中大部分为 1 年期存款，由此可以活期存款占比为权重计算商业银行实际的存款利率水平。同时，从贷款期限结构看，中长期贷款占比逐年上升，最近 10 年中长期贷款占比平均在 55% 以上（见图 8 - 17），中长期贷款平均期限在 3 年左右，由此可以中长期贷款占比为权重计算商业银行实际的贷款利率水平。然后可以计算出实际利差水平在 4.1% 左右（见图 8 - 16）。

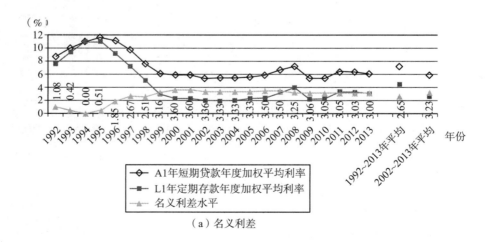

（a）名义利差

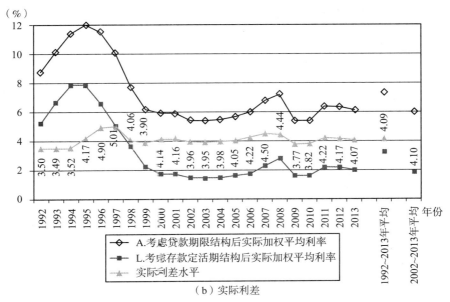

（b）实际利差

图 8-16 人民币 1 年期存贷款名义利率差和实际利率差变动趋势

注："年度加权平均利率"计算公式为： $= R_1 \times (T_1 - T_0)/365 + R_2 \times (T_2 - T_1)/365 + \cdots + R_n \times (T_n - T_{n-1})/365$，其中，$T_0$、$T_n$ 分别代表每年的 1 月 1 日和 12 月 31 日，T_1、T_2、$\cdots$、T_{n-1} 分别表示年中央行调整利率的日期，R_1、R_2、$\cdots$、R_n 分别代表 T_1、T_2、$\cdots$、T_{n-1} 日期前的有效利率。

资料来源：根据中国人民银行网站数据计算。

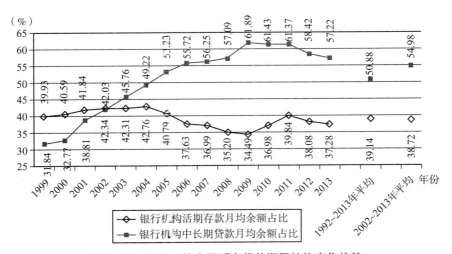

图 8-17 金融机构人民币存贷款期限结构变化趋势

注：活期存款中包括储蓄活期和对公活期。

资料来源：中国人民银行统计数据。

与成熟利率市场化国家美国相比中国商业银行存贷款利差大约存在 1.4 个百分点的超额利差。以成熟的利率市场化国家美国为例，在利率市场化背景下，1992～2012 年间美国最低存款利率（以 6 个月期限的 CDs 利率为参考）和最优贷款利率（以短期最优贷款利率为参考）的利差一般维持在 2%～3% 之间，只有发生金融危机的 2008 年下降到了 2% 以下，20 年平均利差水平为 2.68%（见图 8 - 18、图 8 - 19）。由此可以推算中国商业银行存贷款名义利差大约具有 1.4 个百分点的超额利差[①]。

二、基于监管视角做好微观审慎与宏观审慎的有机结合

（一）在微观监管政策措施中尽快落实宏观审慎监管要求

中国银行业监督管理机构于 2012 年 6 月发布了新的《商业银行资本充足率管理办法》，要求商业银行于 2013 年 1 月 1 日起施行，其中按照巴塞尔协议Ⅲ的要求引入了系统重要性银行监管、逆周期资本要求等实现宏观审慎目标的监管措施，这些措施主要有利于提升商业银行应对金融危机的能力，对于消减目前的金融体系脆弱性也有重要的作用。但是在操作执行层面关于系统重要性银行监管、逆周期资本监管等措施仍然没有落实执行。

本书认为，目前中国银行金融机构表面上处于高收益、高盈利状况，实际上已经处于比较脆弱的边缘，需要迅速落实宏观审慎监管的各项措施：一是应在巴塞尔委员会认定的范围基础上[②]（只有 1 家，中国银行），适度扩大范围认定并明确系统重要性银行名单（可扩展为 5 家），并落实系统重要性资本要求；二是目前仍需进一步明确逆周期资本的水平和调整机制，可按照 GDP 相对于稳态增长率的差和一段时期差的累计值确定逆周期资本水平，然后要求商业银行分步落实逆周期资本要求；三是目前仍需进一步改进杠杆率监管要求，而且应把商业银行表内外风险资产全部纳入考虑后，提出动态的资本杠杆比率要求，并纳入监管。

---

① 超额利差指：利率管制下的利差超过市场化竞争条件下的利差部分。
② 巴塞尔委员会只认定了我国的中国银行为系统重要性银行。

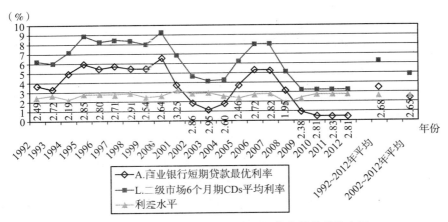

图 8 - 18　美国 1992～2012 年金融机构存贷款利差水平

资料来源：基于美联储公布利率数据整理，www.federalreserve.gov/releases。

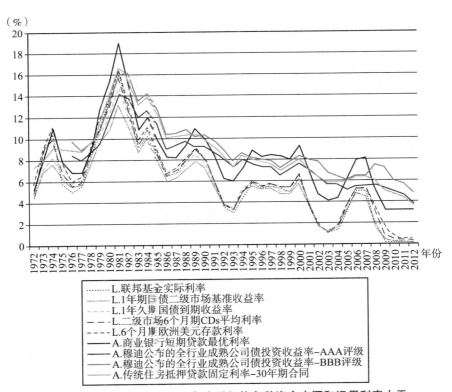

图 8 - 19　美国 1972～2012 年金融机构各种资金来源和运用利率水平

资料来源：基于美联储公布利率数据整理，www.federalreserve.gov/releases。

（二）央行应推行多种货币政策来消减脆弱性

2008 年美国金融危机波及中国后，中国政府在 2009 年推出了"4 万亿投资刺激计划"，银行金融机构在 2009 年随之信贷投放 9 万多亿元，远超 2009 年初确定的 5 万亿元目标，之后银监会对商业银行实施了信贷规模管控措施。2011 年之后信贷规模管控措施作为央行的传统货币政策又回归到了中国人民银行来实施，2014 年央行的信贷规模管控不断加强，而且成为目前央行对实体经济去杠杆化，消减金融脆弱性的核心政策。

目前央行的信贷规模管控措施比较单一，属于简单的计划手段，没能充分发挥市场机制来消减脆弱性。简单的对商业银行信贷规模管控导致了资金价格的快速上升，使资金的回报超过了投资实体经济的经营收益，吸引了大量民间资金通过各种渠道注入金融资产或实施民间借贷。一方面导致实体经济资本投入不足，继续债务融资膨胀，加大脆弱性；另一方面导致企业资金匮乏，民间集资和高利率融资行为大幅上升（可称为"中国的影子银行"），金融秩序比较混乱，企业出现资金链断裂的风险增大。影子银行体系导致的金融体系脆弱性主要体现在追求高收益的资产，风险明显高于传统银行部门的信贷业务；另外，其集资途径主要依靠短期资金市场，甚至是非法的民间集资，与持有的资产之间形成资产负债期限的错配，相比之下其负债远不如商业银行的存款稳定。

央行应推行多种有效的货币政策来消减脆弱性，应着重采用基于市场机制的手段。一是应尽快完善债券市场机制，加强管理后降低准入门槛，使得大部分实体企业可以通过债券方式融资，使债券利率市场化水平提高；二是应通过货币市场加大公开市场操作力度，甚至创新货币市场工具回收流动性基础上，逐步放开对商业银行简单的信贷规模管控措施；三是央行应着力推动各监管机构的协调，推动股权资本市场的发展，拓宽实体经济资本融资的渠道；四是在多种金融市场推行和完善市场化交易机制，完善利率市场化改革，使资金价格回归合理。

三、逐步消减实体经济及政府平台公司的庞氏债务风险

（一）提升实体经济营业收入能力逐步消减庞氏债务风险

前几年，中国在处于经济周期的上升期，金融市场上的融资条件比较宽松，尤其在 2009 年政府推行"4 万亿元投资刺激计划"政策和宽松的货币政策，市场的流动性相对宽裕，企业的财务杠杆率不断提高，用低流动性资产置换高流动性资产。银行等金融机构在迫于竞争的压力和利润驱动目的下，助长了这种现象，债务适度的企业逐步增加投机性融资的比重，以投机融资为目的的企业则转变为庞氏融资。

从以上分析可以看出，如果央行一味地通过信贷规模控制，必然会导致实际利率大幅上升，进一步恶化实体企业的债务负担，使得非金融部门的债务融资由原来的稳健融资或投机融资，逐步转化为庞氏融资。

逐步消减实体经济庞氏债务风险的根本手段，应是提升企业的营业收入能力。一是应着力调整各种消费政策，提升内需，扩展产品的销售市场，推动营业收入持续增长；二是应考虑合理的减税政策，减少企业的税费负担提升企业的利润空间；三是应支持企业的技术和产品创新，增强产品竞争力，提升营业收入的能力。

（二）逐步消减中国政府隐性担保带来的政府平台公司的庞氏债务风险

中国政府隐性担保带来的金融脆弱性，突出表现为政府隐性担保机制下的地方政府平台公司的过度投资以及金融机构及大企业集团与政府间的千丝万缕的关系。

从中国地方政府债务水平以及地方财政收入的支撑效应看（见图 8 - 20），地方政府债务水平一直保持在地方财政收入的 1.5 倍以上，而且自 2009 年起地方政府债务水平又进一步显著加大。2009 年较 2008 年地方政府债务水平增长幅度达到了 61.92% 的高点，同时地方财政收入对债务的支撑效应，从 2008 年的 1.94 倍减弱为 2009 年的 2.77 倍，1 年减弱了 0.82 倍；从 2009 ~ 2012 年的 3 年间，债务水平又保持了年均 20.78% 的增幅，但是地方财政收入对债

务的支撑效应从 2009 年的 2.77 倍，增强到了 2.60 倍，得到略微增强。

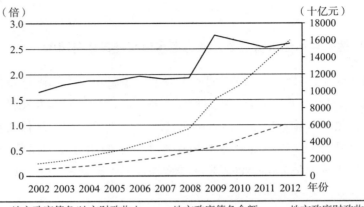

图 8 - 20　地方政府债务与地方财政收入的比率水平

资料来源：中国国家审计署网站，审计署于 2011 年、2012 年和 2013 年进行了三次政府性债务审计，公布了 2010 年底、2012 年底、2013 年 6 月的地方政府债务余额，同时披露了 2008 ~ 2010 年各年债务余额增长率数据以及 2002 ~ 2007 年年均增长率。本书 2002 ~ 2010 年的地方政府债务数据根据国家审计署公布的增长率数据反推得到，2011 年底地方政府债务余额由 2010 年和 2012 年的数据求平均值估算得出。http：//www. audit. gov. cn/n1992130/n1992150/n1992500/2752208. html。

　　尽管从短期看，地方政府债务方面的金融安全还不存在问题，但从长期看，中国金融体系的脆弱性也源自政府隐性担保引起的道德风险，从银行体系看，其脆弱性将表现为银行的巨额不良资产。而其产生原因可归结为政府隐性担保环境下信贷市场上的道德风险。

　　解决这一问题的根本路径，在于杜绝或明或暗的政府隐性担保机制，实现政策的透明化、制度化，防止源于道德风险的金融危机。一是针对地方政府出于政绩目的通过平台公司从银行机构的过度融资，为避免政府担保下道德风险的恶化，应着力推动地方政府债券发行机制和渠道的完善，把地方政府债务水平严格纳入民主监督体系，实现公开透明，并按照市场化融资方式疏导和规范；二是针对以央企为代表的国有企业，打着国有背景从银行机构的过度融资，关键还是政府真正要放弃对企业的过度管理，割断政府对国有企业的隐性担保，同时打破垄断，使企业真正成为自负盈亏的市场主体。

四、加快资本市场发展消减企业债务膨胀带来的脆弱性

（一）加快发展多层次股权融资市场，拓展企业资本补充渠道，降低企业资产负债率，降低企业债务融资资产的潜在违约风险

股权融资市场的发展要着重解决好提高资本回报，建设高效率的金融生态体系等一些主要问题。目前资本市场存在重融资轻分红、信息披露不完善、层次结构单一等一系列问题，股票投资回报长期较低，打消了投资者股权投资的信心，存款利率上限管制条件下利率水平较低，但是资金仍然大量流向储蓄和政府债券，甚至部分资金流向民间借贷市场，不能形成直接融资市场充足的资金供给。从中国相对优质的国有企业来看，2015 年度平均净资产利润率为 4.8%（见图 8-3），总资产利润率为 1.7%（见图 8-4），资本回报水平低于同期信贷利息收益，低于资本风险所要求的回报水平，经风险调整后的资本回报为负值，股东投资的经济增加值为负值，资产收益水平也达不到银行存款利率收益水平，不能弥补经营风险波动对投资者带来的损失。所以必须解决好资本回报与承担风险的匹配问题，投资者必须获得与资本所承担风险相对应的资本回报，才能刺激资本的持续供给，否则资本市场就不能实现资源有效配置，就不能真正促进直接融资发展。

（二）尽快放开银行金融机构上市融资限制，鼓励商业银行股票上市

一方面，经济增长需要贷款增加、贷款增加带来加权风险资产增加、加权风险资产增加导致银行金融机构资本不足，所以银行金融机构急需有效的股权资本市场来融资，以保持适度的资本充足率水平。中国要保持 GDP 的适度增长，必须要求货币供应量和信贷资产规模的快速增长（见图 8-11）。以 2012 年度为例，中国广义货币 M2 余额增长 13.5%，金融机构本外币信贷规模增长 15.7%；根据政府工作报告，2013 年度 GDP 计划增长 7.5%，要求 M2 和信贷增长 13% 左右。以 2012 年度存款性金融机构信贷规模增长额估算，新增加权风险资产 8.2 万亿元[①]，按 2012 年中国商业银行平均资本充足

[①] 2012 年金融机构加权风险资产增长额占新增存款额的 76%，存款负债的增长推动了加权风险资产的增长。

率 13.25% 计算，新增加权风险资产的经济资本需求 1.1 万亿元，而 2012 年末存款金融机构实际资本净额同比增加约 1 万亿元[①]，处于基本均衡状态，但是利率市场化后，削弱存款金融机构的盈利能力，资本的自我积累将不能满足持续发展需要，存贷款规模的持续增长，将加大银行金融机构的资本缺口，进而增大银行体系的不稳性。

另一方面，银行金融机构股票上市，能有效完善法人治理机制，强化市场约束作用，对提升银行风险管理能力降低信用风险损失具有重要作用，进而能很好地应对利率市场化等冲击，维持安全与稳定。要通过加强法人治理约束，增强商业银行的风险管理能力，提高银行配置社会资金资源时的风险识别、风险计量和风险补偿的效率，这不仅关系到银行自身的效益，而且关系到整个市场对资金使用企业或投资项目的效益评价，资金供给部门扭曲或错误的资金配置，会形成对企业或项目错误的业绩评价结果，必然导致社会产出的低效率或低效益。

五、加快发展证券化市场消减银行机构表内外业务脆弱性

近几年，随着中国利率市场化进程的推进，以资本监管为核心的微观审慎监管的加强和中国人民银行去杠杆化信贷规模管控政策条件下，银行业在实际业务层面，又以一种新兴的方式在快速实现表外业务发展，突出表现为商业银行发起的投资银行业务，包括结构化融资、与信托证券合作的资产交易、与同业合作的信贷买卖和证券化等。从普通居民看到的现象是银行理财业务的快速膨胀。

我们可以从图 8-21 理财业务资金的运作机制可以反映这一特点。

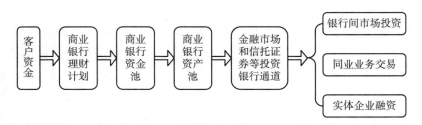

图 8-21　目前中国商业银行理财业务资金运作机制

---

① 中国人民银行统计数据（http://www.pbc.gov.cn/diaochatongji），货币概览。

按照上述运作方式，中国银行业的理财业务规模快速膨胀（见图 8 - 22），由此带来的脆弱性不容忽视。

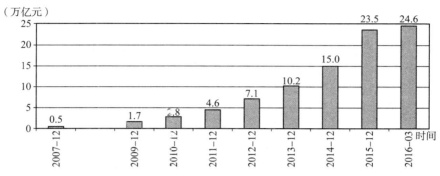

图 8 - 22　目前中国商业银行理财产品余额变动状况

资料来源：Wind 资讯。

要消减这方面原因带来的金融体系脆弱性，重点是加快发展资产证券化市场，规范银行同业业务和非信贷类债务融资业务。一是要加快发展能把间接融资向直接融资转化的资产证券化业务，因为资产证券化具有把银行表内风险资产转到表外的功能，能提升存款金融机构资本充足水平，资产证券化和大额存款 CD 等工具对纠正存款金融机构资产负债期限错配问题具有重要意义。二是要把企业债券、信托理财、结构化融资等融资风险切实从银行金融机构中分离，真正实现投资者直接承担风险。三是要加大对发行主体的信息披露、资信评级等规范力度，切实通过合理方式保护投资者利益（而不是由银行金融机构变相承担连带担保责任来保护投资者利益），才能获得投资者的支持和信任，使非信贷类债务融资健康、快速发展。四是要培养成熟的机构投资者，培养信用评级机构等中介机构，完善相关法律制度，减少政府对金融资源配置的直接干预。

要在风险评级和信息披露的促进下，投资者根据企业信用风险水平要求企业债务融资工具实现足够的风险收益以覆盖可能的风险损失，促进金融市场形成风险识别、风险定价与风险补偿的资源配置机制，改善信用环境，培育商业信用，从而降低存款类金融机构的信贷风险损失成本。同时还要形成经风险调整后的业绩评价机制，实现企业业绩评价正确的风险调整导向，即沿着风险损失率曲线形成债务融资利率价格，高风险项目要比低风险项目支付更高的利率价格覆盖较高的预期风险损失。

六、在利率市场化改革过程中保持中国银行体系安全与稳定

从商业银行不良贷款统计数据看，由于国家的不良贷款剥离和1.4个百分点的超额利差，使得银行金融机构到2009年基本消化完了历史不良贷款损失（见图8-14）。

从近年来主要商业银行信贷资产减值损失率（见图8-15、表8-3）反映的情况看，银行信用风险暴露水平已经显著降低，同标准普尔和穆迪公布的全球数据对比看（见图8-13），也处于较低的水平。

从中国金融市场融资结构（见图8-10）和非金融企业未来的违约风险看，银行金融机构还集中承担着社会经济运行的潜在风险，未来的经济周期风险波动还可能给银行金融机构带来较大的信用风险违约损失，银行体系脆弱性还很大。

综合以上因素认为，利率市场化对金融体系脆弱性的影响为：一是现阶段存贷款具有一定的超额利差明显偏高，缩减超额利差水平，在短期内对银行体系消化不良贷款不会产生不利影响；二是从社会经济运行的潜在风险还集中于银行金融机构看，在利率市场化后的一段时期内，还需要保持一定的超额利差水平（认为0.5个百分点左右比较适宜①），维持银行金融机构一定的消化能力，应对未来可能发生的社会经济运行的风险损失，以保持银行体系的安全与稳定；三是通过维持金融机构存贷款超额利差来消化经济运行的风险成本维护金融稳定，扭曲了金融市场的资源配置功能，从长期看还需要在不断优化金融市场融资结构基础上，彻底实现利率市场化。

---

① 根据中国银监会统计数据（http：//www.cbrc.gov.cn），截至2012年末全部商业银行正常类贷款余额合计59万亿元，按照五级分类商业银行剩余不良贷款余额4929亿元，如果需要两年内消化完这些不良贷款，大约需要保持0.5个百分点的超额利差。

第三节　基于从危机中恢复目标的央行货币政策工具箱优化

如果金融体系脆弱性没有被消除而不断积聚，最后发生了金融危机时，中国如何迅速从金融危机中恢复银行体系的功能，这也是有效应对金融脆弱性对策研究的重要内容。根据应对 2008 年全球金融危机过程中的经验，传统货币政策工具已不能应对危机，美联储创新运用了一系列非常规货币政策工具，在较短时间内成功稳定了银行间拆借、商业票据和股票市场，进而推动银行体系功能的恢复。这些成功的政策实践，对中国应对金融危机，中国人民银行货币政策工具的优化具有重要的借鉴意义。

在目前的市场环境下，当遇到特别重大危机时，对银行业的资本监管体系的作用非常有限甚至会起反向的作用，恢复银行体系功能的核心动力应聚焦于央行的货币政策，尤其是借助于非常规货币政策工具对经济进行调控，这就要求中国人民银行对货币政策工具进行改革，丰富和完善货币政策工具箱，以便针对危机的类型和严重程度，创新设计并有效运用不同类型的货币政策工具，才能取得最好的政策效果。

一、背景及有关研究

按照传统的货币政策分类，通常把货币政策工具划分为一般性、选择性和其他货币政策工具三大类。但是当经济遇到特别重大危机时，传统货币政策工具往往就难以满足调控需要。譬如当遇到 20 世纪 30 年代的"大萧条"和 2008 年全球金融危机时，央行如果利用传统的利率政策工具仅仅通过降息就难以取得良好的效果。尤其是当利率降到流动性偏好陷阱或处于零边界时，利率工具更是难以奏效。此时央行就需要考虑使用"非常规货币政策工具"。

2008 年全球金融危机发生后，以美联储为代表的多国央行迅速采取了一系列非常规货币政策工具（Unconventional Monetary Policy，UMP），对稳定经济、应对危机发挥了非常关键的作用。那么在重大金融危机下央行可以采取哪些非常规货币政策工具？不同货币政策工具的调控效果如何？以及根据实际危机情况如何选择合适的货币政策工具？对于这些问题的研究分析，为中国央行探讨后危机时代货币政策工具的改革，具有重要的理论和实践意义。本节将通过危机背景下中美两国货币政策实践及效果的对比，为后危机时代中国人民银行货币政策工具箱的优化提供理论分析和政策建议。

国内外理论界和实务界关于央行非常规货币政策工具问题开展了一些针对性的研究。首先斯马吉（Smaghi，2009）给出了非常规货币政策的定义，即货币当局为了解决市场微观主体在特殊危机时期面临的融资成本过高或流动性供给短缺而采取的对策，非常规货币政策常常需要借助一定的手段才能实施，这些手段就是非常规货币政策工具。流动性宽松、数量宽松以及信贷宽松的货币政策是各国央行在应对危机时采取的主要非常规货币政策工具（Ishi，2009）。刘胜会（2009）总结了美联储应对国际金融危机时采用的一些非常规货币政策工具，美联储的这些货币政策工具的运用在一定程度上稳定了市场信心，注入了流动性，起到了稳定经济的效果。穆争社（2010）的研究也证明了美联储量化宽松政策所取得的效果，但他同时也提出了这些创新性非常规货币政策工具的运用所带来的负面影响，如威胁到中央银行的独立性等。张翠微（2010）围绕公开市场操作这一货币政策工具深入分析了主要国家央行的政策退出方式。这些文献从不同角度分析了金融危机下货币政策工具的运用，但是还没有系统分析对中国人民银行货币政策改革优化的借鉴思路。

二、金融危机后美联储的非常规货币政策措施

（一）美联储应对金融危机的非常规货币政策工具措施

美联储应对 2008 年金融危机时采取的非常规货币政策工具，可以归为以下三类目标：一是通过加强美联储作为最后贷款人的地位，增加金融机构的短期流动性来源；二是增加信贷市场的短期流动性来源；三是增加中长期信用规模。为了实现这三类目标主要采取的货币政策工具类别和推出时间如表8－4 所示。

表 8 - 4　　　　　美联储应对危机时的非常规货币政策工具措施

目标类别	政策工具	创立时间	参与者	借贷工具	担保	期限
第一类	TAF	2007. 12. 12	存款性金融机构	资金	贴现窗接受的抵押资产	28~84 天
	PDCF	2008. 3. 16	一级交易商	资金	三方回购市场的抵押品	隔夜~14 天
	TSLF	2008. 3. 11	主要交易商	美国国债	美国国债以及地方政府债等	28 天
第二类	AMLF	2008. 9. 19	储蓄机构、银行控股公司、外国银行在美国的分支机构	资金	高质量的 ABCP	ABCP 到期日（最大 270 日）
	CPFF	2008. 10. 7	合格的美国商业票据发行者	资金	新发行的 3 个月无担保和资产支持商业票据	3 个月
	MMIFF	2008. 10. 21	合格的货币市场共同基金、其他货币市场投资者	资金、次级债	美元存款凭证商业票据	无
第三类	TALF	2008. 11. 25	所有拥有合格抵押品的个人、法人	资金	近期发行的美元计价的高等级 ABS	大于 1 年

资料来源：根据美联储网站上的信息整理完成。

（二）美联储非常规货币政策工具的运用和效果分析

1. 第一类非常规货币政策工具对银行间同业拆借市场稳定的影响。

金融危机首先导致了银行间同业拆借市场的崩溃。我们选取"Libor - OIS 利差"指标来分析银行间同业拆借市场的波动。Libor - OIS 利差表示三个月美元 Libor 利率和隔夜指数掉期（Over Night Indexed Swaps，OIS）利率之间的差额，主要反映银行体系的流动性和信贷压力，息差扩大被认为银行间拆借意愿下降。通常情况下，在经济稳定、银行间市场平稳、流动性充足的时候，Libor - OIS 利差处于一个较小的值附近但是当出现经济剧烈波动，银行间市场流动性波动增强、市场风险增大时，由于不确定性增加，会导致长期资金成本上升，进而拉高 Libor－OIS 利差。当 Libor－OIS 利差扩大时，就表明银行间市场的流动性和市场风险变大，会降低银行间市场交易活跃度，货币市场趋于运转不畅而当 Libor－OIS 利差缩小时，就表明市场状况好转，商业银行拆借交易意愿上升，市场交易活跃度增加，货币市场运转趋于正常。所以 Libor－OIS 利差可以较好反映银行间同业拆借市场的稳定状况，可以利用这一指标来监测货币市场的稳定性。

从美国同业拆借市场的 Libor－OIS 利差实际观测值来看（见图 8－23），2008 年全球金融危机前 Libor－OIS 利差一般维持在 10 个基点左右，金融危机爆发后，Libor－OIS 利差快速上升，接连突破了 100 基点、200 基点和 300 基点，2008 年 10 月，雷曼兄弟破产给银行间市场造成了极大恐慌，银行间市场出现信用危机，资金交易迅速去杠杠化而极度萎缩，各银行同业机构考虑到流动性和市场风险，参与同业市场交易的意愿极低，市场基本处于崩溃状态，Libor－OIS 利差一度达到最高点 364 个基点。

美联储迅速采取了主要针对银行间同业拆借市场的 TAF、PDCF、TSLF 等非常规货币政策工具。TAF（定期拍卖便利）是以贴现窗口所有可以接受的资产作为抵押资产，通过招标拍卖方式向存款类金融机构提供短期资金。PDCF（一级交易商信贷便利）是以各种 BBB 级证券后又扩展到第三方回购资产为抵押物，美联储按照固定利率向一级交易商借款来增强一级交易商的融资能力。TSLF（定期证券借贷工具）是允许一级交易商把流动性不强的一般债券作为抵押，从美联储换取具备较高流动性的国债，从而增强金融市场质押债券的信用，促进同业拆借市场恢复。这些非常规货币政策工具的使用，使 Libor－OIS 利差逐步回落，2009 年 1 月，Libor－OIS 利差降到了 90～100 个基点范围，基本回到了 2007 年的水平，到 2009 年底基本恢复到 10 个基点左右，达到了危机前的正常水平。Libor－OIS 利差的回落表明美联储非常规货币政策工具的运用，一方面，为银行间市场有效地注入了流动性，较好地维护了同业拆借市场稳定，增强了市场参与者的信心；另一方面，金融市场上许多信贷利率和证券收益率与 Libor－OIS 利差挂钩，利差逐步缩小又进一步降低了借贷成本，对实体经济中的企业投资和居民消费产生了正向刺激作用，推动了美国经济的复苏。

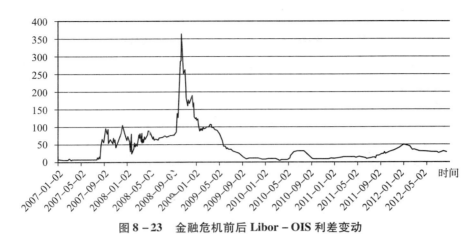

图 8 – 23　金融危机前后 Libor – OIS 利差变动

资料来源：神奇经济数据库。

2. 第二类非常规货币政策工具对商业票据市场的影响。

金融危机同时导致了短期信贷市场的极度萎缩，可以通过观察低信用级别和高信用级别商业票据之间的利差变化，来判断非常规货币政策工具对商业票据市场稳定性的影响。本书选取非金融类 A2/P2 商业票据来代表低信用级别的商业票据，选取非金融类 AA 商业票据来代表高信用级别的商业票据。

如图 8 – 24 所示，在 2008 年 9 月金融危机恶化之前，这两种信用级别的商业票据之间的利差基本维持在 100 个基点以内，2007 年 8 月之前的利差更是维持在较低的水平，随着金融危机的爆发，这两种信用级别商业票据之间的利差迅速攀升，一度超过 500 个基点，在短短的两个月内利差增长了 5 倍，这就意味着金融市场快速增加了对低信用等级公司商业票据信用状况的担忧，预期低信用级别商业票据的违约率会快速上升，需要提高利率来覆盖可能上升的违约风险损失，相应也增加了这类公司的融资成本和难度。

美联储为了应对危机中的短期信贷萎缩，主要针对商业票据市场推出了旨在增加信贷市场短期流动性来源的 AMLF、CPFF 和 MMIFF 等货币政策工具（见表 8 – 4）。AMLF（资产支持商业票据货币市场共同基金流动性便利），是指各类金融机构可以用资产支持商业票据作为抵押物，从美联储申请贷款。CPFF（商业票据信贷便利），是由美联储设立一个专门机构，通过直接购买商业票据实现向工商企业发放资金。MMIFF（货币市场投资基金便利），

（0.01%）

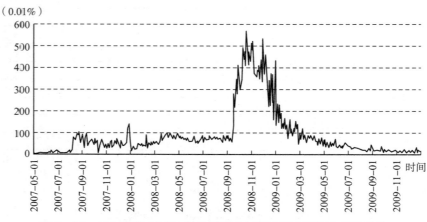

图 8-24 非金融类 A2/P2 和金融类 AA 两类商业票据之间的利差

资料来源：美联储网站。

是指合格的货币市场投资者将等额的美元存款凭证或商业票据交给美联储，从而换得资金。这些工具的使用为短期信贷市场注入了资金，使两种信用等级票据间利差大幅下降，到 2009 年 3 月已下降到 100 基点以下，基本回到金融危机前的水平[①]。

非金融类 A2/P2 商业票据与金融类 AA 商业票据间利差的回落表明美联储针对票据市场的非常规货币政策工具取得了良好效果，一方面维持了商业票据市场稳定，恢复了票据市场正常的信贷融资功能；另一方面企业的融资成本得以降低，促进了经济复苏。

3. 第三类非常规货币政策工具对股票市场的影响。

金融危机对经济中长期的影响主要反映在股票市场上，股票价格反映了投资者的预期和愿意承担的风险，是反映金融市场中长期健康的重要指标。图 8-25 反映了 2006 年 1 月至 2012 年 1 月美国标准普尔 500 指数的走势，从图中可以看出，2007 年 10 月至 2009 年 3 月该指数一直处于下跌状态，美国经济急剧恶化，投资者极度恐慌。

---

① 美联储网站，http：//www.federalreserve.gov/datadownload/。

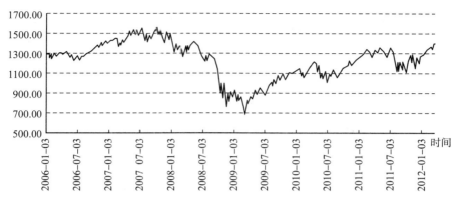

图 8 - 25　2006 ~ 2011 年美国标准普尔 500 指数走势（1941 ~ 1942 为基期，等于 10）

资料来源：圣路易斯联储数据库。http：//research. stlouisfed. org/fred2/series/SP500。

美联储进一步创新，推出了用于增加中长期信贷规模的非常规货币政策工具，例如 TALF（定期资产支持证券贷款工具），是指所有的市场参与者只要具有合格的抵押品（包括各种资产支持证券和各类中长期证券），就都可以抵押给美联储获得较长期限的借款资金。这些货币政策的推出，增加了中长期信贷规模，缓解了市场主体的资金短缺，使得股票价格逐渐恢复，到 2009 年 12 月 31 日，标准普尔 500 指数已经比 2009 年 3 月的最低点上升了 65%，到 2011 年和 2012 年基本恢复到了危机前的水平，这充分显示了金融市场趋于正常，投资者信心基本恢复。

4. 实体经济的复苏。

美联储非常规货币政策工具的运用，稳定了金融市场，提供了短、中、长期信贷资金供应，恢复了正常的信贷资金供给和信贷利率价格机制，使得实体经济能以正常的资金成本获得信贷资金，促进整个经济开始逐渐恢复。

金融危机爆发后，2008 年美国各季度 GDP 环比折年增长率分别为 -0.7%、1.5%、-2.7% 和 -5.47%，2009 年各季度分别为 -6.4%、-0.7%、2.2% 和 5.7%，从 2009 年第三季度开始，美国 GDP 就出现了环比正增长[①]，基本走出衰退，主要得益于美联储非常规货币政策工具的创新和运用。

美联储应对 2008 年全球金融危机的非常规货币政策工具创新和运用实践

---

① 圣路易斯联储数据库。http：//research. stlouisfed. org/fred2/series/GDP。

说明，在目前的市场环境下，当经济受到特别重大突发冲击陷入严重危机时，仅仅依靠传统货币政策工具远远不够，央行需要快速创新货币政策工具，有预见性的超前和大规模操作，才能在较短时间内稳定金融市场、恢复实体经济，这对中国人民银行的货币政策优化改革具有重要的借鉴意义。

三、全球金融危机时期中国人民银行货币政策实践及效果

（一）中国人民银行应对全球金融危机时采用的货币政策

中国人民银行在2008年金融危机期间主要采用了公开市场业务、存贷款基准利率、存款准备金率等传统的货币政策工具。一是通过公开市场业务在银行间市场减少基础货币回笼，投放流动性，从2008年7月开始下调央行票据发行规模和频次，停止了最常用的1年期央行票据发行，直到2009年7月才又重启，此外，还设立短期招标工具（Term Auction Facility，TAF）使境内金融机构可在资金不足时获得流动性资金。二是通过利率工具，2008年内5次下调存贷款基准利率并维持较低的存贷款利率水平，降低实体经济融资成本，刺激经济，控制整体经济下滑，直到2010年下半年出现通货膨胀苗头，才于10月开始上调利率。三是通过降低存款准备金率，为商业银行释放流动性，增加可贷资金，支持商业银行向实体经济放贷，从2008年9月开始连续降低存款准备金率，同时考虑到不同商业银行针对的信贷客户结构不同，为了重点支持中小企业和农业等薄弱产业的资金支持，对大型金融机构、中小型金融机构以及农村金融机构执行了差别的存款准备金率政策。

（二）通过协整分析和向量误差修正模型分析人民银行货币政策的效果

在分析货币政策效果的技术方法方面，多数学者如：柳欣（2008）、方舟（2011）、余婧（2011）等一般采用VAR模型方法。为了分析严重危机条件下非常规货币政策实施的效果，需要区分政策变量对经济作用的长短期影响，需要辨别各变量间的长短期关系，所以借鉴张延群（2010）的思路采用协整分析和向量误差修正模型（VECM）方法。其中，协整检验一般有E-G两步法和Johansen基于VARs的协整方法两种，易行健（2006）利用E-G

两步法检验过实际货币余额、人民币名义有效汇率、实际 GDP、通货膨胀率、无风险利率等变量之间的协整关系，对于多变量协整检验宜选用 Johansen 方法，本书属于多变量协整检验，采用 Johansen 基于 VARs 的协整方法。

1. 变量选择。

按照人民银行货币政策的传导过程来选择效果检验变量，如下：

（1）以 1 年期贷款利率（用 R 表示）、大型金融机构存款准备金率（用 CZ 表示）作为货币政策工具的代理变量。

（2）以 M2 代表的货币供应量，作为央行货币政策中介目标的代理变量。

（3）货币政策的两大目标一是稳定物价，二是促进或恢复经济增长，所以选取 CPI 和 GDP 作为稳定物价和经济增长的度量指标。

（4）引入虚拟变量 XN，用于表示金融危机时期货币政策的转变，把 2008 年 9 月之前的 XN 值设为 0，2008 年 9 月至 2010 年 1 月的值设为 1。

本书通过实证分析 R、CZ、M2、CPI、GDP 和虚拟变量 XN 之间的相互关系来检验人民银行货币政策应对全球金融危机时的效果，核心是考察货币政策工具对物价的稳定效应和对经济增长的促进效应。

2. 样本数据选取和处理。

全球金融危机始于美国次贷危机，到 2008 年下半年才真正对中国经济产生较大冲击，中国人民银行从 2008 年下半年才开始实施一系列宽松的货币政策措施，至 2010 年 1 月基本结束。为了突出检验应对金融危机各项货币政策的效果，本书选取 2005 年 1 月至 2010 年 1 月的月度数据作为实证检验样本数据，全部数据来源于国家统计局网站、中国人民银行网站和中经网数据库。

由于中国国家统计局从 2006 年之后不再公布 GDP 月度数据，而工业增加值是 GDP 构成中的主要部分，所以采用每月累计工业增加值增速作为 GDP 的月度增长替代指标。

由于 M2 的数据是名义数据，通过把 M2 的名义值除以月度定基 CPI 转化为实际值。其中，把 2001 年第 1 季度的 CPI 定为 100，利用月度环比 CPI 得到月度定基 CPI。

为消除各个变量值时间序列数据之间可能存在的异方差性，对除虚拟变量之外的其他变量取对数，分别用 LNGDP、LNCPI、LNM2、LNCZ 和 LNR 来表示。

3. 对变量的平稳性进行检验。

在协整分析前，首先采用 ADF 单位根检验方法对变量的平稳性进行检验。检验结果（见表 8 – 5）显示各变量均是 I（1）形式，对所有变量的一阶差分进行检验，结果显示均为平稳，因此各变量之间可能存在协整关系，可以进行协整检验。

表 8 – 5 各变量的一阶差分单位根检验结果

变量	检验形式 （C，T，K）	ADF 值	临界值**	P 值	平稳性
LNGDP	（C，0，0）	– 6.6488	– 2.9126	0.0000	平稳
LNCPI	（C，0，0）	– 6.6636	– 2.9117	0.0000	平稳
LNM2	（C，T，0）	– 7.3634	– 3.4878	0.0000	平稳
LNCZ	（C，0，0）	– 6.3470	– 2.9117	0.0000	平稳
LNR	（C，0，0）	– 6.1247	– 2.9117	0.0000	平稳
XN	（0，0，0）	– 6.7158	– 1.9464	0.0000	平稳

注：（C，T，K）中的 C 和 T 表示带有常数项和趋势性，K 为滞后阶数，＊＊表示5%的显著性水平，全部检验在 EVIEWS6.0 软件中进行。

4. 对变量的协整关系检验。

为了检验货币政策对稳定物价和经济增长的影响，采用协整法验证（LNGDP、LNM2、LNCZ、LNR、XN）和（LNCPI、LNM2、LNCZ、LNR、XN）这两组变量的关系。协整分析的结果（见表 8 – 6）表明，在1%的显著性水平下，迹统计量显示 GDP、CPI 及其各自影响变量之间存在协整关系，协整关系数量均为2。由于各变量是平稳的，且存在协整关系，因此可以建立误差修正模型来分析货币政策对稳定物价的效应和促进经济增长的效应。

表 8 – 6 GDP、CPI 及其各自影响变量的 Johansen 检验

变量	特征值	迹统计量	5%临界值	1%临界值	协整方程个数
GDP	0.614838	121.8374	69.81889	77.81884	None **
	0.439876	66.50009	47.85613	54.68150	At most 1 **
	0.358859	32.88350	29.79707	35.45817	At most 2 *
	0.114676	7.102128	15.49471	19.93711	At most 3

变量	特征值	迹统计量	5%临界值	1%临界值	协整方程个数
CPI	0.621571	113.8474	69.81889	77.81884	None **
	0.428778	62.48731	47.85613	54.68150	At most 1 **
	0.288423	30.00859	29.79707	35.45817	At most 2 *
	0.127975	10.27285	15.49471	19.93711	At most 3

注：** (*) 表示在1% (5%) 的显著性水平下拒绝零假设，全部检验在 EVIEWS6.0 软件中进行。

5. 误差修正模型分析。

根据 Granger 定理，如果一组变量之间具有协整关系，则它们一定可以写成误差修正模型（VECM）的形式。VECM 的一般表达式可以写成：

$$\Delta Y_t = \alpha ECM_{t-1} + \sum_{i=1}^{n} G_i \Delta Y_{t-i} + \varepsilon_t \qquad (8.1)$$

其中，ECM_{t-1} 为误差修正项，反映解释变量与被解释变量之间的长期均衡关系；α 反映变量之间的均衡关系偏离长期均衡状态时，将其调整到长期均衡状态的调整力度；ΔY_{t-i} 代表各解释变量的滞后差分项，它前面的系数 G_i 反映了各变量短期波动对 ΔY_t 的影响。因此 VECM 模型可以分析经济系统中各变量间长短期的关系。

令 $Y_t = (GDP、R、M2、CZ)'$ 和 $Y_t = (CPI、R、M2、CZ)'$，来分别考察金融危机时期货币政策的产出效应和物价稳定效应，变量均取对数形式。依据 AIC 等信息指数来确定误差修正方程的最优滞后阶数，得到了误差修正模型的估计结果，模型拟合程度较好。其中 GDP、CPI 及其各自影响变量的长期均衡关系如公式（8.2）和公式（8.3）所示，公式（8.2）和公式（8.3）中括号内数字系参数估计的 t 统计量，u_t 为误差修正项。

$$LNGDP_t = 19.1366 + 4.1399LNCZ_t + 3.2382LNM2_t - 4.0986LNR_t + u_t$$
$$\qquad (-4.1217) \qquad (3.0332) \qquad (4.8588) \qquad (8.2)$$

$$LNCPI_t = 3.5598 - 0.3731LNCZ_t + 0.2531LNM2_t + 0.5123LNR_t + u_t$$
$$\qquad (3.9053) \qquad (-2.2017) \qquad (-6.7375) \qquad (8.3)$$

可以看出，存款准备金率、M2 和利率对经济增长和物价水平的长期影响都比较显著。对于 CPI 的影响，存款准备金率每上升 1%，CPI 就会下降

0.37%；M2 每上升 1%，CPI 就会上升 0.25%；利率每上升 1%，CPI 就会上升 0.51%。下表 8 – 7 又给出了 GDP、CPI 及其各自影响变量的短期动态关系。

表 8 – 7　　　　　　　GDP、CPI 及其各自影响变量的短期动态关系

ΔLNGDP			ΔLNCPI		
变量	系数	t 值	变量	系数	t 值
ECM $_{-1}$	– 0.2173	– 3.0117	ECM $_{-1}$	0.0507	1.7458
LNGDP $_{-1}$	0.0663	0.5203	LNCPI $_{-1}$	0.2087	1.6891
LNGDP $_{-2}$	– 0.1189	– 1.1859	LNCPI $_{-2}$	– 0.0880	– 0.6623
LNCZ $_{-1}$	– 0.5748	– 0.7694	LNCZ $_{-1}$	0.0347	1.2417
LNCZ $_{-2}$	– 0.0774	– 0.1071	LNCZ $_{-2}$	– 0.0398	– 1.3990
LNM2 $_{-1}$	– 4.6282	– 2.0893	LNM2 $_{-1}$	– 0.0455	– 0.5148
LNM2 $_{-1}$	– 0.2976	– 0.1273	LNM2 $_{-1}$	– 0.0887	– 1.0662
LNR $_{-1}$	– 0.2990	– 0.6410	LNR $_{-1}$	0.0072	0.4222
LNR $_{-1}$	0.3276	0.7684	LNR $_{-1}$	0.0755	4.6721
XN	– 0.3276	– 3.1078	XN	– 0.0024	– 0.9094

注：利用 EVIEWS6.0 软件进行检验，滞后项根据 AIC、SC 准则确定。

从长期均衡关系式和短期动态关系的估计结果可以得出以下几点结论：

一是从长期均衡关系式各解释变量的系数和 t 检验值可看出，超常宽松货币政策对 GDP 增长的刺激效应显著，但是对物价的稳定效应不强；二是从误差修正项 ECM $_{-1}$ 的系数及其 t 检验值分析，GDP 模型的误差修正项系数为负（为 – 0.2976）而且统计上比较显著，表明方程（8.1）得到的协整关系是稳定的，当 GDP 增长率短期波动偏离其长期均衡时，系统会以 0.22 的力度将其拉回均衡状态，CPI 物价稳定方程的误差修正项系数很小（为 0.05），说明通货膨胀率向长期均衡状态调整的速度相对比较缓慢；三是无论利率工具还是存款准备金率工具，在短期内对稳定物价和经济增长的解释程度有限，从虚拟变量 XN 的系数及其 t 检验值可知，宽松的货币政策短期内对 GDP 增长的影响在统计上显著，但是短期内对 CPI 的影响比较弱，且在统计上不显著。

归纳以上分析结果表明，危机时期中国货币政策对长期经济增长的刺激效应比较明显，但是对物价稳定效应不强。在短期内，无论是利率工具还是

存款准备金率工具，对物价稳定和经济增长的解释程度都有限。

四、后金融危机时代中国人民银行货币政策工具的改革

前文实证结果说明，严重金融危机下，需要在短期内迅速采取措施控制局面，而传统货币政策工具在短期发挥作用比较有限。而美联储应对危机的实践表明，一些非常规货币政策工具的运用，能在较短期限内稳定金融市场、平滑经济波动。

（一）严重危机下人民银行需要改革货币政策工具的判断依据

传统货币政策工具效用的发挥需要借助一定的政策传导渠道，但是在严重危机背景下，这些渠道会被阻断。因此中国未来应对危机的货币政策实践中，要密切观察货币政策传导渠道的畅通程度，当这些渠道被阻断时，就应适时改革货币政策工具，选择非常规货币政策工具以更好地应对危机。因此，货币政策传导渠道的畅通程度构成了人民银行判断是否需要进行货币政策工具改革的依据。

1. 利率渠道是否畅通。

在危机背景下，传统货币政策工具发挥效应的利率传导渠道可能被阻断。市场受到较大冲击时，由于金融产品价格的不确定性，货币市场的风险溢价水平大大提高，而央行的短期政策利率是货币市场无风险利率，与市场风险溢价不具有相关性，因而不能有效调控货币市场利率、降低金融机构的短期资金借贷成本。同时，在危机的影响下，金融机构融资困难以及金融产品的大量抛售也导致中长期资金市场利率与央行政策利率的相关关系大幅下降，而实体经济的融资成本主要和中长期资金市场利率有关，因而央行的降息行为就不能有效降低实体经济的融资成本，从而利率渠道被阻断。

因此，中国人民银行在应对危机时，需要密切观察货币政策传导的利率渠道是否畅通，当利率渠道存在阻断现象时，就可能需要采用非常规货币政策来干预经济。2008 年全球金融危机时期，Libor－OIS 利差成为衡量美国金融市场风险溢价水平的一个关键指标，中国可以借鉴这一做法，制定相关的指标，譬如三个月期 Shibor 与人民币隔夜回购利率互换的价差（Shibor－OIS

利差），借此来判断是否需要采取非常规货币政策来应对危机。

2. 资产价格渠道是否畅通。

根据托宾季度理论，当中央银行降低存款准备金率和利率时，此时货币资产的收益率就会下降，其他资产的收益率相对于货币资产的收益率存在优势，投资者会购买更多其他形式的资产、抬高这些资产的价格，进而刺激这些资产的生产或投资。但是，当经济面临重大危机时，货币政策传导的资产价格渠道可能被阻断。这是因为，资产价格渠道一方面是以利率渠道为条件的，利率渠道被阻断也使得资产价格渠道无法打通；另一方面重大危机下的资产抛售会导致资产价格下降，紧接着就是金融机构资产负债表恶化，又会导致资产的进一步抛售，最后导致资产价格下跌趋势无法逆转，从而阻断了货币政策传导的资产价格渠道。

中国的股票市场和房地产市场经过了20多年的发展，目前已经在货币政策的传导过程中发挥了一定的作用。因此，在重大危机背景下，中国人民银行应该观察其货币政策操作对这些资产价格的影响，如果发现传统货币政策工具的运用不能有效地影响这些资产的价格，那么货币政策的资产价格传导渠道就可能被阻断，此时就可以考虑采用一些非常规货币政策工具对经济进行干预。

3. 信贷渠道是否畅通。

重大危机背景下，货币政策传导的信贷渠道被阻断的原因有两个方面：第一，上面讨论的资产价格下跌会使得金融机构的资产负债表受到影响，从而主动收缩信贷水平；第二，由于危机的影响，实体经济可能会步入下行通道，经济低迷也会导致信贷需求量的下降。以上两个方面的原因会导致信贷机构即使有可贷资金也无法将其投放到实体经济中，从而货币政策传导的信贷渠道被阻断。因此，在危机背景下，中国人民银行应该密切关注其货币政策操作对信贷投放量的影响，以便在信贷渠道不通时采用相应的非常规政策手段。

4. 汇率渠道是否畅通。

在当今全球金融市场一体化的背景下，当有突发事件的冲击时，往往会造成国际资本大量进入或者撤出中国，从而造成人民币汇率在短期内大幅波动，使得央行难以对人民币汇率进行有效的干预，从而货币政策的汇率传导渠道失效。因此，中国人民银行应该密切关注危机背景下的人民币汇率变动情况，在市场环境需要时采取一定的非常规货币政策工具进行应对，譬如运用货币互换的手段来解决短期流动性问题，维护金融体系稳定。

（二）货币政策传导渠道出现阻断情况下中国人民银行的货币政策工具改革

在危机背景下，如果上述四种货币政策传导渠道出现阻断，中国人民银行可以选择相应的非常规货币改革工具来进行应对。由于目前中国还极少有运用非常规货币政策工具的实践，因此需要结合美联储的经验来分析不同情况下中国人民银行的货币政策工具改革。

1. 修复利率渠道的货币政策工具改革。

在危机背景下，当货币政策传导的利率渠道存在阻断现象时，中国人民银行可以借鉴美联储的经验，选择诸如 TAF、PDCF 之类的非常规货币政策工具等来稳定金融市场，进而修复货币政策传导的利率渠道。一方面，中国人民银行可以通过这些非常规货币政策工具向各类金融机构提供信贷援助，减轻金融机构的流动性压力，恢复市场信心，从而修复市场的运行机制。另一方面，中国人民银行可以有针对性地向银行等金融机构提供援助，扩大相应的信贷支持范围，使得市场风险情绪缩小到一定范围内，可以有效控制金融市场的风险溢价，从而修复利率渠道。

2. 修复资产价格渠道的货币政策工具改革。

在危机背景下，如果资产价格渠道被阻断，中国人民银行可以选择资产购买工具稳定资产价格，修复资产价格渠道。中国人民银行在运用资产购买的非常规货币政策工具时可以采取两种方式：一种是直接购买 MBS[1]、机构债和国债；另一种是通过设定信贷支持 SPV 来购买特定金融资产，如美联储所运用的 CPFF。这两种方式一方面会直接形成对资产的现实需求，另一方面也有助于稳定市场对这些资产未来价格的预期，这两种效应都会有助于资产价格的稳定，从而修复货币政策传导的资产价格渠道。

3. 修复信贷渠道的货币政策工具改革。

---

① 需要说明的是，MBS 目前在中国的规模并不大，但一直不断有尝试，如中国建设银行发行的"建元 2005 – 1"和"建元 2007 – 1"均为表外融资模式的 MBS。

与上面一样，当信贷渠道被阻断时，中国人民银行也可以选择资产购买工具来修复信贷渠道。资产购买将会有助于资产价格的稳定、降低资产价格波动的不确定性，减轻商业银行的资产负债表压力，从而防止商业银行因提高无风险资产配置比例而引起的信贷收缩。

4. 修复汇率渠道的货币政策工具改革。

在汇率渠道被阻断时，中国人民银行可以通过与其他国家进行联合降息、开展货币互换等手段来稳定国际金融市场，降低市场的风险预期，从而修复汇率渠道。实际上，在 2008 年全球金融危机时期，中国已经运用了货币互换的手段来应对短期流动性问题，维护金融体系稳定。自 2008 年 12 月 12 日至 2009 年 3 月 29 日，中国人民银行相继与韩国、马来西亚、白俄罗斯、印度尼西亚、阿根廷等国央行及我国香港金融管理局签署总额约为 6500 亿元人民币的双边货币互换协议。

本 章 小 结

本章针对中国金融体系脆弱性的状况并参考指标体系的量化结果，研究提出了应对金融体系脆弱性的金融稳定政策，核心是微观审慎监管与宏观审慎监管的有机结合，尤其要发挥宏观审慎监管和央行货币政策在应对金融体系脆弱性和从危机中恢复的核心作用。

首先，构建了实现金融稳定目标的一个政策分析框架，包含以下几方面的系统整合和协调联动：一是对金融脆弱性的监测度量和对金融稳定的评估体系；二是对不稳定来源的深入分析；三是消减脆弱性实现金融稳定的政策体系；四是危机恢复应急对策体系；五是明确金融稳定目标的责任归属和相关协调机制。这五个方面的有机结合就构成了一个金融稳定框架。

其次，强调了中央银行除了控制货币供给进行宏观经济调控外，更重要的是应关注金融稳定性，提出了基于消减脆弱性目标的金融稳定政策。具体为：一是做好微观审慎与宏观审慎的有机结合，在微观监管政策措施中尽快落实宏观审慎监管要求，并且央行应推行多种货币政策来消减脆弱性。二是应逐步消减实体经济及政府平台公司的庞氏债务风险，应提升实体经济营业收入能力逐步消减庞氏债务风险，逐步消减中国政府隐性担保带来的政府平台公司的庞氏债务风险。三是应加快资本市场发展消减企业债务膨胀带来的脆弱性，加快发展多层次股权融资市场，拓展企业资本补充渠道，降低企业资产负债率，降低企业债务融资资产的潜在违约风险，尽快放开银行金融机构上市融资限制，鼓励商业银行股票上市。四是应加快发展证券化市场消减银行机构表内外业务脆弱性。五是要在利率市场化改革过程中保持中国银行体系安全与稳定。六是要合理借鉴美国应对金融危机的货币政策工具。

最后，提出了基于从危机中恢复目标的央行货币政策工具箱优化。在讨论分析美联储应对金融危机的三类非常规货币政策工具措施以及运用效果基础上，通过协整分析和向量误差修正模型实证研究检验了全球金融危机时期中国人民银行货币政策的效果，然后提出了后金融危机时代中国人民银行货币政策工具改革的建议：一是在严重危机下人民银行需要改革货币政策工具的判断依据，要密切观察货币政策传导渠道的畅通程度，具体包括：利率渠道是否畅通、资产价格渠道是否畅通、信贷渠道是否畅通、汇率渠道是否畅通。二是在货币政策传导渠道出现阻断情况下，应选择非常规货币政策工具改革来进行应对，具体也包括：修复利率渠道、修复资产价格渠道、修复信贷渠道以及修复汇率渠道的货币政策工具改革。

第九章　京津冀区域金融脆弱性
来源与稳定政策

在前面章节对中国金融体系脆弱性分析的基础上，本章主要从区域金融视角出发，结合京津冀区域的脆弱性来源和特征，基于跨区域、跨周期、动态均衡视角分析京津冀区域经济应弥补的短板，并提出与之相适应的区域金融稳定政策。

经济新常态下，中央经济工作会议提出"去产能、去库存、去杠杆、降成本、补短板"五大任务，并要求"坚决守住不发生系统性区域性风险底线"，其工作的核心之一就是如何降低区域金融脆弱性，增强区域金融稳定。过剩产能和高库存带来实体经济的"高负债、高杠杆"，是区域金融脆弱性的主要根源；"去产能、去库存、去杠杆"可以消减金融脆弱性；降成本、补短板有利于增强企业竞争力，进而增强金融稳定性。

近年来我国不同区域先后发生了一些影响较大的金融风险。2012年上海暴发大面积钢贸企业违约事件；2013年温州暴发大面积小企业金融风险；2014年山东青岛、日照、淄博等地暴发大面积大宗商品贸易企业违约的区域金融风险；煤化工行业集中的山西、内蒙古等省份2015年末银行不良贷款率显著上升到5%左右。2014年以来沧州、邯郸等地也发生了不同程度的集中金融风险。

这些实际上都是区域金融脆弱性不断积累，在受到冲击后的区域金融风险暴露。上海、山东等地的钢贸、大宗商品贸易企业违约，源于过度贸易融资积累的金融脆弱性，在受到商品价格波动冲击后的风险暴露；温州的小企业违约源于过度集中的进出口贸易结构以及互保圈积累的金融脆弱性，在受到国际贸易外部冲击后的风险暴露；山西、内蒙古区域风险显著上升受累于其实体经济中的行业结构特征。我国经济新常态背景下，京津冀区域，尤其是河北区域的产业结构中重化工占比较重，使该区域处于结构调整、转型升级、节能降耗、环境污染治理等工作的核心区域，正面临复杂的环境，伴随着严峻的挑战。在资源、环境约束下压缩过剩产能，对一批行业及上下游关联产业带来很大冲击，积聚了较大的潜在区域金融风险。这凸显了京津冀区域金融脆弱性问题，存在爆发区域性金融风险的可能。

京津冀区域在经济新常态下同时又面临着协同发展的重大战略机遇，如何能够准确识别区域金融脆弱性来源，通过有效方法和手段做到提前防范和干预以保持金融体系安全和稳定，防范系统性区域性金融风险爆发，已成为政府及监管当局尤为关注的问题。在化解金融风险提升区域金融稳定性过程中，如何通过一系列金融服务创新，在京津冀协同中弥补短板、增强协同效应，防范系统性区域性风险，也是一项重要的研究课题。

第一节 区域金融脆弱性理论

一、关于区域金融脆弱性研究现状

关于金融脆弱性理论的研究文献可归纳为以下几类，第一类以明斯基1982 年提出的"金融不稳定假说"为代表，基于实体经济债务膨胀视角，从实体企业投融资角度剖析金融脆弱性及金融危机的原因。第二类从银行部门的信贷视角分析金融体系的脆弱性。如 1996 年米什金对银行等金融机构的内在不稳定性进行了分析，认为在金融不稳定状态下，金融系统不能为生产性企业提供融资支持，德米古茨－昆特等 1999 年利用 Logit 模型对已有数据分析了银行部门对脆弱性以及对金融危机的影响。第三类从金融市场角度对金融脆弱性来源进行分析，主要包括资产价格波动、汇率超调和利率与资产价格之间的关联性等方面。例如，费曼等（Furman et al, 1998）研究证实经济增速放缓本身就预示着财务危机的可能性，汇率超调、外资撤出、内部信贷收缩等都是加剧金融危机的因素。第四类从金融脆弱性来源的诱因方面，基于信息不对称、资产价格波动、金融自由化等角度进行分析。米什金 1999 年从信息不对称角度分析了亚洲金融危机，认为尽管资本流动对金融危机有促进作用，但这只是表面现象，因此进行汇率控制防范金融危机的作用不大，信息不对称引发的道德风险对金融不稳定有促进作用，是导致金融危机的重要原因。第五类从金融脆弱性的监测评价指标体系方面开展了大量研究。如国际货币基金组织（IMF）2006 年从资产负债角度构建了 12 个核心指标和27 个鼓励指标来评价金融体系的稳健性。

关于区域金融脆弱性的研究文献较少，其中一些研究从单一角度分析了区域金融脆弱性的来源。例如，陈军等（2010）参照 IMF 的资产负债表的分析方法，对被考察区域的地方银行期限错配、清偿力和资本结构以及大中型企业杠杆率过高可能加剧区域金融脆弱性进行了研究；曹源芳等（2013）通过实证检验了金融风险在中国国内各区域传染效应的存在性。

现有文献中，比较偏重于国际或国家层面的金融脆弱性研究，金融稳定政策方面注重宏观调控、货币政策以及对金融机构的微观监管等，美国金融危机后各国加强了对金融脆弱性的监测，并开始注重宏观审慎与微观审慎的结合。而关于区域金融脆弱性和区域金融稳定政策方面的研究较少，针对京津冀区域金融脆弱性问题的研究也不多见。本书拟把金融脆弱性问题的研究成果转化应用于制定有效的区域稳定政策，以应对系统性区域性金融风险。

二、区域金融脆弱性来源的理论基础

基于明斯基的"金融不稳定假说"，通过对金融脆弱性相关理论的梳理，关于金融脆弱性来源的理论研究主要包含以下几个方面：一是基于实体经济债务膨胀视角，从实体企业投融资角度剖析金融脆弱性及金融危机的原因；二是从银行部门的信贷视角分析金融体系的脆弱性，如银行的安全边界理论、银行挤兑论和银行顺周期理论；三是从金融市场角度对金融脆弱性来源进行分析，主要包括资产价格波动、汇率超调和利率与资产价格之间的关联性等方面；四是从金融脆弱性来源的诱因方面，基于信息不对称、资产价格波动、金融自由化等角度进行分析。这些研究主要体现在实体经济部门（如企业）、银行金融机构、金融市场（资产价格波动和市场参与者）和汇率等方面的金融脆弱性。因此，在之后的区域金融脆弱性来源分析及稳定政策制定中主要基于以下几点：

第一，把脆弱性来源归纳为实体经济及地方政府债务膨胀、金融机构风险、金融市场风险、贸易与风险跨区传染冲击、经济增长波动等多个维度。

第二，分析基于资源和环境约束的实体经济发展相对水平，所累积的金融脆弱性。由于经济增长所依赖的环境、资源要素的约束，只能支撑一种常规发展，当实体经济发展相对水平超过常规增速时，金融脆弱性开始累积。

第三，分析脆弱性来源的关联支撑效应。即脆弱性来源各维度所引起的脆弱性以及大小主要受制于与之关联因素的支撑程度大小。具体为：实体经济的债务膨胀受制于与之关联的未来现金流；金融机构风险受制于与之关联的资本充足水平支撑；金融市场风险反向受制于与之关联的自由化和交易活跃程度；跨国或跨区域资本流动冲击受制于与之关联的对冲能力支撑；经济增长波动风险受制于与之关联的物价水平和增长质量支撑。

第二节 京津冀区域金融脆弱性来源及特征分析

经济新常态对区域金融脆弱性的影响表现为：第一，资源、环境、传统产业结构等约束下带来的经济增长持续处于中低速的经济新常态，影响着金融资产扩张也步入中低速的金融新常态；第二，传统产业结构转型升级和淘汰技术落后、高污染、高能耗产能的经济新常态，影响着金融体系持续处于高信用风险、高不良资产暴露的不良新常态；第三，利率市场化、汇率自由化、资本项目逐步开放等金融体制深化改革，影响着金融体系盈利能力步入低增速甚至中低盈利的新常态，同时加剧着金融各领域系统性风险的积聚。京津冀区域金融脆弱性来源于实体经济、房地产、地方政府债务、金融机构、金融市场、国际贸易和资本冲击、周边区域风险传染、资源环境约束等多个领域。

一、实体经济未来现金流不能支撑债务膨胀的金融脆弱性

实体经济预期的现金流，不能支撑前期的债务膨胀，表现为过剩产能的积累。以河北省为例，根据统计局数据计算可发现2010年河北省单位信贷资金对应GDP产出为1.28元，到2015年下降为0.91元，降幅为28.69%，反映了债务资金创造未来现金流的能力萎缩。这一方面是因为国际经济复苏缓慢和国内经济步入发展新常态；另一方面源于河北区域资源消耗和环境污染条件的限制和制约。

实体经济外在表现为高杠杆、高负债、产能过剩的金融脆弱性积累。分析其背后的短板，实际为技术创新短板、直接融资短板。国际国内市场需求复苏缓慢的同时，伴随着需求结构的重大变革，在互联网和各种高技术推动

下，社会终端消费需求的总量依然增长，但是需求结构快速向高附加价值、高技术产品以及新兴服务业转变，而河北区域实体经济技术创新能力的短板，导致其未来创造现金流的能力萎缩，进而不能支撑前期的债务膨胀。河北区域实体经济资金来源中，由于直接融资短板导致主要依赖于间接融资，融资结构失衡带来高杠杆、高风险积累，脆弱性加大，直接融资短板又可进一步归结为资本市场功能发挥的短板、地方金融机构综合化服务能力的短板等方面。

二、房产地产融资结构和方式带来的脆弱性

房地产的高库存情况以及由其积累的金融脆弱性主要不在于库存以及价格本身，而在于房地产的融资结构和方式带来的脆弱性。河北区域大部分城市及县域的房地产价格绝对水平相对低于国内其他区域，同时河北区域人口城市化率只有55%左右，较京津显著低30多个百分点，未来依然有潜在的巨大需求，所以房地产库存及价格带来的金融脆弱性相对缓和。而房地产业的融资结构和方式中，一方面过度依赖民间集资和民间借贷等影子金融融资模式带来的脆弱性问题突出；另一方面行业分散化、多数本地房地产企业资金实力较弱，难以对抗长周期冲击带来的脆弱性，分散化也导致融资能力不足，进而过度依赖影子金融体系，放大了金融脆弱性。

三、地方政府债务带来的金融脆弱性

从地方政府债务融资的用途看，理论上可划分为三类：第一类用于弥补提供公共服务，提高社会服务水平的运行支出，这类支出一般不产生未来现金流；第二类用于刺激投资，或直接投资、开展公共环境保护治理等，这些投入应通过未来实体经济的税收等方式产生现金流来支撑；第三类介于第一、第二类特点之间。实际中很多政府投资难以清晰界定归为那一类，但并不影响本书的分析逻辑。地方政府债务外在表现为高负债、高风险，带来的金融脆弱性实际源于以下几方面的短板或不足：

1. 投资有效性和跨周期约束的短板。

上述第二、第三类政府投入运用的融资，如果未来能产生足够的税收收入现金流进行支撑，无论债务的绝对额高低，都不会带来金融脆弱性。如果政府投资有效性不足，投资效率低下，而且没有合理评估前期投入与未来现金流的收入支撑跨期均衡，在前期过快、过度债务膨胀，必然会导致未来的债务危机，带来严重的金融脆弱性。所以，地方政府债务带来的金融脆弱性之一，源于投资有效性不足，投资决策与投入产出跨期约束没能建立有效的联动机制，没能实现跨周期均衡，是由于投资市场化机制不足的短板所致。

2. 不同地区均衡协调机制的短板。

不同地区的资源禀赋、产业结构、人员素质结构、居民生活水平的差异，使得各地区投入产出效率存在显著差异。如果在上述第一类政府投入过程中，按照均等化水平提供社会公共服务、开展环境保护治理，在一些投入产出效率低的地区，地方政府收入将不能支撑投入，也不能支撑债务融资。这些地区政府债务将带来比较突出的金融脆弱性，需要上升到省一级、京津冀区域级甚至国家级建立地区均衡协调转移补偿机制，需要统筹产出水平较高地区的收入支援产出水平较低的地区。而目前河北省内各行政区域分割下，存在地区均衡协调的短板，不能有效转移补偿落后地区的社会公共服务、环境保护治理等投入，必然导致落后地区政府债务带来的金融脆弱性问题突出。上升到京津冀区域层面也存在类似问题，河北提升社会服务、开展环境保护治理需要大量的资源投入，远高于京津地区，而河北的产出水平、政府财力水平远低于京津，必然导致河北政府债务带来的金融脆弱性问题比较突出。

3. 公共环境保护治理成本与污染产出的有效对接和联动短板。

单纯从经济角度考量，实体经济开展生产的产出扣除环境保护和治理污染的投入后，如果为正，将意味着经济活动可持续。由于大量的环境保护和治理污染由政府投入来完成，实体经济成本支出中最多只承担了狭义的环境保护成本支出，例如自己的环保设备成本，而没有承担广义的环境保护成本支出，例如大气环境破坏衍生的生态治理成本。所以实体经济投入产出效率评价中，没有分摊广义的环境保护治理成本，而政府承担这些成本，带来政府债务的增加，这些政府债务没有与产出建立有效的对接和联动，必然带来金融脆弱性。这种企业生产经营产生污染带来的产出与公共环境保护治理的成本没有建立有效的对接和联动机制，使得大量企业单纯从自己的生产经营看为正的经济效益，大量环境保护治理成本转移给政府，综合来看实际为负效益。从长期看实体经济的产出不能弥补政府的环保治理投入，必然带来债务违约，发生系统性风险。

四、区域金融机构脆弱性

研究金融机构对区域金融脆弱性的影响，无论是银行金融机构，还是证券、保险、资产管理公司等其他金融机构，需要根据金融机构是否具有法人地位、上级管理机构、归属监管机构等特点进行区别。对于全国性金融机构在京津及河北的地方非独立法人分支机构，更适合在国家宏观层面探讨他们带来的脆弱性问题，同时它们的脆弱性问题往往会有总行或总公司的资源实力来对冲或化解。从京津及河北区域角度看，应把注意力聚焦于本地金融机构带来的脆弱性问题。

1. 地方金融机构综合化经营能力和资本补充渠道带来的脆弱性。

第一，以地方商业银行为代表的本地金融机构，由于规模实力、人力资源约束、资格牌照等限制，综合化经营能力严重不足，提供直接融资服务能力不足，是实体经济直接融资占比较低的重要原因之一，实体经济间接融资过高带来企业债务违约风险，增大区域金融脆弱性。第二，地方金融机构由于缺乏上市通道，资本补充渠道单一，资本补充能力严重不足，在资本充足率监管约束下，必然限制投资与信贷投放规模，进而抑制实体经济发展，降低本地金融机构对抗风险的能力。第三，在经济新常态环境下，京津冀区域个别金融机构风险水平显著上升，由于牵涉面较广，一旦暴露可能连带引发区域性集中风险爆发。

2. 对传统银行金融机构的一些领域监管过度带来的脆弱性。

监管部门，尤其基层监管部门对传统金融机构，过度关注表面合规和形式监管，消耗了大量监管资源，同时也消耗了金融机构大量资源和精力从事表面形式合规工作，实际大大增加了交易复杂性，孕育了脆弱性风险。例如信贷资金的受托支付政策，作为一种控制信贷投向，防范金融风险的政策，在过去几年发挥了重要的作用。但是随着工商登记制度、企业注册资本制度等一系列刺激投资、刺激创业的自由化政策改革，使得受托支付政策发挥有效作用的环境基础消失，已经无法发挥其作用，主要成为一项形式要求。但是执行这一政策：一方面占用着金融机构和监管部门的管理和监管成本；另一方面实体经济为了满足形式要求大大增加了交易复杂性，往往通过隐形设立或显性设立一系列实际关联的经济主体，开展大量形式上的交易满足形式上的受托支付要求，这不仅增加了实体经济的交易成本和负担，而且增大了资金交易风险。

3. 对影子金融及融资担保机构监管短板带来的脆弱性。

以河北区域为例，正规金融供给不足环境下，民间借贷、民间集资等影子金融比较普遍，对它们的监管短板孕育着大量的脆弱性风险。同时，对融资担保机构也缺乏有效监管。这些融资担保机构一方面大量参与过桥融资、民间融资加大影子金融带来的脆弱性风险；另一方面其本身也演变为从事复杂的多元化经营，脱离了以融资担保为主的经营模式，由于其担保杠杆放大的效应，积累着大量的脆弱性风险。

五、区域金融市场脆弱性

区域金融交易市场，例如股权交易市场、大宗商品交易市场、碳交易等环境资源交易市场，一般交易规模相对较小，交易活跃程度相对较低，市场运作能力相对不足，单纯从金融市场本身看，实际存在的脆弱性风险也相对较小。但是从服务实体经济角度看，没能发挥有效的金融市场服务功能，带来实体经济直接融资不足，资源配置效率不高，增大了实体经济的金融脆弱性。

六、国际贸易和资本冲击带来的脆弱性

国际贸易和跨国资本冲击对区域金融脆弱性的影响程度取决于经济对外依存度。以河北为例，区域的国际贸易和国际资本依存度较小，同时相对分散化，2015年河北省进出口总额与当年 GDP 比率只有 12.45%，较全国平均

水平低 29.1 个百分点；河北省实际利用外资额与当年全社会固定资产投资额比率只有 1.61%；从进出口地域分布看，进出口额排在前 10 名的国家或地区平均占比只有 6.16%，相对分散，最大一国为澳大利亚占比为 16.21%，但从该国进口额占了 95%。

七、周边区域风险传染带来的脆弱性

周边省市区域金融风险主要通过产业关联、市场供需关联进行跨区传染。周边不同省市与京津冀区域的主要关联领域集中度不同，京津冀区域内部的协同方向也存在差异，在经济新常态环境下都存在周边区域风险跨区传染带来的金融脆弱性，需要区别识别和应对。从经济联系密切程度以及地缘角度看，应主要考虑东北、山东、山西、河南等省市区域金融风险传染带来的脆弱性问题。

八、资源环境约束带来的脆弱性

当前，京津冀区域大气环境严重污染、单位 GDP 资源消耗过高等资源环境约束，带来的区域金融脆弱性风险非常突出。区域经济增长也严重受制于这种资源环境要素约束，由此导致的金融脆弱性风险，可能成为系统性区域性金融风险爆发的主要来源。例如，山东临沂地区，在资源环境约束下，2015 年初关停 57 家高污染、高耗能实体企业，停产导致企业资金链断裂，无法偿还到期债务，全市 3000 亿元贷款资金中有 1000 多亿元与停产企业有关联，信贷金融风险上升，濒临爆发系统性区域性金融危机的边缘。

第三节 区域金融稳定政策的跨区域、
跨周期、动态均衡视角

国家推行京津冀协同发展战略，为京津冀区域经济社会发展提供了重大历史机遇，研究该区域的金融稳定政策，必须充分结合京津冀协同发展战略。

在推动实现《京津冀协同发展规划纲要》目标过程中，要确保不发生系统性区域性金融风险，就需要梳理京津冀协同发展中的基本机理（见图9-1），以改革创新为驱动力，基于跨区域、跨周期、动态均衡视角抓住关键问题、解决关键矛盾、提供关键动力，来研究制定区域金融稳定政策。

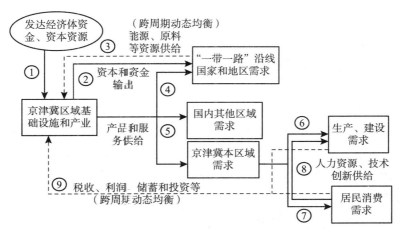

图9-1 京津冀协同发展的跨区域、跨周期、动态均衡体系

从跨区域角度考虑京津冀协同发展所处的国际国内环境对区域金融稳定政策的影响。国际主要发达经济体将是京津冀协同发展大量新增资金来源地，"一带一路"国家和地区将是京津冀协同发展的新增市场、能源和原料来源地，国内其他区域以及京津冀本区域的建设投资、产业转型升级、居民生活水平提高和消费升级将是京津冀协同发展的内需动力。

从跨周期、动态均衡角度考虑对区域金融稳定政策的要求。金融稳定政策需要推动金融体系实现跨周期、动态均衡支撑债务膨胀。前期国际国内资金大量汇集支持京津冀协同发展，未来需要税收增长、实体经济产出和利润增加、居民财富增加、储蓄增长等，推动金融体系实现跨周期、动态支撑债务膨胀。

制定金融稳定政策的最终目标应是培育实体经济核心竞争力。各项跨区域、跨周期、动态均衡经济金融目标的实现，最终归结于京津冀协同发展中，实体经济的全球竞争力能否提高，技术创新能力能否提高，人力资源素质能否提高和人才优势能否发挥。需要金融政策在培育这些核心竞争力方面发挥核心作用，才能真正实现金融稳定。

第四节　京津冀协同发展下的区域金融稳定政策

一、强化科技创新，增强实体经济实力

要消减实体经济带来的金融脆弱性，根本路径在于提高其创造未来现金流的能力，在资源、环境等要素约束下，突破的唯一路径在于强化科技创新。从跨周期考虑，京津冀协同发展过程中，实现产业竞争力提升是未来收益现金流可持续支撑前期债务的核心。产业竞争力提升的核心是持续的科技创新和技术进步。无论是传统产业的转型升级，还是京津实体经济向河北转移过程中的转型升级，都要以科技创新、生产工艺技术进步为前提。

从现实情况看，科技创新型企业在初创期规模较小，抵质押条件短期内难以满足现有的银行信贷投放要求，而银行的信贷审批人员对科技创新项目不熟悉，也难以进行风险评估，科技创新企业通过传统信贷模式获得融资有限。必须在改变现有担保机制，破除信息不对称，发展风险投资，推动科技创新企业股权、产权、知识产权、专利产权交易等方面加大改革创新力度。目前的短板在于：京津冀区域内没有形成统一、高效、开放、共享的信用体系，信贷、纳税、环保、合同履约等信用记录不能实现互联互通，信用约束机制和信用披露制度不健全；没有公认的、权威的、专业的资产评估机构和企业信用评级机构，无法对企业的有形资产和无形资产进行有效评估，不能为金融机构提供可接受的评级、评估结果等。

所以，补短板的金融稳定政策或金融促进政策应聚焦于：第一，建立有效的信息传导共享机制，破除金融资源配置与科技创新企业的信息不对称；第二，通过金融衍生品市场交易，建立信用风险转移和社会分担对冲机制，实现信用风险市场定价；第三，调整政府支持科技创新和技术改造基金使用

模式，发挥政府基金的引导作用和激发作用，例如增设针对科技创新的政府风险补偿基金，改变基金补充机制，建立被支持项目成功后的"反哺"机制，扩大风险补偿基金规模，形成良性循环机制；第四，建立有效的技术产品价值评估定价和市场交易机制，把技术创新企业股权、产权、知识产权、专利产权等，同步在集中统一的交易所登记挂牌，把创新主体、金融企业、金融市场、产权交易中心联结打通信息共享机制，破除信息不对称，把资金投入、效益分配、权益分配、产权转移及失败后的风险承担和风险补偿做出系统化的制度安排，把创新成果的效益转化和效果评价由软约束转变为由市场投资主体主导的市场化条件下的硬约束。

二、创新机制，推动城市化和房地产企业整合，推动去库存

要消减京津冀区域中部分地区房地产库存积累的金融脆弱性风险，一方面需要创新机制加快推动城市化，带来对房地产商品的需求和购买增加，从而使房地产企业回收现金流以清偿债务；另一方面需要采取措施提高房地产融资结构和融资方式的金融稳定性，因为城市化进程需要一个长期的过程，在房地产去库存过程中如何保持占压资金链的跨周期均衡，重点在于提高融资结构和融资方式的稳定性。

要提高房地产融资结构和方式的金融稳定性，必须引导区域的房地产行业破除分散化短板，实施有效整合。通过市场机制引导房地产行业整合，提高集中度，增强微观主体对抗长周期风险冲击的实力，不但能增强自身直接融资的能力，而且能促进正规金融机构增加间接融资供给，形成良性循环，同时能有效降低房地产融资结构中影子金融以及民间集资①的占比，增强金融稳定。

三、加强影子金融机构、融资担保机构监管

除了地方房地产企业普遍使用影子金融机构进行融资之外，大量中小

---

① 民间集资的房地产企业，在出现流动性问题时往往演化为非法集资，是河北区域房地产融资方式带来金融脆弱性的重要来源，是引发系统性区域性金融风险的重要威胁之一。

企业以及科技型中小企业，也普遍使用影子金融机构以及融资担保机构进行融资，这些领域也是区域金融脆弱性的重要来源之一。影子金融机构和融资担保机构在金融服务薄弱领域发挥着非常重要的补充作用，所以区域金融稳定政策的重点在于加强监管疏导，降低这些领域引发系统性区域性金融风险的可能性，而不是取缔或放任。目前在这些领域的监管不足是重要短板。

区域金融稳定政策，要求弥补短板，加强影子金融机构、融资担保机构监管：第一，要整合统一、归并梳理、清晰界定监管责任归属部门，减少协调矛盾，增强监管能力；第二，要建立有效的影子金融机构、融资担保机构统计监测体系，确保决策数据的可获得性、时效性和真实性；第三，要开发建立科学的风险评估体系和监管约束手段，对这些领域的脆弱性风险实现实时监测、评价、分级以及对微观主体的分类，并能采取有效的约束手段降低这些领域的脆弱性风险。

四、区分地方政府债务类型，完善举债约束和转移补偿机制

消减地方政府债务带来金融脆弱性风险的金融稳定政策：第一，要基于跨周期均衡支撑，建立政府投资有效性评价和举债规模的约束机制；第二，要加强省级统筹力度，协调督促国家和京津加大对河北的转移补偿、转移支持力度。

对于具有经济效益性的政府举债投资项目，通过市场和法律机制建立未来现金回流支撑前期债务投入的有效约束机制。在项目投资、运行管理、收益回报、债务清偿等方面建立有效的市场化约束机制，理清政府责任与市场化约束的边界，实现举债规模、投资运营、债务清偿的完全市场化，决策和风险由市场主体来承担，政府不承担或在有限固定额度内承担债务清偿①。

_____

① 政府承担有限固定额度债务清偿，是指一些政府举债投资项目具有部分经济效益性和部分社会效益性时，如果单纯依赖市场化原则，会由于收益回报过低甚至亏损导致项目无法投资实现，由此政府在承担一定限额内的债务成本后，使项目具有吸引社会投资参与的合理收益回报，然后交由市场化经营运作。

对于缺乏经济效益性的公共服务、公益扶贫、环境保护治理等政府举债投入，必须通过省级统筹，通过转移支付补偿机制来支撑，才能消除这一领域地方政府债务带来的金融脆弱性。在京津冀协同发展环境下，河北省在这一领域承担的责任已经超越了河北社会经济发展现阶段的承受能力，因为京津冀协同发展中，河北区域产业分工主要定位于较低利润率和较低附加价值的行业，扶贫开发、环境治理又承担着较高的社会责任支出，如果没有国家以及京津的"反哺"，不可能实现跨周期均衡，协同发展目标也难以实现，不能消除由此带来的金融脆弱性问题，所以必须协调国家和京津地区资源加大对河北的转移补偿、转移支持力度。

五、建立环境资源交易机制，通过市场机制实现环境资源约束

这一领域金融稳定政策的要点在于弥补公共环境保护治理成本与污染产出没有高效对接和联动的短板。首先要完善或建立对实体经济生产经营所消耗资源、污染物排放，带来衍生环境生态等问题进行持续的、全面的定量监测和评估核算；其次按照产出量、污染物排放量、资源消耗量等的一种或多种，把政府广义的环境保护和生态治理成本支出分摊到相关的实体经济；最后要建立或利用现有要素交易市场，开展环境资源要素市场化定价和交易，通过市场机制实现环境资源对生产经营的有效约束。

六、利用国内金融市场和整合区域金融市场，弥补直接融资短板

直接融资市场短板带来实体经济融资结构中债务融资占比过高，是实体经济金融脆弱性的重要根源之一。在地方区域内，一般难以培育出有效的省级金融市场，要弥补直接融资市场的短板，就需要充分利用全国金融市场，并在京津冀协同发展战略下积极推动建立或整合京津冀统一的金融市场。

例如推动整合统一京津冀三地产权交易市场；在集中统一的产权交易市场框架下，建立多领域的专业评估人才队伍，提升价值评估能力；协调创设

多领域、多种类的风险投资基金，引导社会资本、各种机构投资者参与投资基金，参与产权交易市场框架下的投资；推动金融机构（包含中小银行机构）发起设立投资控股管理公司，参与产权交易市场交易，推广股权与债权组合融资模式。

七、识别区域系统重要性机构，实施金融稳定监管

识别全球或全国系统重要性金融机构并加强监管，是全球或全国金融稳定政策的重要手段之一。京津冀协同发展中要防范发生系统性区域性金融风险，也必须借鉴这一重要手段，并且可以把识别系统重要性机构扩展到除金融之外的多个重要领域。可以识别认定若干家对区域金融体系的影响具有系统重要性的实体经济、担保机构、金融机构、依赖影子金融的融资机构（指主要使用民间集资的实体企业）等，对这些机构加强监管或提前采取化解措施，消灭引发系统性区域性金融风险的苗头。

1. 识别系统重要性实体经济。

可以按照负债总规模、资产负债率等指标组合计算排序的前若干名，识别定义为系统重要性实体经济。

2. 识别系统重要性担保机构。

可以按照在保余额、担保规模与资本比率等指标组合计算排序的前若干名，识别定义为系统重要性担保机构。

3. 识别系统重要性区域金融机构。

可以直接按照监管部门的风险评级从高到低排序的前若干名，识别定义为系统重要性区域金融机构，由于所有金融机构的资产或信贷规模都比实体经济大很多，任何一家对区域风险的影响都是系统重要的，所以建议不再区分金融机构的规模大小，单纯依赖风险评级来识别。

4. 识别系统重要性依赖影子金融的融资机构。

可以按照企业负债规模、非银行金融机构融资占比等指标组合排序，再加以定性分析后确定主要依赖民间集资并且融资规模较大的实体企业，识别定义为依赖影子金融的系统重要性机构。

八、识别与周边区域产业和市场关联重点领域，防范区域金融风险传染

要防范周边省市区域金融风险的跨区传染，首先要统计监测京津冀与周边省市在国内贸易、产业上下游交易规模、原料供应或终端产品市场销售规模的分布结构；然后识别出集中度占比较高的交易领域和区域，开展重点监测，定期评估脆弱性风险。周边省市一旦发生区域金融风险时能及时评估对京津冀的影响，并能提前采取措施有效减缓风险传染冲击，维护区域金融稳定。

九、创新区域金融稳定工具，建立应急处置及协调联动机制

1. 创新区域金融稳定工具，事先制订应急处置预案。

应对区域金融脆弱性的政策工具有别于国家宏观政策。从国家层面与区域层面的对比看，单从国家或单从区域层面采取措施，都不能完全有效应对金融脆弱性问题，必须做好上下联动和各有侧重的有机结合。国家层面更侧重于宏观层面监测评价与宏观货币、财政政策措施；地区层面就要侧重有针对性、更加具体、更加细节和局部的甚至是微观单体的政策措施。例如对系统重要性机构如果民营资本占比较高，一旦出现较高风险引起债权人挤兑时，地方政府提供过桥资金、派驻工作组等传统救助手段往往难以奏效，应探索考虑国有股权注入，通过国有化并依法改组董事会增强债权人信心，恢复企业运作正常后，国有股权再逐步退出。

2. 建立金融稳定政策与执行机构协调联动机制。

区域金融脆弱性风险，来源于多个领域，实施区域金融稳定政策，必然涉及多个管理部门和执行机构，是一项复杂的系统工程。所以必须事先建立金融稳定政策与执行机构的协调联动机制，以及与京津建立协同联动机制，在"去产能、去库存、去杠杆"的同时降成本、补短板，才能有效防范系统性区域性金融风险的发生。

本 章 小 结

　　本章针对京津冀区域金融脆弱性状况、来源及特征进行了深入分析，从实体经济、房地产、地方政府债务、金融机构、金融市场、国际贸易和资本冲击、周边区域风险传染、资源环境约束等多个领域深入挖掘京津冀区域金融脆弱性来源，然后，从跨区域、跨周期、动态均衡视角结合京津冀协同发展分析区域经济应弥补的短板，并提出了京津冀区域金融稳定政策。

第十章　结　　论

目前的金融系统已经是一个非常开放、复杂的巨型系统，尤其是在中国进一步推进利率市场化的大背景下，构造一套具有预见性的金融脆弱性度量框架，及时监测、测度金融体系的脆弱性程度，并据此深入分析脆弱性的主要来源，为监管部门和货币当局在金融体系变得越来越脆弱之时提前采取有针对性的措施或恰当的应对政策，以恢复金融体系的稳健性，保持金融体系的安全，就显得尤为必要。通过深入分析，本书得出以下结论：

一、现有金融脆弱性来源理论的主要不足

①部分理论对原因和结果的分析存在偏差，一些是脆弱性的结果或表现而非导致脆弱性结果的原因；②对脆弱性的传导机制解释不足，部分理论把脆弱性来源的多个维度割裂分析，没能揭示它们之间的传导联系；③缺乏对实际工作的指导意义，只是在理论层面或局部进行了理论阐述，没有全面、多维度地给出机理分析，不利于转化为实际应用。

二、系统的金融脆弱性来源理论分析框架

一是基于多维度的金融脆弱性来源理论分析。本书把脆弱性的来源归纳为实体经济债务膨胀、金融机构风险、金融市场风险、国际贸易与跨国冲击、宏观经济波动等五个方面或五个维度。认为：①实体经济的债务膨胀与未来现金回流的不确定性波动，是导致金融脆弱性甚至金融危机的核心根源；②实体经济的债务膨胀和债务资金资本化倾向导致债务融资资产的较高违约风险；③金融机构本身的脆弱性最终根源于实体经济脆弱性的传递；④金融市场风险波动是金融脆弱性的展现，也是实体经济脆弱性和金融机构脆弱性的信号反映；⑤国际贸易和外部冲击，本质并不是金融脆弱性的来源，而是类似于"刺破脆弱性泡沫的一根针"；⑥宏观经济波动，一方面是金融体系脆弱性结果的反映；另一方面又是各种脆弱性影响因素的宏观展现。

二是脆弱性来源的相对水平与累积理论分析。主要由于经济增长所依赖的技术、环境、资源要素的约束，只能支撑一种常规的发展，因而实体经济发展的相对水平超过常规约束时，才开始积累脆弱性。所以，作为金融体系

脆弱性来源的实体经济债务膨胀、金融机构风险、金融市场风险、国际贸易与跨国冲击、宏观经济波动等本身属于正常的经济现象，它们导致金融体系脆弱性的产生是因为它们的相对水平偏离了合理的情况，同时这些因素的相对水平偏离合理情况的累积程度决定了脆弱性积聚的大小（也称为泡沫化程度）。

三是脆弱性来源的关联支撑效应分析。脆弱性来源维度所引起的脆弱性以及大小主要受制于与之关联因素的支撑程度大小。具体为：①实体经济的债务膨胀受制于与之关联的未来现金流；②金融机构风险受制于与之关联的资本充足水平支撑；③金融市场风险反向受制于与之关联的自由化和交易活跃程度；④跨国资本流动冲击受制于与之关联的对冲能力支撑；⑤宏观经济波动受制于与之关联的物价水平和增长质量支撑。

三、适用于中国的金融脆弱性指标体系和综合指数

基于金融体系脆弱性来源的理论分析，在调研分析现有的金融脆弱性度量框架基础上，构建适合于中国国情的金融体系脆弱性监测和度量体系。通过构建全面涵盖金融体系的金融脆弱性指标体系，希望能够在金融脆弱性的动态演化过程中捕捉到脆弱性的先期信号，从而有利于货币当局和金融监管部门尽早做出反应，通过监管政策措施和货币政策工具调控，及早进行干预，缓冲金融体系的脆弱性，能够尽可能在最大限度上降低金融危机带来的危害。

根据中国的经济特点和市场经济发展阶段，基于金融脆性理论，按照数据易测性、易得性、简化易读和关联性、兼顾指标价值和统计误差平衡等原则，从实体经济债务、银行金融机构、金融市场风险、国际贸易和外部冲击、宏观经济波动等五个维度构建了中国金融体系脆弱性度量指标体系。在指标体系和指标数量规划上，把每个维度的指标都划分为核心指标和扩展指标两大类，产生了"简易高效型金融脆弱性指标体系——16 项指标"和"完整型金融脆弱性指标体系——27 项指标"两种方式。

然后根据本书所构建指标体系的多维度、多层次特点，选择了技术上比较成熟的层次分析法，对各层次指标进行了赋权计算和一致性检验，并根据指标权重结果对各项指标进行了评判。得出以下几点结论：第一，非金融企

业债务膨胀相对于营业收入增长的变化趋势，是金融脆弱性乃至金融危机最为重要的根源；第二，银行间市场短期利率波动、交易规模，银行金融机构贷款相对于 GDP 增速的差及一段时期累积，非金融企业债务与净资产比例及变化，PPI 反映的物价水平及变化，这五项指标对于金融脆弱性具有非常重要的影响；第三，地方政府债务水平，CPI 反映的物价水平，股票指数累计波动，汇率价格波动，银行机构贷款总额相对于 GDP 的比率等指标，对于金融脆弱性具有比较重要的影响；第四，GDP 增速和社会消费品零售总额增速等反映宏观经济增长和质量的两项指标，银行的资本充足率水平，外贸依存度和外汇储备水平等指标，对于金融脆弱性具有不可忽视的影响作用，在某些经济环境或特定的经济结构条件下，以及对于某些较小的经济体，这几项指标的影响作用可能会比较重要。

四、根据本书度量结果得出的中国金融体系脆弱性状况

基于统计数据结果说明：一是企业资本融资发展缓慢导致企业的高负债率；二是实体企业资本和资产回报水平较低导致资金虚拟化倾向；三是企业的债务膨胀导致信贷及债务资金资本化倾向明显；四是融资结构失衡，企业融资主要依赖银行金融机构；五是经济增长主要依赖银行资金导致社会经济运行的风险资产向银行金融机构集中；六是利率进一步市场化对银行金融机构信贷风险以及金融体系脆弱性带来新的影响。

根据中国的脆弱性状态诊断结果，可以从分层维度以及监测指标体系清晰分析导致目前脆弱性状态的深层次原因，为监管和货币当局设计和采取有针对性的措施提供科学依据。分析得到近年来金融体系脆弱性的主要来源为：

一是实体经济债务膨胀带来的脆弱性指数已经超过高脆弱性状态阈值，反映出了实体经济带来的金融体系脆弱性问题已经非常突出，其中最主要的原因是非金融企业的负债率持续上升，以及政府隐形担保下的地方政府债务严重。二是银行金融机构带来的脆弱性指数处于中度减缓的状态，主要得益于国家对商业银行不良资产的剥离；商业银行现代企业制度的改革，商业银行风险管理能力和运作效率提升，使得信用风险违约率降低；近年来管理利率保持了银行金融机构的高利差，使得商业银行维持较高的利润积累消化不

良资产和积累资本提升了资本充足水平。三是金融市场带来的脆弱性指数处于接近高度脆弱性边缘的状态，这主要是因为银行间市场的流动性风险带来的脆弱性积累在加剧。四是外部冲击带来的脆弱性指数处于中度偏高的脆弱性状态，这主要是因为中国的贸易依存度略微下降和外汇储备较强的对冲支撑效应消减了外部冲击的脆弱性风险，同时汇率风险波动带来的脆弱性在加大。五是宏观经济波动带来的脆弱性指数处于中度偏下的脆弱性状态，这方面带来的脆弱性已经比较小，三要是因为 GDP 增速已经变得相对平缓，物价水平上升也比较温和，GDP 增长质量也在提升。

更进一步的脆弱性来源分析结果显示，现阶段中国金融体系的脆弱性主要体现在：一是实体经济部门的庞氏债务风险问题。具有政府隐性担保性质的地方政府债务风险问题尤为突出，中国非金融企业的债务膨胀趋势明显；二是银行金融机构风险核心指标值反映的脆弱性状况显著。三是从金融市场风险核心指标值反映的脆弱性来看，资本市场脆弱性风险已经被消减。中国银行间市场短期利率波动比率和相对水平指标值，反映了银行金融体系的流动性风险和利率风险在加剧。从本书构造的 CHHR 指数值看，中国银行间市场的交易功能在增强。四是国际贸易和外部冲击核心指标值脆弱性方面，从中国贸易依存度指标值看，经济体系应对外部冲击的能力在增强。从人民币汇率波动和相对水平变化看，外部冲击带来的脆弱性加大。自 2005 年汇率制度改革以来，汇率波动程度明显加大，汇率风险带来的脆弱性冲击也必然增大。五是从宏观经济波动核心指标值反映的脆弱性可以发现 2000～2008 年间，宏观经济积聚的脆弱性在加大，从 2008 年之后，经济增速依然高于稳态值，但差距在缩小，经济泡沫在缩减。

五、应对中国金融脆弱性的金融稳定政策

针对中国金融体系脆弱性的状况并参考指标体系的量化结果，本书研究提出了应对中国金融体系脆弱性的对策，核心是微观审慎监管与宏观审慎监管的有机结合，尤其要发挥央行宏观审慎监管和货币政策在应对金融体系脆弱性和从危机中恢复的核心作用。

首先，构建了实现金融稳定目标的一个政策分析框架，应包含以下几方

面的系统整合和协调联动：一是对金融脆弱性的监测度量和对金融稳定的评估体系；二是对不稳定来源的深入分析；三是消减脆弱性实现金融稳定的政策体系；四是危机恢复应急对策体系；五是明确金融稳定目标的责任归属和相关协调机制。这五个方面的有机结合构成了一个金融稳定框架。

其次，提出了基于消减脆弱性目标的金融稳定政策。具体为：一是做好微观审慎与宏观审慎的有机结合，在微观监管政策措施中尽快落实宏观审慎监管要求，并且央行应推行多种货币政策来消减脆弱性。二是应逐步消减实体经济及政府平台公司的庞氏债务风险，应提升实体经济营业收入能力逐步消减庞氏债务风险，逐步消减中国政府隐性担保带来的政府平台公司的庞氏债务风险。三是应加快资本市场发展消减企业债务膨胀带来的脆弱性，应加快发展多层次股权融资市场，拓展企业资本补充渠道，降低企业资产负债率，降低企业债务融资资产的潜在违约风险，应尽快放开银行金融机构上市融资限制，鼓励商业银行股票上市。四是应加快发展证券化市场消减银行机构表内外业务脆弱性。五是要在利率市场化改革过程中保持中国银行体系安全与稳定。六是要合理借鉴美国应对金融危机的货币政策工具。

最后，提出了基于从危机中恢复目标的央行货币政策工具箱优化。在讨论分析美联储应对金融危机的三类非常规货币政策工具措施以及运用效果基础上，通过协整分析和向量误差修正模型实证研究检验了全球金融危机时期中国人民银行货币政策的效果，然后提出了后金融危机时代中国人民银行货币政策工具改革的建议：一是在严重危机下人民银行需要改革货币政策工具的判断依据，要密切观察货币政策传导渠道的畅通程度，具体包括：利率渠道是否畅通、资产价格渠道是否畅通、信贷渠道是否畅通、汇率渠道是否畅通。二是在货币政策传导渠道出现阻断情况下，应选择非常规货币政策工具改革来进行应对，具体包括：修复利率渠道、修复资产价格渠道、修复信贷渠道以及修复汇率渠道的货币政策工具改革。

六、应对京津冀区域脆弱性的金融稳定政策

京津冀区域金融脆弱性来源于实体经济、房地产、地方政府债务、金融机构、金融市场、国际贸易和资本冲击、周边区域风险传染、资源环境约束

等多个领域。制定区域金融稳定政策需要从跨区域、跨周期、动态均衡视角综合考虑，要防范区域金融风险主要从以下几方面制定相应的金融稳定政策：强化科技创新，增强实体经济实力；创新机制，推动城市化和房地产企业整合和去库存；加强对影子金融机构和融资担保机构的监管；区分地方政府债务类型，完善举债约束和转移补偿机制；建立环境资源交易机制，通过市场机制实现环境资源约束；利用国内金融市场和整合区域金融市场，弥补直接融资市场短板；识别区域系统重要性机构，实施金融稳定监管；创新区域金融稳定工具，建立应急处置及协调联动机制。

参考文献

［1］巴曙松，居姗，朱元倩．SCCA 方法与系统性风险度量［J］．金融监管研究，2013，3.

［2］本·伯南克．美联储的信贷放松政策及其对资产负债表的影响［J］．中国金融，2009，7.

［3］陈秋玲，薛玉春，肖璐．金融风险预警：评价指标、预警机制与实证研究［J］．上海大学学报（社会科学版），2009，5.

［4］陈守东，杨东亮．银行体系脆弱性的动态分析与预测［J］．吉林大学社会科学学报，2010，4.

［5］程启智，陈敏娟．现代金融系统性风险新特征与宏观审慎监管［J］．河北经贸大学学报，2013，3.

［6］丁剑平，王婧婧．中国制造业企业对利率和融资约束敏感度的检验［J］．当代财经，2013，7.

［7］方意，方明．中国货币市场基准利率的确立及其动态关系研究［J］．金融研究，2012，7.

［8］方兆本，朱俊鹏．中国金融稳定的度量及预测［J］．金融论坛，2012，10.

［9］方舟，倪玉娟，庄金良．货币政策冲击对股票市场流动性的影响［J］．金融研究，2011，7.

［10］高国华．逆周期资本监管框架下的宏观系统性风险度量与风险识别研究［J］．国际金融研究，2013，3.

［11］高国华，潘英丽．银行系统性风险度量——基于动态 CoVaR 方法的分析［J］．上海交通大学学报，2011，12.

［12］高弘．基于私人部门债务通缩视角的欧债危机成因新解［J］．上海金融，2013，4.

［13］郭伟．资产价格波动与银行信贷：基于资本约束视角的理论与经验分析［J］．国际金融研究，2010，4.

［14］海曼．明斯基．稳定不稳定的经济——一种金融不稳定视角［M］．石宝峰，张慧卉译．北京：清华大学出版社，2010.

［15］何德旭，娄峰．中国金融稳定指数的构建及测度分析［J］．中国社会科学院研究生院学报，2011，4.

［16］何慧刚．中国资本账户开放、利率市场化和汇率制度弹性化［J］．经济经纬，2007，6.

［17］何建雄．建立金融安全预警系统：指标框架与运作机制［J］．金融研究，2001，1.

［18］胡星，杨梦．金融脆弱性与美国金融危机：理论与现实的思考［J］．经济经纬，2009，1.

［19］胡援成．对外开放中的金融稳定与金融安全：一个文献综述［J］．广东金融学院学报，2008，3.

［20］黄佳，朱建武．基于金融稳定的货币政策框架修正研究［J］．财经研究，2007，4.

［21］黄金老．金融自由化与金融脆弱性［M］．北京：中国城市出版社，2001.

［22］黄金老．利率市场化与商业银行风险控制［J］．经济研究，2001，1.

［23］黄金老．论金融脆弱性［J］．金融研究，2001，3.

［24］惠康，任保平，钞小静．中国金融稳定性的测度［J］．经济经纬，2010，1.

［25］霍华德·戴维斯，大卫·格林．全球金融监管［M］．北京：中国金融出版社，2009.

［26］管七海，冯宗宪．中国商业银行非系统金融风险的度量及预警实证研究［J］．经济科学，2001，1.

[27] 李辉. 中国商业银行体系脆弱性分析 [M]. 北京：中国社会科学出版社，2011.

[28] 李璐，邱延冰. 当前美联储货币政策工具简介 [J]. 中国货币市场，2008，6.

[29] 李巍. 资本账户开放、金融发展和经济金融不稳定的国际经验分析 [J]. 世界经济，2008，3.

[30] 李巍. 金融发展、资本账户开放与金融不稳定——来自中国的证据 [J]. 财经研究，2007，11.

[31] 李巍，张志超. 一个基于金融稳定的外汇储备分析框架——兼论中国外汇储备的适度规模 [J]. 经济研究，2009，8.

[32] 李文泓. 关于宏观审慎监管框架下逆周期政策的探讨 [J]. 金融研究，2009，7.

[33] 李妍. 宏观审慎监管与金融稳定 [J]. 金融研究，2009，8.

[34] 林汉川，管鸿禧等. 中小企业发展中所面临的问题——北京、辽宁、江苏、浙江、湖北、广东、云南问卷调查报告 [J]. 中国社会科学，2003，2.

[35] 林谦，王宇. 金融风险预警系统及发展 [J]. 统计与决策，2007，14.

[36] 刘春航，朱元倩. 银行业系统性风险度量框架的研究 [J]. 金融研究，2011，12.

[37] 刘胜会. 金融危机中美联储的货币政策工具创新及启示 [J]. 国际金融研究，2009，8.

[38] 柳欣，王晨. 内生经济增长与财政货币政策 [J]. 南开经济研究，2008，6.

[39] 陆桂娟. 存款保险的经济学分析 [J]. 金融研究，2006，5.

[40] 陆磊. 市场结构和价格管制：对中国利率市场化的评析 [J]. 金融研究，2001，4.

[41] 陆磊. 全球化、通货紧缩和金融稳定：货币政策的新挑战 [J]. 金融研究，2008，1.

[42] 苗永旺. 宏观审慎监管研究 [M]. 北京：中国金融出版社，2012.

[43] 穆争社. 量化宽松货币政策的实施及其效果分析 [J]. 中南财经政

法大学学报，2010，4.

［44］潘阳春．基于综合稳定指数的中国金融体系稳定研究［J］．华东交通大学学报，2012，1.

［45］钱小安．存款保险的道德风险、约束条件与制度设计［J］．金融研究，2004，8.

［46］饶波，郑联盛，何德旭．金融监管改革与金融稳定：美国金融危机的反思［J］．财贸经济，2009，12.

［47］邵勉也．脆弱性评估的国际经验与启示［J］．武汉金融，2013，2.

［48］盛松成．协调推进利率汇率改革和资本账户开放［J］．中国金融，2012，9.

［49］寿玉琴．利率市场化对中国企业融资影响的若干探析［J］．数量经济技术经济研究，2002，7.

［50］孙国茂．中国式庞氏融资的成因及治理研究［J］．山东社会科学，2012，2.

［51］孙立坚，牛晓梦，李安心．经济脆弱性对实体经济影响的实证研究［J］．财经研究，2004，1.

［52］孙立行．开放条件下中国金融风险预警指标体系研究［J］．世界经济研究，2012，12.

［53］谭政勋，王聪．中国信贷扩张、房价波动的金融稳定效应——动态随机一般均衡模型视角［J］．金融研究，2011，8.

［54］唐纳德·R.费雷泽等．商业银行业务——对风险的管理［M］．康以同等译．北京：中国金融出版社，2002.

［55］陶雄华．金融体系脆弱性：理论分析与实证检验［J］．中南财经政法大学学报，2006，9.

［56］万晓莉．中国1987～2006年金融体系脆弱性的判断与测度［J］．金融研究，2008，6.

［57］王春峰，马卫峰，姜嘉．虚拟经济与金融脆弱性［J］．价格理论与实践，2003，4.

［58］王凤京．金融自由化及其相关理论综述［J］．当代财经，2007，6.

［59］王凤京．中国金融脆弱性现状及发展势态与应对策略［J］．统计与

决策，2007，4.

[60] 王明华，黎志成. 金融稳定评估指标体系：银行稳定的宏观成本控制研究 [J]. 中国软科学，2005，9.

[61] 王平，肖军. 利率市场化对银行内部资金转移价格机制设计的影响 [J]. 金融论坛，2012，5.

[62] 吴成颂. 中国金融风险预警指标体系研究 [J]. 技术经济与管理研究，2011，1.

[63] 吴海霞，邢春华，孙婵娟. 运用信号分析法建立中国的金融风险预警系统 [J]. 金融论坛，2004，6.

[64] 王志栋. 中国货币市场基准利率选择的实证研究 [J]. 投资研究，2012，1.

[65] 伍志文. 金融脆弱性：理论及基于中国的经验分析 [J]. 经济评论，2003，2.

[66] 伍志文. 中国金融脆弱性（1991~2000）：综合判断及对策建议 [J]. 当代经济科学，2002，5.

[67] 伍志文. 中国银行体系脆弱性的理论分析及实证考察 [J]. 金融论坛，2003，1.

[68] 肖崎. 金融体系的变革与系统性风险的累积 [J]. 国际金融研究，2010，8.

[69] 徐慧玲，许传华. 金融风险预警模型述评 [J]. 经济学动态，2010，11.

[70] 徐茂魁，陈丰，吴应宁. 后金融危机时代中国货币政策的两难选择 [J]. 财贸经济，2010，4.

[71] 许涤龙，叶少波. 金融体系脆弱性问题研究述评 [J]. 统计与信息论坛，2008，6.

[72] 姚志勇，夏凡. 最优存款保险设计——国际经验与理论分析 [J]. 金融研究，2012，7.

[73] 叶辅靖. 美国金融危机的拯救行动及美国经济地位走势 [J]. 宏观经济研究，2008，11.

[74] 易行健. 开放经济条件下的货币需求函数：中国的经验 [J]. 世界

经济，2006，4.

[75] 余婧．国际收支失衡下的中国货币政策［J］．世界经济研究，2011，8.

[76] 袁德磊，赵定涛．国有商业银行脆弱性实证研究（1985～2005）［J］．金融论坛，2007，3.

[77] 约翰·B．考埃特等，演进着的信用风险管理［M］．石晓军等译．北京：机械工业出版社，2001.

[78] 曾诗鸿．金融脆弱性理论［M］．北京：中国金融出版社，2009.

[79] 张翠微．从公于市场操作的发展变化分析主要国家央行非常规货币政策的退出机制［J］．金融研究，2010，1.

[80] 张洪涛，段小茞．金融稳定有关问题研究综述［J］．国际金融研究，2006，5.

[81] 张金宝，任芳恩．基于商业银行资本配置的存款保险定价方法研究［J］．金融研究，2007，1.

[82] 张岷．金融稳定评估指标体系的构建［J］．统计与决策，2007，1.

[83] 张敏锋，李拉亚．利率市场化进程中基准利率 Shibor 有效性的实证研究［J］．西南金融，2013，2.

[84] 张倩．中国金融脆弱性现状及传导机制研究［J］．经济论坛，2013，4.

[85] 张延群．中国货币供给分析及货币政策评价：1986～2007 年［J］．数量经济技术经济研究，2010，6.

[86] 张亦春．利率市场化、汇率制度调整与货币政策独立性［J］．福建论坛（经济社会版），2003，6.

[87] 仲彬，陈浩．金融稳定监测的理论、指标和方法［J］．上海金融，2004，9.

[88] 赵清．金融不稳定与宏观审慎监管研究［D］．大连：辽宁大学论文，2012.

[89] 郑鸣．金融脆弱性论［M］．北京：中国金融出版社，2007.

[90] 詹向阳，樊志刚，赵新杰．银行间市场基准利率体系选择及 Shibor 运行分析——兼析基准利率变动对商业银行的影响［J］．金融论坛，2008，4.

［91］仲彬，陈浩．金融稳定监测的理论、指标和方法［J］．上海金融，2004，9．

［92］周小川．法治金融生态［J］．中国经济周刊，2005，3．

［93］朱民，边卫江．危机挑战政府——全球金融危机中的政府救市措施批判［J］．国际金融研究，2009，2．

［94］朱颖，李配．美国经济的信贷紧缩和美联储货币政策工具创新［J］．国际贸易问题，2009，3．

［95］朱元倩，苗雨峰．关于系统性风险度量和预警的模型综述［J］．国际金融研究，2012，1．

［96］宗良，高扬．利率市场化改革趋势及对商业银行的影响［J］．国际金融，2011，4．

［97］左中海．利率市场化与中小银行转型［J］．中国金融，2012，15．

［98］Allen, F. , Gale, D. . Asset Price Bubbles and Stock Market Interlinkages［R］. Center for Financial Institutions Working Papers，2002.

［99］Allen, F. , Gale, D. . Financial Contagion［J］. Journal of Political Economy, February, 2000, 108：1 – 33.

［100］Allen, F. , Gale, D. . Financial Markets, Intermediaries and Intertemporal Smoothing［R］. Wharton School Center for Financial Institutions, University of Pennsylvania, Working Papers, 96 – 33, 1996.

［101］Allen, F. , Gale, D. . Financial Fragility, Liquidity and Asset Prices［R］. Wharton School Center for Financial Institutions, University of Pennsylvania, Working Papers 01 – 37, 2003.

［102］Allen, F. . Carketti, E. . Credit Risk Transfer and Contagion［J］. Journal of Monetary Economics, 2006, 53（1）：89 – 111.

［103］Angeloni, I. , Faia, E. . A Tale of Two Policies：Prudential Regulation and Monetary Policy with Fragile Banks［R］. Kiel Working Paper No. 1569, October, 2009.

［104］Bank of England. The role of macroprudential policy［R］. Bank of England Discussion Paper, November, 2009.

［105］Basel Committee on Banking Supervision. International Convergence of

Capital Measurement and Capital Standards—A Revised Framework ［R］. Bank for international Settlements Press & Communications, June 2006.

［106］ Bbyd, John H. , Gianni De Nicoló, Bruce D. Smith. Crises in Competitive versus Monopolistic Banking Systems ［J］. Journal of Money, Credit and Banking. 2004, 36 (2): 487 – 506.

［107］ Bean, C. , Paustian M. Penalver, A. , Taylor, T. . Monetary policy after the fall ［D］. Federal Reserve Bank of Kansas City Annual Conference, Jackson Hole, Wyoning, 28, August, 2010.

［108］ Bernanke, B. S. , Gertler, M. . Should central banks respond to movements in asset prices? ［R］. American Economic Review, May, 2001: 253 – 257.

［109］ Bernanke, B. S. , Gertler, M. . Agency Costs, Collateral, Business Fluctuations ［R］. NBER Working Paper No. 2015, 1986.

［110］ Bernanke, B. S. , Gertler, M. , Gilchrist, S. . The Financial Accelerator and the Flight to Quality ［J］. The Review of Economics and Statistics, 1996, 78 (1): 1 – 15.

［111］ Bernanke, B. S. , Gertler, M. , Gilchrist. S. . The Financial Accelerator in a Quantitative Business Cycle Framework ［R］. C. V. Starr Center for Applied Economics, New York University. Working Papers 03, 1998.

［112］ Bernanke, B. S. , Gertler, M. . Monetary policy and asset price volatility. Proceedings ［R］. Federal Reserve Bank of Kansas City, 1999: 77 – 128.

［113］ Blanchard, O, Dell' Ariccia, G. , Mauro, P. . Rethinking Macroeconomic Policy ［R］. IMF Staff Position Note SPN/10/03, February 12, 2010.

［114］ Borio, C. , Lowe, P. . Procyclicality of the Financial System and Financial Stability; Issues and Policy Options ［R］. Bank for International settlements, Working Paper, 2001.

［115］ Borio, C. , Zhu, H. . Capital regulation, risk-taking and monetary policy: a missing link in the transmission mechanism? ［R］. BIS Working No. 268, 2008.

［116］ Borio, C. , Lowe P. . Assessing the risk of banking crises ［J］. BIS Quarterly Review, December, 2002: 43 – 54.

[117] Borio, C., White, W.. Whither monetary and financial stability? The implications of evolving policy regimes [R]. BIS Working Papers, 2004.

[118] Borio, C., White W., Assessing the Risk of Banking Crises-Revisited [R]. BIS Quarterly Review, 2009: 29 –46.

[119] Borio, C.. Towards a Macro-prudential Framework for Financial Supervision and Regulation? CESifo Economic Studies, 2003, 49.

[120] Caminal R., Matutes, C.. Market Power and BankingFailures [J]. International Journal of Industrial Organization, November, 2002: 1341 –1361.

[121] Catte, P., Cova, P., Pagano, P., Visco, I.. The role of macroeconomic policies in the golbal crisis [R]. Bank of Italy Occasional Papers No. 69, July, 2010.

[122] Chang, R., Velasco, A.. Financial Fragility and the Exchange Rate Regime [J]. Journal of Economic Theory, 2000: 1 –34.

[123] Dell, Ariccia, G., Marquez, K.. Information and Bank Credit Allocation [J]. Journal of Financial Economics, 2004: 185 –214.

[124] Diamond D. W., Dybvig P. H.. Bank Runs, Deposit Insurance and Liquidity [J]. Journal of Political Economy, 1983, 91 (3): 401 –419.

[125] Demirguc-Künt, A., Detragiache, E.. Financial Liberalization and Financial Fragility [R]. World Bank Annual Bank Conference on Development Economic Paper, April 20 –21, Washington D. C, 1998.

[126] Demirguc-Künt, A., Detragiache, E.. The Determinants of Banking Crises in Developing and Developed Countries. Financial Liberalization and Financial Fragility [R]. World Bank Policy Research Working Paper 1917, 1998.

[127] Dornbusch, R.. Exchange Rate Expectations and Monetary Policy, Journal of International Economics, August, 1976, 6 (3): 231 –244.

[128] ECB. EU Banking Sector Stability [R]. European Central Bank Working Paper, 2006.

[129] ECB. Financial Stability Review [R]. European Central Bank Working Paper, 2008.

[130] Edward J. Green, Ping Lin. Diamond and Dybvig's Classic Theory of

Financial Intermediation: What's Missing? [R]. Quarterly Review, Federal Reserve Bank of Minneapolis, issue Win, 2000: 3 – 13.

[131] Eichengreen, B., Hausmann. R.. Exchange Rates and Financial Fragility. NBER Working Paper No. 7418, November, 1999.

[132] Filardo, A.. Monetary policy and asset price bubbles: calibrating the monetary policy trade-offs [R]. BIS Working Paper No. 155, 2004.

[133] Foley, Duncan K. Liquidity-Profit Rate Cycles in a Capitalist Economy, Journal of Economic Behavior and Organization, 1987, 8 (3): 363 – 376.

[134] Foley, D. Value, Distribution and Capital: A Review Essay, Review of Political Economy, Taylor and Francis Journals, 2001, 13 (3): 365 – 381.

[135] Mishkin, F. S.. Will monetary policy become more of a science? Finance and Economices Discussion Series 2007 – 44, Board of-Governors of the Federal Reserve System (U. S.). 2007.

[136] Gertler, M., Karad:, P.. A Model of Unconventional Monetary Policy, Journal of Monetary Economics, 2011, 58 (1): 17 – 34.

[137] Giavazzi, F., Mishkin F.. An Evaluation of Swedish Monetary Policy between 1995 and 2005, Report published by the Riksdag (Swedish parliament) Committee on finace, 2006.

[138] Hellmann. T. R. Murdcck, K. C., Stiglitz, J. E.. Liberalization, Moral Hazard in Banking, and Prudential Regulation: Are Capital Requirements Enough? [J]. American Economic Review, 2000 (90): 147 – 165.

[139] Illing, M., Liu, Y.. An Index of Financial Stress for Canada [R]. Bank of Canada Working Paper, No. 2003 – 14, June 2003.

[140] IMF. Financial Soundness Indicators: Compilation Guide [R]. International Monetary Fund Working Paper, 2006.

[141] Ingves, S., Shirakawa, M., Caruana, J., Ortiz, G.. Lessons Learned from Previous Banking Crises: Sweden, Japan, Spain and Mexico [R]. Group of Thirty, Occasional Paper 79, Washington D. C, 2009.

[142] International Monetary Fund. Global Financial Stability Report [R].

October, Washington, D. C, 2009.

[143] Irving Fisher. The Debt-Deflation Theory of Great Depressions [J]. Econometrica, 1933: 337 – 357.

[144] Ishi, K. , Stone, M. . Unconventional Central Bank Measures for Emerging Economies [R]. IMF Working Paper, No. 09/226, 2009.

[145] Jeremy C. Stein, Monetary Policy as Financial-Stability Regulation [J]. The Quarterly Journal of Economics, 2012, 127 (1): 57 –95.

[146] Joseph E. Stiglitz, Andrew Weiss. Credit Rationing in Markets with Imperfect Information [J]. The American Economic Review, 1981, 71 (3): 393 – 410.

[147] Kaminsky, G. , Reinhart, C. . Leading Indicators of Currency Crises, IMF, 45, 1998.

[148] Kaminsky, G. , Reinhart, C. . On Crises, Contagion, and Confusion, Journal of International Economics, 2000, 51.

[149] Kaminsky, G. , Reinhart, C. . The Twin Crises: The Causes of Banking and Balance-of-Payments Problems [J]. American Economic Review, 1999.

[150] Kannan, P. , Rabanal, P. , Scott, A. . Monetary and Macroprudential Policy Rules in a Model with House Price Booms [R]. IMF Working Paper, 2009.

[151] Keeley, Michael C. . Deposit Insurance, Risk, and Market Power in Banking [R]. The American Economic Review, 1990.

[152] Kent, C, Lowe, P. . Asset-price Bubbles and Monetary Policy [R]. Reserve Bank of Australia Research Discussion Paper 9709, 1997.

[153] Kindleberger, C. Manias, Panics, Crashes, A History of Financial Crises [M]. New York: John Wiley &Sons, 1978.

[154] Kohn, D. . Policy challenges for the Federal Reserve, Speech at the Kellogg Distinguished Lecture Series [J]. Kellogg School of Management, 2009.

[155] Kregel J. A. . Margins of Safety and Weight of The Argument in Generating Financial Fragility [J]. Journal of Economics Issues, 1997.

[156] Lavoie. M. . Minsky's Law or the Theorem of Systemic Financial Fragility [J]. Studi Economici, 1986.

[157] Matutes, C., Vives, X. Competition for Deposits, Fragility, and Insurance [J]. Journal of Financial Intermediation, 1996.

[158] Michael J. Dueker, Robert H. Rasche. Discrete Policy Changes and Empirical Models of the Federal Funds Rate [R]. Review, 2004.

[159] Minsky, H. P. The Financial Instability Hypothesis, The Jerome Levy Economics Institute, Working Paper, No. 74, 1992.

[160] Minsky, H. P.. Stabilizing an Unstable Economy [M]. Yale University Press, 1986.

[161] Mishkin, F. S.. Understanding Financial Crises: A Developing Country Perspective [R]. NBER Working Paper No. 5600, 1997.

[162] Mishkin, F. S.. Can inflation targeting work in emerging market countries? [R]. NBER Working Paper, No. 10646, 2004.

[163] Mishkin. International capital movements, financial Volatility and financial instability [R]. NBER Working Paper, No. 6390, 1998.

[164] Ronald I. Mckinnon. The order of economic liberalization: financial control in the transition to a market economy [M]. Johns Hopkins University Press, 1993.

[165] Setterfield, M.. Financial Fragility, Effective Demand and the Business Cycle [J]. Review of Political Economy, 2004.

[166] Smaghi, L. B.. Conventional and Unconventional Monetary Policy [EB/OL]. Keynote Lecture at the International Center for Monetary and Banking Studies, Geneva, http://www. ecb. int/press, 2009.

[167] Taylor, L.. O'connell, S., A Minsky Crisis [J]. The Quarterly Journal of Economics, 1985.

[168] Temzelides, Theodosios. Evolution, Coordination, and Banking Panics [J]. Journal of Monetary Economics, September, 1997.

[169] Wallance, N.. Another Attempt to Explain an Illiquid Banking System: The Diamond and Dybvig Model with Sequential Service Taken Seriously [R]. Federal Reserve Bank of Minneapolis Quarterly Review, 1988.

[170] Wallance, N.. Narrow Banking Meets the Diamond-Dybvig Model [R]. Federal Reserve Bank of Minneapolis Quarterly Review, 1996.

附　　录

附表 1　　中国非金融上市公司 1990～2015 年负债、净资产及总收入

年度	负债总额 （十亿元）	净资产 （十亿元）	总收入 （十亿元）	负债/净资产	负债/总收入
1990	8.21	4.37	78.47	1.88	0.10
1991	20.41	9.59	43.25	2.13	0.47
1992	78.00	49.56	68.58	1.57	1.14
1993	136.96	149.11	272.49	0.92	0.50
1994	238.35	222.23	384.29	1.07	0.62
1995	316.89	267.21	412.21	1.19	0.77
1996	402.71	362.76	510.70	1.11	0.79
1997	490.29	541.22	668.00	0.91	0.73
1998	621.02	711.64	930.61	0.87	0.67
1999	750.97	853.67	1105.06	0.88	0.68
2000	1284.49	1516.33	1661.29	0.85	0.77
2001	1478.78	1703.97	1808.42	0.87	0.82
2002	1775.79	1902.25	2216.64	0.93	0.80
2003	2174.85	2205.26	2975.62	0.99	0.73
2004	2841.89	2611.69	4123.72	1.09	0.69
2005	3524.03	2981.79	5346.68	1.18	0.66
2006	4461.29	3627.90	7011.52	1.23	0.64
2007	5676.75	4756.67	8930.54	1.19	0.64
2008	7226.09	5569.01	10794.32	1.30	0.67
2009	9175.17	6637.97	11442.92	1.38	0.80
2010	11400.35	8200.35	15765.09	1.39	0.72
2011	14035.91	9689.79	19729.51	1.45	0.71
2012	16317.60	10854.59	21362.61	1.50	0.76
2013	18597.95	12000.92	23333.32	1.55	0.80
2014	20807.33	13491.10	24374.53	1.54	0.85
2015	23728.64	15744.11	23884.16	1.51	0.99

附表 2　　　　　　2002～2015 年地方政府债务与财政收入

年度	地方政府债务余额（十亿元）	地方政府财政收入（十亿元）	地方政府债务/地方财政收入
2002	1402.17	851.50	1.65
2003	1771.22	985.00	1.80
2004	2237.40	1189.34	1.88
2005	2826.29	1510.08	1.87
2006	3570.16	1830.36	1.95
2007	4509.83	2357.26	1.91
2008	5568.74	2864.98	1.94
2009	9016.90	3260.26	2.77
2010	10717.49	4061.30	2.64
2011	13301.66	5254.71	2.53
2012	15885.83	6107.83	2.60
2013	15642.92	6901.12	2.27
2014	15400.00	7587.66	2.03
2015	16000.00	8298.30	1.93

附表 3　　　　　　1978～2015 年银行贷款与名义 GDP

年度	各项贷款余额（十亿元）	名义 GDP 总额（十亿元）	贷款/GDP	贷款增速（％）	实际 GDP 增速（％）	贷款与实际 GDP 增速之差（％）
1978	189.04	362.41	0.52	11.20	11.70	-0.50
1979	208.25	403.82	0.52	10.20	7.60	2.60
1980	247.81	451.78	0.55	19.00	7.80	11.20
1981	285.33	486.24	0.59	15.10	5.10	10.00
1982	316.27	529.47	0.60	10.80	9.00	1.80
1983	356.66	593.45	0.60	12.80	10.80	2.00
1984	474.68	717.10	0.66	33.10	15.20	17.90
1985	619.84	896.44	0.69	30.60	13.40	17.20
1986	814.27	1020.22	0.80	31.40	8.90	22.50
1987	981.41	1196.25	0.82	20.50	11.70	8.80
1988	1196.43	1492.83	0.80	21.90	11.20	10.70
1989	1424.88	1690.92	0.84	19.10	4.20	14.90
1990	1751.10	1854.79	0.94	22.90	3.90	19.00
1991	2133.78	2161.78	0.99	20.60	9.30	11.30

续表

年度	各项贷款余额（十亿元）	名义GDP总额（十亿元）	贷款/GDP	贷款增速（%）	实际GDP增速（%）	贷款与实际GDP增速之差（%）
1992	2632.29	2393.80	1.10	21.90	14.20	7.70
1993	3294.31	3138.00	1.05	28.00	13.90	14.10
1994	3997.60	4380.00	0.91	21.60	13.00	8.60
1995	5054.41	5773.30	0.88	26.40	11.00	15.40
1996	6115.66	6779.50	0.90	23.00	9.90	13.10
1997	7491.41	7477.20	1.00	22.50	9.20	13.30
1998	8652.41	7955.30	1.09	15.50	7.80	7.70
1999	9373.43	8205.40	1.14	12.50	7.70	4.80
2000	9937.11	8940.40	1.11	13.40	8.50	4.90
2001	11231.47	9593.33	1.17	11.60	8.30	3.30
2002	13129.39	10239.79	1.28	15.80	9.10	6.70
2003	15899.62	11669.36	1.36	21.10	10.00	11.10
2004	17736.35	13651.50	1.30	14.50	10.10	4.40
2005	19469.04	18232.10	1.07	12.98	11.40	1.58
2006	22528.53	20940.68	1.08	15.07	12.70	2.37
2007	26169.09	24661.90	1.06	16.10	14.20	1.90
2008	30339.46	30067.00	1.01	18.76	9.70	9.06
2009	39968.48	33535.29	1.19	31.74	9.40	22.34
2010	47919.56	39798.32	1.20	19.90	10.60	9.30
2011	54794.67	47156.37	1.16	15.80	9.50	6.30
2012	62990.96	51932.21	1.21	15.00	7.90	7.10
2013	71896.15	56884.52	1.26	14.10	7.80	6.30
2014	81677.00	63646.27	1.28	13.60	7.30	6.30
2015	93954.02	67670.78	1.39	14.30	6.90	7.40

附表4　2000～2015年中国上市银行扣减逆周期资本后的资本充足水平　　单位:%

年度	资本充足率	逆周期资本比率	扣减逆周期资本后的资本充足水平
2000	14.65	1.72	12.93
2001	9.45	1.60	7.85
2002	9.88	2.34	7.54
2003	8.87	3.16	5.71
2004	8.60	2.84	5.77

年度	资本充足率	逆周期资本比率	扣减逆周期资本后的资本充足水平
2005	10.36	3.96	6.40
2006	11.19	5.29	5.90
2007	13.60	6.75	6.85
2008	12.86	2.30	10.56
2009	11.14	1.85	9.29
2010	12.07	3.11	8.96
2011	12.42	2.02	10.40
2012	12.87	-0.04	12.90
2013	12.19	-0.38	12.57
2014	13.18	-0.72	13.90
2015	13.45	-0.85	14.30

附表5　1991年以来上证综指指数波动标准差和相对均衡指数偏离水平

年度	年度平均指数	均衡指数估计	相对均衡指数偏离水平	年内指数波动标准差
1991	162.54	252.67	-90.13	51.79
1992	668.52	276.17	392.34	308.84
1993	1013.25	315.39	697.86	182.00
1994	674.12	359.23	314.89	141.17
1995	657.79	405.93	251.86	67.70
1996	764.64	450.58	314.06	173.60
1997	1175.58	495.19	680.40	122.06
1998	1261.04	540.75	720.29	74.41
1999	1377.33	582.92	794.41	200.34
2000	1882.00	627.81	1254.19	177.61
2001	1956.15	681.17	1274.98	202.54
2002	1567.23	737.71	829.52	100.56
2003	1467.75	804.84	662.90	68.92
2004	1482.85	885.33	597.52	153.09
2005	1153.55	974.75	178.81	74.32
2006	1629.93	1085.87	544.07	304.44
2007	4237.69	1223.77	3013.92	1001.60
2008	3031.83	1397.55	1634.28	1020.30
2009	2765.43	1533.11	1232.32	428.78

续表

年度	年度平均指数	均衡指数估计	相对均衡指数偏离水平	年内指数波动标准差
2010	2830.99	1677.22	1153.77	231.85
2011	2666.89	1855.01	811.89	232.03
2012	2219.14	2031.23	187.90	136.83
2013	2191.70	2191.70	0.00	111.01
2014	2238.21	2362.65	-124.44	288.78
2015	3721.55	2535.13	1186.43	534.07
2016年 1~8月	2936.51	2710.05	226.46	113.37

附表6　　银行间市场短期利率相对于同期实际存款利率的偏离程度　　单位:%

年度	考虑存款定期活期结构后实际加权平均利率	质押回购加权利率年度均值	质押回购加权利率相对于存款利率的偏离程度	质押回购加权利率波动标准差
2002	1.4803	2.0700	0.5898	
2003	1.4469	2.3506	0.9037	
2004	1.4679	2.1913	0.7234	0.1801
2005	1.6259	1.3028	-0.3231	0.3269
2006	1.7315	2.0419	0.3105	0.5102
2007	2.2942	3.3656	1.0714	1.0476
2008	2.7857	2.5553	-0.2304	0.5671
2009	1.5982	1.0705	-0.5276	0.2350
2010	1.5801	1.8270	0.2468	0.6628
2011	2.1541	3.4650	1.3109	1.3289
2012	2.2721	2.9108	0.6387	0.8399
2013	2.2329	3.5392	1.3063	1.2976
2014	2.2005	2.9807	0.7802	0.6370
2015	1.7266	2.0194	0.2927	0.8153
2016年 1~8月	1.3095	2.0985	0.7890	0.0852

附表 7　　　　　　　　　　　银行间市场 CHHR 值计算

年月	期间成交量（亿元）	最高加权平均利率（%）	最低加权平均利率（%）	期间平均久期（天）	处于存续期的待购回质押余额（亿元）	待购回质押余额占期间交易量比重（%）	CHHR 值
2004 - 06	8442.48	2.5830	2.3189	8.1652	123.79	1.47	—
2004 - 07	8245.79	2.4496	2.2189	7.9961	174.98	2.12	0.0016
2004 - 08	7650.27	2.4698	2.2244	8.7241	283.25	3.70	0.0023
2004 - 09	8575.08	2.4213	2.1159	9.3578	2431.32	28.35	0.0044
2004 - 10	6033.14	2.2482	2.0839	8.8060	2197.80	36.43	0.0338
2004 - 11	7510.24	2.2759	1.9569	9.0292	2066.37	27.51	0.0465
2004 - 12	7679.75	1.9600	1.8255	8.1019	2466.38	32.12	0.0221
2005 - 01	8028.91	2.0798	1.8220	10.7831	2882.05	35.90	0.0327
2005 - 02	6327.84	2.3465	1.8859	9.5281	2501.38	39.53	0.1259
2005 - 03	11269.91	1.9245	1.4548	7.9487	2467.93	21.90	0.0859
2005 - 04	13037.57	1.3299	1.1925	7.2360	2838.92	21.77	0.0240
2005 - 05	13318.80	1.1878	1.1076	6.0628	3134.61	23.54	0.0184
2005 - 06	16012.74	1.1407	1.0763	6.6548	3126.18	19.52	0.0107
2005 - 07	14811.80	1.2661	1.1188	6.7459	3048.22	20.58	0.0274
2005 - 08	17329.03	1.2070	1.1610	5.4762	3163.85	18.26	0.0086
2005 - 09	17133.79	1.1636	1.1339	6.4930	3081.51	17.98	0.0041
2005 - 10	13231.78	1.1260	1.0882	5.6518	3378.25	25.53	0.0093
2005 - 11	13871.78	1.4285	1.0819	7.0821	3635.53	26.21	0.0623
2005 - 12	12410.39	1.5992	1.4857	6.4012	3584.23	28.88	0.0248
2006 - 01	12713.77	3.0355	1.4204	11.7534	3561.08	28.01	0.1746
2006 - 02	14349.11	1.5004	1.2789	5.3427	3771.60	26.28	0.0946
2006 - 03	23732.81	1.6583	1.3583	5.5871	4017.44	16.93	0.0336
2006 - 04	20081.45	2.0276	1.4734	6.4039	3486.57	17.36	0.0657
2006 - 05	17047.82	1.7180	1.5022	5.6661	4002.64	23.48	0.0332
2006 - 06	18765.10	2.1882	1.6346	5.8329	3973.91	21.18	0.0702
2006 - 07	23154.57	2.5865	1.7567	4.9996	4066.03	17.56	0.0946
2006 - 08	24030.75	2.6089	2.0716	4.2644	4183.02	17.41	0.0515
2006 - 09	28305.56	2.3171	1.9830	5.1171	4672.49	16.51	0.0207
2006 - 10	23438.86	2.3370	2.1200	5.2889	4898.34	20.90	0.0197
2006 - 11	30975.32	3.7104	2.3255	5.1984	4029.76	13.01	0.0958
2006 - 12	26425.47	2.4073	1.4621	6.3129	3731.06	14.12	0.0812

续表

年月	期间成交量（亿元）	最高加权平均利率（%）	最低加权平均利率（%）	期间平均久期（天）	处于存续期的待购回质押余额（亿元）	待购回质押余额占期间交易量比重（%）	CHHR 值
2007－01	24884.42	1.9172	1.3851	8.0349	4143.51	16.65	0.0453
2007－02	23254.63	4.2899	1.5041	6.8400	3819.02	16.42	0.3877
2007－03	28981.21	1.8895	1.4224	4.4464	4245.36	14.65	0.0666
2007－04	35794.57	4.3195	1.7791	6.4887	5856.77	16.36	0.1161
2007－05	29977.33	2.5553	1.7440	4.5306	5803.22	19.36	0.1302
2007－06	35733.97	3.3389	1.8609	5.0116	6002.58	16.80	0.1166
2007－07	38832.23	3.4944	1.9510	4.9002	5785.07	14.90	0.1251
2007－08	37261.94	2.2813	1.8213	3.8332	5571.15	14.95	0.0501
2007－09	57428.08	6.0434	2.0372	6.0759	7426.85	12.93	0.1204
2007－10	39275.17	9.7915	2.0401	5.7587	8741.37	22.26	0.7581
2007－11	41380.60	3.4350	2.0679	6.4210	8413.23	20.33	0.1252
2007－12	47868.19	3.8507	2.0297	5.2431	7839.52	16.38	0.1931
2008－01	41725.10	4.1196	2.0516	6.3461	8011.09	19.20	0.1565
2008－02	37427.30	3.4641	2.3700	6.4619	6905.42	18.45	0.0970
2008－03	39763.61	2.5607	2.0625	4.6677	7793.77	19.60	0.0581
2008－04	48259.50	3.2607	2.3136	5.1420	7756.57	16.07	0.0600
2008－05	41948.75	3.2887	2.4401	4.4819	6462.79	15.41	0.0738
2008－06	43366.53	4.0650	2.7965	5.0836	7681.90	17.71	0.0596
2008－07	42937.53	3.1201	2.5219	5.0679	7477.33	17.41	0.0426
2008－08	50104.46	3.4411	2.6040	3.4940	5664.90	11.31	0.0696
2008－09	49951.76	3.3182	2.6939	4.6293	7951.48	15.92	0.0198
2008－10	46391.27	3.3904	2.4457	3.9549	7004.06	15.10	0.0775
2008－11	58974.72	2.5074	1.6584	3.2715	7449.01	12.63	0.0735
2008－12	62978.98	1.6245	0.9754	3.1844	7536.72	11.97	0.0809
2009－01	35917.17	1.0032	0.8414	4.9396	7737.24	21.54	0.0260
2009－02	55425.67	0.9244	0.8335	3.5415	7023.59	12.67	0.0212
2009－03	68290.27	0.8480	0.8257	2.9752	8052.82	11.79	0.0033
2009－04	52533.44	0.8656	0.8295	3.2166	6505.37	12.38	0.0062
2009－05	55646.61	0.8560	0.8318	3.0832	7708.40	13.85	0.0035
2009－06	72914.29	1.1343	0.8402	3.3950	9229.93	12.66	0.0336
2009－07	59581.86	1.8317	1.1227	4.0416	7606.14	12.77	0.0822

年月	期间成交量（亿元）	最高加权平均利率（%）	最低加权平均利率（%）	期间平均久期（天）	处于存续期的待购回质押余额（亿元）	待购回质押余额占期间交易量比重（%）	CHHR 值
2009－08	51968.46	1.6383	1.0545	3.7253	7003.25	13.48	0.0879
2009－09	61467.40	1.7655	1.0821	3.5614	7089.07	11.53	0.0753
2009－10	39577.53	1.7003	1.1821	3.2120	6064.37	15.32	0.0871
2009－11	52618.76	1.3135	1.1807	2.4377	5849.65	11.12	0.0171
2009－12	71065.86	1.3930	1.1985	3.1368	9042.50	12.72	0.0104
2010－01	57465.41	1.4496	1.0864	3.1725	7930.87	13.80	0.0520
2010－02	44216.57	2.6198	1.4144	4.2438	7280.67	16.47	0.1143
2010－03	60847.41	1.4868	1.3566	3.3969	9222.43	15.16	0.0143
2010－04	64139.47	1.4307	1.3219	2.7431	8403.91	13.10	0.0147
2010－05	68945.94	2.4405	1.4568	3.1350	8326.57	12.08	0.0720
2010－06	71938.47	2.8971	1.7850	3.7570	11778.94	16.37	0.0602
2010－07	80691.32	2.3858	1.4738	2.6821	9862.77	12.22	0.1265
2010－08	98154.72	2.5308	1.5074	2.8801	13893.16	14.15	0.0635
2010－09	80394.71	2.7079	1.5319	3.7940	12496.85	15.54	0.0934
2010－10	64577.74	1.9442	1.6005	3.2416	10469.61	16.21	0.0486
2010－11	78849.40	2.4313	1.5611	3.3575	10517.42	13.34	0.0715
2010－12	76312.33	5.7032	2.1705	4.2469	13034.75	17.08	0.1773
2011－01	68760.95	8.0485	2.0319	4.8237	12095.10	17.59	0.4942
2011－02	52518.59	4.0835	2.4803	6.1095	14978.72	28.52	0.1175
2011－03	88280.35	2.3627	1.7768	3.7701	17031.21	19.29	0.0907
2011－04	84226.54	3.6739	1.8319	3.2273	13369.24	15.87	0.2375
2011－05	84039.67	5.1204	2.1667	3.6864	12515.14	14.89	0.1899
2011－06	75287.19	7.7226	2.8622	5.2084	20245.21	26.89	0.1998
2011－07	86339.82	6.1858	2.9630	3.8684	14239.68	16.49	0.3423
2011－08	88120.97	4.4939	2.8620	4.2675	14553.25	16.52	0.0835
2011－09	70985.27	4.9306	3.1553	5.4922	16870.08	23.77	0.0896
2011－10	72049.84	5.0297	3.0481	4.5635	15832.72	21.97	0.1832
2011－11	90342.26	4.1462	3.0342	4.4999	17403.61	19.26	0.0651
2011－12	105681.24	5.1895	3.0181	4.0758	21340.25	20.19	0.1308
2012－01	67662.23	8.3376	3.3404	5.1200	15915.57	23.52	0.3756
2012－02	96337.13	5.3772	2.7870	4.0900	17609.89	18.28	0.1922

续表

年月	期间成交量（亿元）	最高加权平均利率（%）	最低加权平均利率（%）	期间平均久期（天）	处于存续期的待购回质押余额（亿元）	待购回质押余额占期间交易量比重（%）	CHHR 值
2012－03	131053.28	3.0401	2.4180	3.4559	21488.98	16.40	0.0409
2012－04	110281.53	3.5700	2.8004	2.9757	15030.14	13.63	0.0622
2012－05	138242.36	3.1090	1.9128	2.2792	13991.18	10.12	0.0888
2012－06	132377.83	4.0197	1.9929	3.1324	21770.28	16.45	0.0782
2012－07	128475.36	3.7426	2.4820	3.2505	15437.45	12.02	0.0829
2012－08	123479.39	3.6185	2.2160	3.4428	13898.71	11.26	0.0747
2012－09	110987.66	4.5454	2.1423	3.5485	18087.79	16.30	0.1363
2012－10	97713.10	4.5002	2.2872	3.6267	13482.10	13.80	0.1752
2012－11	115872.65	3.1399	2.3308	3.9519	14302.85	12.34	0.0371
2012－12	113691.40	3.9937	2.3679	4.3037	20740.07	18.24	0.0793
2013－01	134516.17	3.0797	2.0592	3.2407	20137.62	14.97	0.1015
2013－02	98526.95	4.1468	2.0122	4.2623	17387.81	17.65	0.1649
2013－03	132711.98	4.1824	1.8952	3.3489	24537.77	18.49	0.2012
2013－04	142274.77	4.4591	2.0860	3.1352	16624.26	11.68	0.2096
2013－05	141893.62	4.5715	2.2205	3.2297	16749.32	11.80	0.1204
2013－06	119287.43	11.5652	4.5758	5.2665	21554.11	18.07	0.1315
2013－07	122350.66	4.8235	3.1208	4.2083	18249.97	14.92	0.1203
2013－08	122492.32	4.1429	3.0734	3.6974	16397.02	13.39	0.0590
2013－09	120119.46	4.1471	3.1145	5.1362	21327.97	17.76	0.0326
2013－10	109934.00	5.4139	3.1040	4.6794	18961.19	17.25	0.1585
2013－11	136975.70	4.8178	3.4441	3.9152	20148.99	14.71	0.0660
2013－12	138674.15	5.9250	3.7091	4.8614	25831.43	18.63	0.0699
2014－01	115581.28	5.8987	3.1561	5.3325	17267.42	14.94	0.1771
2014－02	96628.38	4.7036	1.9929	4.9558	19669.08	20.36	0.2615
2014－03	157574.60	3.1826	1.9276	3.4675	26538.17	16.84	0.1162
2014－04	163501.87	3.2099	2.0767	3.3124	20422.63	12.49	0.0927
2014－05	177203.84	2.7872	2.3221	3.7144	21846.93	12.33	0.0206
2014－06	187189.57	3.2411	2.6691	3.3377	31571.55	16.87	0.0278
2014－07	197638.55	3.7563	3.0488	3.5318	23016.51	11.65	0.0350
2014－08	188965.81	3.3095	3.0072	3.7194	25892.74	13.70	0.0116
2014－09	207365.41	3.0266	2.7185	3.9493	25370.33	12.23	0.0133

续表

年月	期间成交量（亿元）	最高加权平均利率（%）	最低加权平均利率（%）	期间平均久期（天）	处于存续期的待购回质押余额（亿元）	待购回质押余额占期间交易量比重（%）	CHHR 值
2014－10	205033.64	2.7487	2.5163	2.9985	23549.70	11.49	0.0151
2014－11	205604.43	3.0252	2.6249	3.5457	26129.16	12.71	0.0148
2014－12	221812.29	4.7554	2.8159	4.3174	31442.04	14.18	0.0666
2015－01	212538.69	3.7994	2.8210	3.3283	26582.09	12.51	0.0666
2015－02	162161.46	4.5063	3.1118	4.9675	25175.57	15.53	0.0492
2015－03	251662.63	3.9640	3.3696	3.3264	30240.10	12.02	0.0264
2015－04	285285.40	3.1736	1.7829	2.7048	21810.14	7.65	0.1017
2015－05	345748.61	1.7808	1.1295	2.2021	28002.17	8.10	0.0447
2015－06	389416.78	1.7370	1.1508	2.6992	34973.41	8.98	0.0299
2015－07	430514.57	1.5545	1.3228	1.9618	27163.86	6.31	0.0196
2015－08	371618.58	2.0222	1.5766	2.2135	27913.67	7.51	0.0183
2015－09	389455.74	2.3466	1.9462	2.7146	34056.19	8.74	0.0120
2015－10	395997.93	2.0792	1.8349	1.8420	29619.96	7.48	0.0169
2015－11	517389.49	1.9084	1.8248	1.7915	33696.90	6.51	0.0027
2015－12	572319.27	2.2987	1.8679	2.6958	40769.95	7.12	0.0090
2016－01	442942.66	2.3983	2.0077	2.6076	33466.21	7.56	0.0185
2016－02	321808.63	2.3301	1.9680	2.7354	31941.45	9.93	0.0182
2016－03	508948.54	2.5421	2.0011	2.3254	33323.72	6.55	0.0200
2016－04	406671.10	2.2573	2.0389	2.1991	26863.78	6.61	0.0093
2016－05	511600.15	2.0925	2.0542	1.9307	31547.73	6.17	0.0011
2016－06	526141.16	2.2530	2.0216	2.3377	39144.91	7.44	0.0057
2016－07	562613.16	2.2728	2.0469	1.8087	34849.50	6.19	0.0099

附表 8　　　　　　　进出口贸易总额相对于名义 GDP 的比率

年度	进出口金额（万亿元）	名义 GDP（万亿元）	进出口贸易总额/名义 GDP(%)
1995	2.35	6.13	38.31
1996	2.41	7.18	33.61
1997	2.70	7.97	33.83
1998	2.68	8.52	31.52
1999	2.99	9.06	33.01
2000	3.93	10.03	39.16

续表

年度	进出口金额（万亿元）	名义 GDP（万亿元）	进出口贸易总额/名义 GDP（%）
2001	4.22	11.09	38.05
2002	5.14	12.17	42.21
2003	7.05	13.74	51.29
2004	9.55	16.18	59.03
2005	11.69	18.73	62.42
2006	14.10	21.94	64.24
2007	16.69	27.02	61.75
2008	17.99	31.95	56.31
2009	15.06	34.91	43.16
2010	20.17	41.30	48.84
2011	23.64	48.93	48.31
2012	24.42	54.04	45.18
2013	25.83	59.52	43.39
2014	26.43	64.40	41.05
2015	24.58	68.55	35.86

附表 9　　　　　　1 美元兑人民币汇率水平及波动标准差

年度	年度平均值	年内日波动标准差（%）
1994	8.5171	2.5377
1995	8.3493	5.7501
1996	8.3143	1.1940
1997	8.2898	0.5635
1998	8.2790	0.0826
1999	8.2783	0.0831
2000	8.2784	0.1017
2001	8.2770	0.0416
2002	8.2769	0.0257
2003	8.2770	0.0255
2004	8.2768	0.0253
2005	8.1904	9.3574
2006	7.9718	7.3334
2007	7.6040	13.0236
2008	6.9451	14.0081

续表

年度	年度平均值	年内日波动标准差（%）
2009	6.8310	0.4047
2010	6.7695	7.0472
2011	6.4588	9.3270
2012	6.3125	1.9273
2013	6.1932	5.7175
2014	6.1428	1.9651
2015	6.2284	13.0404
2016 年 1~8 月	6.5595	6.7149

附表 10 　　　　1995 年以来国家外汇储备与进出口贸易总额之比

年度	国家外汇储备 （亿美元）	进出口贸易总额 （亿美元）	外汇储备/进出口 贸易总额（%）
1995	736	2809	26.20
1996	1050	2899	36.24
1997	1399	3252	43.02
1998	1450	3240	44.75
1999	1547	3606	42.89
2000	1656	4743	34.91
2001	2122	5097	41.63
2002	2864	6208	46.14
2003	4033	8510	47.39
2004	6099	11546	52.83
2005	8189	14219	57.59
2006	10663	17604	60.57
2007	15282	21766	70.21
2008	19460	25633	75.92
2009	23992	22075	108.68
2010	28473	29740	95.74
2011	31811	36419	87.35
2012	33116	38671	85.63
2013	38213	41590	91.88
2014	38430	43015	89.34
2015	33304	39569	84.17

附表 11 　　　　　**1980 年以来实际 GDP 增速与稳态 GDP 增速之差**　　　　单位：%

年度	实际 GDP 增速	1980～2015 年 GDP 增速 波动标准差	1980～2015 年 GDP 增速 滚动均值	稳态 GDP 增速	实际 GDP 增速与 稳态 GDP 增速之差
1980	7. 807	3. 33	9. 58	6. 25	1. 5598
1981	5. 172	3. 33	9. 58	6. 25	− 1. 0745
1982	8. 934	3. 33	9. 58	6. 25	2. 6876
1983	10. 835	3. 33	9. 58	6. 25	4. 5883
1984	15. 139	3. 33	9. 58	6. 25	8. 8923
1985	13. 443	3. 36	10. 22	6. 86	6. 5861
1986	8. 940	3. 15	10. 04	6. 89	2. 0481
1987	11. 689	2. 99	10. 24	7. 25	4. 4380
1988	11. 235	2. 84	10. 35	7. 52	3. 7195
1989	4. 186	3. 27	9. 74	6. 47	− 2. 2836
1990	3. 907	3. 54	9. 21	5. 67	− 1. 7622
1991	9. 294	3. 39	9. 22	5. 83	3. 4671
1992	14. 216	3. 52	9. 60	6. 08	8. 1337
1993	13. 868	3. 56	9. 90	6. 34	7. 5261
1994	13. 052	3. 53	10. 11	6. 58	6. 4685
1995	10. 949	3. 42	10. 17	6. 74	4. 2072
1996	9. 928	3. 32	10. 15	6. 83	3. 0986
1997	9. 231	3. 24	10. 10	6. 87	2. 3655
1998	7. 838	3. 19	9. 98	6. 79	1. 0455
1999	7. 667	3. 15	9. 87	6. 72	0. 9510
2000	8. 492	3. 09	9. 80	6. 71	1. 7785
2001	8. 340	3. 03	9. 73	6. 70	1. 6376
2002	9. 131	2. 97	9. 71	6. 74	2. 3905
2003	10. 036	2. 94	9. 81	6. 86	3. 1711
2004	10. 111	2. 77	10. 02	7. 25	2. 8612
2005	11. 396	2. 77	10. 13	7. 35	4. 0423
2006	12. 719	2. 82	10. 21	7. 39	5. 3312
2007	14. 231	2. 76	10. 17	7. 41	6. 8190
2008	9. 654	2. 67	10. 00	7. 34	2. 3179
2009	9. 400	2. 66	10. 02	7. 36	2. 0370
2010	10. 636	2. 64	9. 98	7. 34	3. 2991

续表

年度	实际 GDP 增速	1980 ~ 2015 年 GDP 增速 波动标准差	1980 ~ 2015 年 GDP 增速 滚动均值	稳态 GDP 增速	实际 GDP 增速与 稳态 GDP 增速之差
2011	9.536	2.63	9.91	7.28	2.2608
2012	7.856	2.38	10.06	7.69	0.1683
2013	7.758	2.05	10.23	8.18	− 0.4241
2014	7.298	2.13	10.15	8.02	− 0.7187
2015	6.536	2.07	9.81	7.75	− 1.2093

注：稳态 GDP 增速 = GDP 增速滚动均值 − GDP 增速波动标准差。

附表 12　　　　　　　　　　　　　　PPI 和 CPI 月度同比　　　　　　　　　单位：%

年月	CPI：月度同比	PPI：月度同比	年月	CPI：月度同比	PPI：月度同比	年月	CPI：月度同比	PPI：月度同比
1990 – 01	4.30		1999 – 01	− 1.20	− 4.92	2008 – 01	7.10	6.10
1990 – 02	4.40		1999 – 02	− 1.30	− 4.89	2008 – 02	8.70	6.62
1990 – 03	3.40		1999 – 03	− 1.80	− 4.62	2008 – 03	8.30	7.95
1990 – 04	3.20		1999 – 04	− 2.20	− 3.86	2008 – 04	8.50	8.12
1990 – 05	2.70		1999 – 05	− 2.20	− 3.42	2008 – 05	7.70	8.22
1990 – 06	1.10		1999 – 06	− 2.10	− 3.60	2008 – 06	7.10	8.84
1990 – 07	1.10		1999 – 07	− 1.40	− 2.51	2008 – 07	6.30	10.03
1990 – 08	2.50		1999 – 08	− 1.30	− 2.30	2008 – 08	4.90	10.06
1990 – 09	2.90		1999 – 09	− 0.80	− 2.10	2008 – 09	4.60	9.13
1990 – 10	3.10		1999 – 10	− 0.60	− 0.74	2008 – 10	4.00	6.59
1990 – 11	3.70		1999 – 11	− 0.90	− 1.04	2008 – 11	2.40	1.99
1990 – 12	4.30		1999 – 12	− 1.00	− 0.83	2008 – 12	1.20	− 1.14
1991 – 01	2.20		2000 – 01	− 0.20	0.03	2009 – 01	1.00	− 3.35
1991 – 02	1.00		2000 – 02	0.70	1.20	2009 – 02	− 1.60	− 4.47
1991 – 03	1.60		2000 – 03	− 0.20	1.87	2009 – 03	− 1.20	− 6.00
1991 – 04	1.30		2000 – 04	− 0.30	2.59	2009 – 04	− 1.50	− 6.60
1991 – 05	3.60		2000 – 05	0.10	0.67	2009 – 05	− 1.40	− 7.20
1991 – 06	4.40		2000 – 06	0.50	2.95	2009 – 06	− 1.70	− 7.80
1991 – 07	4.70		2000 – 07	0.50	4.50	2009 – 07	− 1.80	− 8.20
1991 – 08	4.90		2000 – 08	0.30	3.92	2009 – 08	− 1.20	− 7.86
1991 – 09	4.50		2000 – 09	0.00	3.70	2009 – 09	− 0.80	− 6.99

续表

年月	CPI：月度同比	PPI：月度同比	年月	CPI：月度同比	PPI：月度同比	年月	CPI：月度同比	PPI：月度同比
1991 - 10	4.80		2000 - 10	0.00	3.60	2009 - 10	- 0.50	- 5.85
1991 - 11	4.40		2000 - 11	1.30	3.50	2009 - 11	0.60	- 2.08
1991 - 12	4.50		2000 - 12	1.50	2.80	2009 - 12	1.90	1.70
1992 - 01	5.50		2001 - 01	1.20	1.43	2010 - 01	1.50	4.32
1992 - 02	5.30		2001 - 02	0.00	0.90	2010 - 02	2.70	5.39
1992 - 03	5.30		2001 - 03	0.80	0.20	2010 - 03	2.40	5.91
1992 - 04	7.10		2001 - 04	1.60	- 0.10	2010 - 04	2.80	6.81
1992 - 05	4.70		2001 - 05	1.70	- 0.20	2010 - 05	3.10	7.13
1992 - 06	4.80		2001 - 06	1.40	- 0.60	2010 - 06	2.90	6.41
1992 - 07	5.20		2001 - 07	1.50	- 1.30	2010 - 07	3.30	4.84
1992 - 08	5.80		2001 - 08	1.00	- 2.00	2010 - 08	3.50	4.32
1992 - 09	7.50		2001 - 09	- 0.10	- 2.90	2010 - 09	3.60	4.33
1992 - 10	7.90		2001 - 10	0.20	- 3.10	2010 - 10	4.40	5.04
1992 - 11	8.20		2001 - 11	- 0.30	- 3.70	2010 - 11	5.10	6.06
1992 - 12	8.80		2001 - 12	- 0.30	- 4.00	2010 - 12	4.60	5.93
1993 - 01	10.30		2002 - 01	- 1.00	- 4.20	2011 - 01	4.90	6.60
1993 - 02	10.50		2002 - 02	0.00	- 4.20	2011 - 02	4.94	7.23
1993 - 03	12.20		2002 - 03	- 0.80	- 4.00	2011 - 03	5.38	7.31
1993 - 04	12.60		2002 - 04	- 1.30	- 3.06	2011 - 04	5.34	6.82
1993 - 05	14.00		2002 - 05	- 1.10	- 2.63	2011 - 05	5.52	6.79
1993 - 06	15.10		2002 - 06	- 0.80	- 2.50	2011 - 06	6.36	7.12
1993 - 07	16.20		2002 - 07	- 0.90	- 2.30	2011 - 07	6.45	7.54
1993 - 08	16.00		2002 - 08	- 0.70	- 1.70	2011 - 08	6.15	7.25
1993 - 09	15.70		2002 - 09	- 0.70	- 1.40	2011 - 09	6.07	6.52
1993 - 10	15.90		2002 - 10	- 0.80	- 1.00	2011 - 10	5.50	5.00
1993 - 11	16.70		2002 - 11	- 0.70	- 0.40	2011 - 11	4.23	2.72
1993 - 12	18.80		2002 - 12	- 0.40	0.40	2011 - 12	4.07	1.69
1994 - 01	21.10		2003 - 01	0.40	2.40	2012 - 01	4.50	0.73
1994 - 02	23.20		2003 - 02	0.20	4.00	2012 - 02	3.20	0.03
1994 - 03	22.40		2003 - 03	0.90	4.60	2012 - 03	3.60	- 0.32
1994 - 04	21.70		2003 - 04	1.00	3.60	2012 - 04	3.40	- 0.70
1994 - 05	21.30		2003 - 05	0.70	2.00	2012 - 05	3.00	- 1.40

年月	CPI：月度同比	PPI：月度司比	年月	CPI：月度同比	PPI：月度同比	年月	CPI：月度同比	PPI：月度同比
1994－06	22.60		2003－06	0.30	1.30	2012－06	2.20	－2.08
1994－07	24.00		2003－07	0.50	1.40	2012－07	1.80	－2.87
1994－08	25.80		2003－08	0.90	1.40	2012－08	2.00	－3.48
1994－09	27.30		2003－09	1.10	1.40	2012－09	1.90	－3.55
1994－10	27.70		2003－10	1.80	1.20	2012－10	1.70	－2.76
1994－11	27.50		2003－11	3.00	1.90	2012－11	2.00	－2.20
1994－12	25.50		2003－12	3.20	3.00	2012－12	2.50	－1.94
1995－01	24.10		2004－01	3.20	3.50	2013－01	2.03	－1.64
1995－02	22.40		2004－02	2.10	3.50	2013－02	3.22	－1.63
1995－03	21.30		2004－03	3.00	4.00	2013－03	2.07	－1.92
1995－04	20.70		2004－04	3.80	5.00	2013－04	2.39	－2.62
1995－05	20.30		2004－05	4.40	5.70	2013－05	2.10	－2.87
1995－06	18.20		2004－06	5.00	6.40	2013－06	2.67	－2.70
1995－07	16.70		2004－07	5.30	6.40	2013－07	2.67	－2.27
1995－08	14.50		2004－08	5.30	6.80	2013－08	2.57	－1.62
1995－09	13.20		2004－09	5.20	7.90	2013－09	3.05	－1.34
1995－10	12.10		2004－10	4.30	8.40	2013－10	3.21	－1.51
1995－11	11.20		2004－11	2.80	8.10	2013－11	3.02	－1.42
1995－12	10.10		2004－12	2.40	7.10	2013－12	2.50	－1.36
1996－01	9.00		2005－01	1.90	5.80	2014－01	2.49	－1.64
1996－02	9.30		2005－02	3.90	5.38	2014－02	1.95	－2.00
1996－03	9.80		2005－03	2.70	5.60	2014－03	2.38	－2.30
1996－04	9.70		2005－04	1.80	5.78	2014－04	1.80	－2.00
1996－05	8.90		2005－05	1.80	5.90	2014－05	2.48	－1.45
1996－06	8.60		2005－06	1.60	5.20	2014－06	2.34	－1.11
1996－07	8.30		2005－07	1.80	5.20	2014－07	2.29	－0.87
1996－08	8.10		2005－08	1.30	5.30	2014－08	1.99	－1.20
1996－09	7.40		2005－09	0.90	4.50	2014－09	1.63	－1.80
1996－10	7.00	0.34	2005－10	1.20	4.00	2014－10	1.60	－2.24
1996－11	6.90	0.04	2005－11	1.30	3.20	2014－11	1.44	－2.69
1996－12	7.00	0.43	2005－12	1.60	3.20	2014－12	1.51	－3.32
1997－01	5.90	0.12	2006－01	1.90	3.05	2015－01	0.76	－4.32

续表

年月	CPI：月度同比	PPI：月度同比	年月	CPI：月度同比	PPI：月度同比	年月	CPI：月度同比	PPI：月度同比
1997－02	5.60	0.44	2006－02	0.90	3.01	2015－02	1.43	－4.80
1997－03	4.00	0.47	2006－03	0.80	2.49	2015－03	1.38	－4.56
1997－04	3.20	0.06	2006－04	1.20	1.87	2015－04	1.51	－4.57
1997－05	2.80	0.07	2006－05	1.40	2.43	2015－05	1.23	－4.61
1997－06	2.80	－0.37	2006－06	1.50	3.52	2015－06	1.39	－4.81
1997－07	2.70	－0.65	2006－07	1.00	3.58	2015－07	1.65	－5.37
1997－08	1.90	－0.89	2006－08	1.30	3.40	2015－08	1.96	－5.92
1997－09	1.80	－0.95	2006－09	1.50	3.50	2015－09	1.60	－5.95
1997－10	1.50	－0.92	2006－10	1.40	2.90	2015－10	1.27	－5.90
1997－11	1.10	－0.61	2006－11	1.90	2.78	2015－11	1.49	－5.90
1997－12	0.40	－0.92	2006－12	2.80	3.10	2015－12	1.60	－5.90
1998－01	0.30	－1.32	2007－01	2.20	3.30	2016－01	1.80	－5.30
1998－02	－0.10	－2.65	2007－02	2.70	2.60	2016－02	2.30	－4.90
1998－03	0.70	－3.20	2007－03	3.30	2.70	2016－03	2.30	－4.30
1998－04	－0.30	－3.69	2007－04	3.00	2.90	2016－04	2.30	－3.40
1998－05	－1.00	－4.47	2007－05	3.40	2.80	2016－05	2.00	－2.80
1998－06	－1.30	－4.88	2007－06	4.40	2.49	2016－06	1.90	－2.60
1998－07	－1.40	－4.96	2007－07	5.60	2.40	2016－07	1.80	－1.70
1998－08	－1.40	－5.54	2007－08	6.50	2.60			
1998－09	－1.50	－4.19	2007－09	6.20	2.70			
1998－10	－1.10	－5.38	2007－10	6.50	3.20			
1998－11	－1.20	－5.68	2007－11	6.90	4.55			
1998－12	－1.00	－5.38	2007－12	6.50	5.43			

附表 13　1995 年以来社会消费品零售总额增速与实际 GDP 增速之差　　单位：%

年度	社会消费品零售总额名义增速	社会消费品零售总额实际增速	实际 GDP 增速	社会消费品零售总额增速与实际 GDP 增速之差
1980	18.89	12.16	7.81	4.35
1981	9.81	7.24	5.17	2.07
1982	9.36	7.32	8.93	－1.61
1983	10.87	9.23	10.84	－1.61
1984	18.50	15.27	15.14	0.13

年度	社会消费品零售总额名义增速	社会消费品零售总额实际增速	实际 GDP 增速	社会消费品零售总额增速与实际 GDP 增速之差
1985	27.50	17.19	13.44	3.75
1986	14.98	8.47	8.94	-0.47
1987	17.58	9.58	11.69	-2.11
1988	27.84	7.88	11.23	-3.35
1989	8.89	-7.56	4.19	-11.75
1990	2.45	0.35	3.91	-3.56
1991	13.44	10.24	9.29	0.95
1992	16.76	10.78	14.22	-3.44
1993	29.81	14.67	13.87	0.80
1994	30.50	7.23	13.05	-5.82
1995	26.80	10.45	10.95	-0.50
1996	20.10	13.20	9.93	3.27
1997	10.20	9.33	9.23	0.10
1998	6.80	9.65	7.84	1.81
1999	6.80	10.10	7.67	2.43
2000	9.70	11.37	8.49	2.88
2001	10.10	10.99	8.34	2.65
2002	11.80	13.27	9.13	4.14
2003	9.10	9.21	10.04	-0.83
2004	13.30	10.21	10.11	0.10
2005	12.90	12.00	11.40	0.60
2006	13.74	12.62	12.72	-0.10
2007	16.75	12.48	14.23	-1.75
2008	22.72	14.83	9.65	5.18
2009	15.54	16.95	9.40	7.55
2010	18.33	14.77	10.64	4.13
2011	17.10	11.60	9.54	2.06
2012	14.30	12.10	7.86	4.24
2013	13.10	11.50	7.76	3.74
2014	12.00	10.90	7.30	3.60
2015	10.70	10.60	6.54	4.06

后　记

　　近年来笔者一直关注中国金融体系脆弱性问题和金融稳定政策方面的研究，尤其是金融体系多维度脆弱性来源问题，以及更深层次的易于观测和度量的相关领域指标体系研究。本书为笔者2015年承担的河北省社会科学基金项目（项目编号：HB15YJ030）和2015年度河北省教育厅社科研究项目（项目编号：SD151072）的阶段性成果。

　　2005年中国人民银行首次发布《中国金融稳定报告》，至今已经12年。报告内容主要涵盖国际金融环境、国内金融运行状况、银行、证券、保险、金融市场、金融基础设施和宏观审慎管理等方面。2008年国际金融危机爆发后，国内外更加重视金融体系宏观审慎与微观审慎相结合的金融监管。本书研究是在金融体系脆弱性研究的基础上，更加关注区域金融脆弱性问题，更加重视对金融脆弱性形成累积过程的关注，认为金融危机的爆发是多领域金融脆弱性逐渐积聚累积的结果。

　　金融脆弱性研究是一项长期而艰巨的任务，国内的相关研究起步较晚，根据我国近些年实体经济、银行等金融机构、金融市场各方面的表现，以及比较突出的问题，未来研究还需要结合我国的经济金融实际状况深入开展。在相关统计数据逐渐完备和构建大数据库的基础上，可以有针对性地构建更加细致、深入的金融脆弱性指标体系和脆弱性来源分析框架，以更好地实现宏观审慎与微观审慎监管的有机结合。

　　本书的出版也得到河北地质大学博士科研启动基金资助，在此一并表示感谢。